근현대 형성과정의 재인식 ❷

저자 소개

정근식 서울대학교 사회학과 교수(사회학 박사)
김민영 군산대학교 경제학과 교수(경제학 박사)
김철홍 국가인권위원회 인권교육과장(정치학 박사)
정호기 민주화운동기념사업회 연구원(사회학 박사)

근현대 형성과정의 재인식 (2)

초판 1쇄 발행 2010년 10월 05일
초판 2쇄 발행 2012년 5월 25일

지은이 정 근 식 외 지음
발행인 황 세 연
디자인 EG 디자인
인 쇄 예일정판
제 본 대명제책사
발행처 도서출판 **중원문화**
주 소 서울특별시 마포구 서강로 11-24
주문처 02-325-5534 FAX 02-324-6799

근현대 형성과정의 재인식(2)

정근식 외 지음

도서출판 중원문화

◆ 책 머리에

국제화와 지방화, 광복 50년, 분단 50년과 같은 용어들이 오늘날 우리가 겪는 변화와 우리가 서 있는 시점을 집약적으로 표현해 주고 있다. 사회주의라는 거대한 인류사적 실험이 있었던 20세기가 끝나 가는 세기말이기도 하다. 한편으로 근대성에 관한 문제, 다른 한편으로 민족이나 민족주의에 관한 논의가 이론적인 재검토의 대상이 되고 있다. 이처럼 사회적 변화가 크고 급속한 것일수록 우리는 지난 과거를 돌아보고 정리해야 할 필요성을 더 많이 느끼게 된다.

주지하다시피 우리의 본격적인 근현대사는 외세의 침탈과 민족적 저항이라는 커다란 두 축 사이에서 과거의 유산을 타파하고 새로운 것을 만들어 가는 지난한 과정이었다. 호남에서의 본격적인 근대화 물결은 우리 민족사 전체가 그랬던 것처럼, 아니 그보다도 훨씬 더 비극적으로 다가왔다. 동학 농민군이 무참하게 짓밟히고, 목포와 군산이 공식적으로 개항되고, 뒤이어 수많은 의병들이 수없이 목숨을 빼앗긴 것으로부터 어느덧 약 1세기가 지난 오늘날, 이 지역 사회는 얼마나 엄청난 변화를 겪었는가.

1980년대 후반부터 진행된 전반적인 민주화 추세에 힘입어 근래에는 역사 연구에서도 사회사, 지방사, 생활사에 대한 관심, 그리고 방법론적으로 보면 구술사에 대한 관심이 점증하고 있다. 근현대의 형성과 전개 과정은 각 지역의 구체적 변동까지 포괄하는 것이며, 일반 민중들의 생활상의 변화도 포함하는 것이다. 그런 맥락에서 구체적인 지역적 현실을 분석하고 그 변화 과정을 추적해야 할 필요성이 커진다. 근현대의 형성을 보다 분석적으로 논의하기 위해서는 근대적 주체의 형성, 근대적 생활 방식의 형성, 근대적 제도의 형성, 그리고 근대적 구조의 형성으로 나누어 접근할 수 있을 것이다. 우리의 경우 이런 근현대성의 형성과 전개는 식민지성과 그것의 극복이라는 문제와 어우러져 있어 만만한 연구주제가 아니다.

이 책은 비록 한계가 많은 역사 연구의 방법이지만 인물들의 삶을 통하여 시대를 안다는 의미에서 인물사적 접근 방식을 취했다. 인물사 연구는 자칫 잘못하면 복고적 입장에 빠지거나 과거의 보수적 지배층, 더 심하면 반동적 친일파들을 단순히 '고관대작'이었다는 이유로 높이 평가하고, 특정 가문이나 집단의 이해관계와 관련되어 실제로 당시의 대다수 민중의 삶과 무관하거나 그들을 극도로 억압하는 데 앞장섰던 사람들을 '유명 인사'나 '명가'의 일원으로 호도하는 분위기가 있는 것이 엄연한 현실이다. 그런 까닭에 인물의 선정에 신중할 수밖에 없었다.

이 책에서 다루는 인물은 지역 사회에서의 근현대의 형성이라는 맥락에서 중요한 역할을 담당했던 사람들, 구체적으로 말하면 각 지역의 사회적 지배층으로 영향력이 컸던 인물, 사회문화적으로 현저한 활동을 했던 인사, 그리고 일제에 맞서서 민족해방을 위하여 끈질긴 투쟁을 벌였던 사회운동가들을 중심으로 했다. 이런 지역 엘리트로 표현할 수 있는 집단과 사회운동가로 표현되는 집단이 근현대를 형성하고 이끌어 간 두 축이라고 생각했기 때문이다. 그런 까닭에 대지주나 근대적 자본가뿐만 아니라 교육자, 사회사업가, 문화예술가, 종교적 지도자 등 사회적 엘리트를 한 책으로 엮고, 민족운동을 했던 인물들을 다른 한 책으로 엮었다. 현재 생존하고 있는 인물은 제외했고, 특별한 경우에는 외국인도 포함시켰다.

이 인물사 연구는 한국 현대사 사료연구소 연구원들의 공동작업의 결과다. 1980년대 후반에 지역 사회의 해방 3년사를 공동으로 정리하고 연구하여 신문에 연재했던 경험과, 1990년대 초에 지역 사회운동사를 출간했던 경험을 바탕으로 1993년 초에 작업을 시작했다. 연구 대상이 되는 인물들을 공동으로 선정하고 각 연구원들이 일을 분담해 기록을 찾고 유가족이나 친지를 찾아 인터뷰를 했으며, 작성된 원고를 다시 공동으로 검토, 수정하는 과정을 밟았다. 마침 무등일보사에서 우리 글을 1993년 6월부터 만 2년간 연재해 주었는데, 사실 이런 호의가 없었다면 이 책은 빛을 보기가 어려웠을 것이다. 여기에 실려 있는 일부 인물들은 기존의 부분적인 연구를 통해 활동 상황이 어느 정도 밝혀져 있지만, 상당수의 인물들은 처음으로 공식적으로 언급되고 연구된 사람들이다. 가급적 각각의 분야에서 비중 있는 인물로, 사회적 중요성에도 불구하고 별로 언급되지 않았던 사람들이다. 비록 본격적인 연구 성과는 아니더라도 특히 정치적, 이데올로기적인 이유로 처음 공개되는 인물들에 대해서는, 자료수집 과정에서나 지면으로 발표된 후에 실로 많은 분들이 '수십 년만에 햇빛을 본 기분'이라는 표현으로 작업을 격려해 주었다.

원고작성 과정에서 한 가지 아쉬웠던 점은 지면의 제약으로 인해 한 인물에 대한 보다 풍부한 내용을 담지 못했다는 것이다. 연재된 인물 중 일부는 내용상의 부실함으로 이 책에서 생략했고 대신 새로운 인물로 보충했다. 그렇지만 지역 근현대사의 맥락에서 꼭 다루어야 할 인물들 중 몇몇은 여전히 누락되어 있다. 한편으로 대표적인 식민지 관료나 악명 높았던 일제 경찰, 다른 한편으로 지역 문화와 예술의 근대적 기초를 놓은 선각자들이 빠져 있다. 예컨대 일제의 고위 관료였던 석진형이나 일제 경찰의 대명사였던 노주봉은 전자의 범주에, 화가 오지호나 허백련, 시인 조운 등의 경우는 후자의 범주에 들어갈 것이다. 이들 중 일부는 이미 다른 지면에서 언급되었기 때문에 생략했고, 또 일부는 자료 부족 등의 이유로 연구를 진행하지 못해 누락된 경우도 있다.

사실 이 글들을 작성하는 데는 필자들 이외에 많은 분들이 참여했다. 임유진 씨는 문화예술인들에 대해 직접 여러 편의 글을 썼고, 이밖에 박찬승 교수나 안진 박사, 신주백 씨, 이계표 씨 등도 원고 집필에 참여해 주었다. 특히 지금은 고인이 된 전주교육대학의 손형부 교수를 잊을 수 없다. 이 자리를 빌어 명복을 빈다.

끝으로 우리의 공동작업을 위한 공간을 제공하고 어려울 때 언제나 큰 도움을 주시는 송기숙 교수, 김길 의원, 어려운 상황에도 불구하고 흔쾌히 책의 발간에 동의해 준 (주) 새길에 필자들을 대표해 감사 드린다.

1995년 2월

한국 현대사 사료연구회에서 집필자 일동.

차 례

김충식

일제하 호남 최대의 지주

1889년 전남 강진 출생
1920년경 '동은농장' 설립
1937년경 명치(明治)택시와 금익증권 설립
1953년 사망

일제시대 강진에서는 돈을 헤프게 쓰는 사람을 가리켜 "자네가 김충식(金忠植)의 아들인가!"라고 했다는 이야기가 지금도 전해진다. 또 나이 많은 노인들을 찾아가 일제시대 조선에서 손꼽히는 부자가 누구냐고 물어보면 대다수 사람들은 화신백화점의 박흥식과 광산왕 최창학, 대지주 김충식이 3대 갑부로 일컬어졌다고 말한다. 그러나 이토록 유명한 부호이었음에도 불구하고 현재 김충식은 세인의 기억 속에 별로 남아 있지 않으며, 거론되지도 않고 있다. 일제하 호남 최대의 지주 김충식, 그를 알기 위해서는 먼저 다음 세 가지를 알아야만 한다.

먼저 그의 집안 내력이다. 김충식은 1889년 7월 2일 강진읍 동성리에서 태어났다. 그의 조부(祖父)는 구한말 강진현 마두진(현재 강진군 마량면)의 수군만호였던 김도순(金道淳)으로 강진만을 들고나는 뱃길을 총괄하고 있었다. 한편 아버지는 자신의 집안을 지주의 반열에 올려 놓은 김영준(金永

準)이었다. 그는 일찍부터 이재술(理財術)에 남다른 자질을 보여 유산으로 받은 50~60석지기 정도의 재산을 토대로 1년에 수천 석 이상을 수확하는 대지주로 성장했다. 그가 어떻게 해서 그러한 부자가 되었는지 현재로서는 자세하게 알 수 없지만 그가 '자린고비'라는 말을 들을 정도로 인색했고, 부자면서도 소와 말의 똥을 말려서 팔 정도로 열심히 살았다는 말만 전해질 뿐이다.

다음으로는 그의 출생지에 대한 이해가 중요하다. 당시 강진은 서울의 마포나 용산에 이르는 뱃길의 출발점인 해창(海倉)과 영포(永浦)라는 항구를 갖고 있던 지역으로 자연스럽게 온갖 물산과 상인들이 북적대는 곳이었다. 더욱이 그 뱃길을 관리하는 사람이 그의 할아버지였기 때문에 그런 상인들과 밀접한 관계를 유지할 수 있었다.

마지막으로 그가 주로 활동했던 1900년대 초반이라는 시기다. 그 시기는 일제의 침략 초기로 해상항로를 통한 상업의 중요성이 커지던 때였다. 더욱이 전통적인 토지소유구조가 붕괴되면서 새로운 소유구조로 전환되던 시기였으며, 지주들의 토지획득 방식도 신분제하의 양반 지주들과는 달리 매매나 고리대를 통한 압류 등이 일반적이던 시절이었다.

이러한 배경 외에도 김충식은 아버지로부터 물려받은 상당히 많은 토지가 있었다. 당시 그가 물려받은 토지가 어느 정도인가에 대해서는 가족들의 증언도 엇갈리고 있다. 그러나 대략 4000~5000석지기 정도는 되었던 것 같다.

이러한 땅을 기반으로 김충식은 1920년경에 자신의 호(號)를 딴 '동은농장(東隱農場)'을 설립했다. 농장 사무실은 강진읍 동성리에 있는 자신의 집 사랑채에 두었으며, 상주하는 직원이 10여 명, 그 밖에 각 지역으로 돌아다니는 직원도 상당히 많았다고 한다. 이 농장을 통해 그는 전통적인 마름 중심의 토지경영을 농장 중심 체제로 바꾸는 한편, 토지를 매수, 확대하는 일을 했다. 그리고 여기에 소요되는 자금은 주로 당시의 일반적인 관행인 고리대를 통해 마련했다. 특히 다른 지주들이 농민들을 상대로 고리대를 하던 것과는 달리 김충식은 주로 강진의 상인들을 상대로 고리대를 했기 때문에 자금회수가 빨랐고 이윤도 더 많았다고 한다. 그는 이러한 고리대 외에도 창고업, 해상운송 등 여러 분야에 투자했는데, 그것에서 나온 모든 이윤은 토지를 사들이는 자금으로 이용되었다. 토지에 대한 집착과 그것을 보전하기 위한 노력, 이것이 김충식의 일생을 가장 적절하게 설명해 주는 말이다.

김충식이 농업 외 분야에 투자한 경우를 살펴보자. 그가 최초로 자금을 투자하여 설립한 사업체는 강진읍을 본점으로 하는 금릉창고주식회사다. 그러나 이것은 미곡의 수집과 가공을 위한 것으로 농업과 관련이 많다. 따라서 실질적인 농업 외 투자는 목포에 있는 금릉회조부(金陵回漕部)가 최초였다. 이는 현재의 해운회사와 비슷한 유형인데, 목포에서 장흥, 완도, 강진, 영암에 이르는 뱃길을 독점하고 있었을 뿐만 아니라, 서울의 마포나 용산, 심지어는 일본, 중국과의 교역에도 참여하고 있었다. 더욱이 금릉회조부에서는 소속 선박을 직접 만들기까지 했다고 한다. 그후 1930년대에는 명륜동에 300평 규모의 집 두 채를 마련하면서 서울로 진출해 1937년을 전후한 시기에 명치택시와 금익증권을 설립했다.

김충식이 전국적인 부호로 알려진 계기가 된 것은 금익증권이었다. 당시 조선의 증권가는 개성부자들이 완전히 장악하고 있었다. 그들은 일종의 카르텔을 형성해 다른 지역 출신들이 증권 분야에 진출하는 것을 용납하지 않았다. 그런 상황에서 금익증권도 그들 연합체의 농간에 휘말렸지만, 김충식의 계속적인 투자에 결국 개성부자들이 굴복했다. 이 일이 있은 후로 김충식이 갖고 있는 현금이 엄청나다는 소문이 전국 부호들 사이로 퍼져 나갔고, 조선 3대 갑부 중 한 명으로 일컬어지기까지 한 것이다.[1]

엄청난 부자인 김충식에게 여러 분야에서 도움을 요청하는 것은 당연한 일이었다. 일제 당국에 의해서 관선 도평의원으로 임명된 것이나 명예 강진읍장으로 추대된 것도 사실상 국가사업에 그의 재산을 이용하려는 것이었다. 그러나 김충식은 그러한 일에 별로 나서려 하지 않았다. 그는 원래 매우 인색한 사람이었으며, 자신의 재산에 집착력이 강한 사람이었다. 그러나 그 재산을 지키기 위해서, 혹은 자신의 안전을 위해서, 어느 정도의 지출은 필요한 경우도 있었다.

그럴 경우에는 차종채(車鍾彩)가 전면에 나서서 일을 했다. 차종채는 김충식보다 한 살 아래지만 막역한 친구 사이며, 스스로도 상당한 지주였고, 민선 도평의원을 지내기도 한 강진의 유지이자 세력가였다. 차종채는 경우에 따라서 김충식을 설득하기도 하고 관과 협력하여 강압적인 방법을 동원하기도 하면서 여러 가지 공익사업을 추진했다. 또한 김충식도 차종채만은 신뢰했기 때문에 내키지 않은 지출도 했다고 한다.

당시 김충식의 사재를 투입하여 행한 사업으로 먼저 강진읍의 도로포장을 들 수 있다. 강진면은 1936년 7월 1일 읍으로 승격되었는데 공사비의 대부분을 김충식의 사재로 충당해 읍내 도로를 포장했다. 이는 광주, 목포, 순천, 여수를 제외하고는 전남에서 최초였다. 다음은 강진농고의 설립을 들 수 있다. 당시 순천에 농업학교가 생기자 강진에서도 농업학교를 설립하려는 움직임이 일어났다. 그때 김충식은 8만 원이라는 거금과 함께 5만 평에 가까운 토지를 희사하고 학교와 사택, 학생 기숙사까지 지어서 통째로 국가에 헌납했다.[2)] 여기서도 그의 면모가 드러난다. 이렇게 지어 줄테니 더 이상 자신에게 손 벌리지 말라는 것이었다.

한편 장흥과의 군계(郡界)에서 강진읍에 이르는 장장 7km의 탐진강 호안(護岸)공사는 차종채가 주관하고 김충식이 경비의 상당 부분을 댄 대규모의 토목공사였다. 당시 이 사업의 규모가 얼마나 컸던지 일본 총독이 강진까지 시찰을 나왔고 총독의 숙식을 위하여 김충식이 쓰루야(鶴屋)라는 당시로서는 최고급 여관을 지었다는 이야기는 지금도 유명하다.

이와 함께 뺄 수 없는 이야기가 있다. 1940년대 초 일본이 대동아전쟁을 수행하고 있을 무렵 김충식에게 전투기의 헌납을 부탁했다. 본디 '욕심쟁이'인 그는 그렇게 큰 헌금이 달갑지 않아 거절했다. 그러자 일본은 그가 많은 양의 미곡을 갖고도 방출하지 않았다고 장흥지원에 가두어버렸다. 이에 놀란 김충식은 즉시 비행기 2대를 일본에 헌납한 뒤 유치장에서 풀려났다.

이상에서 알 수 있듯이 김충식은 어쩔 수 없을 때가 아니면 자신의 재산이 방출되는 것을 허용하지 않았다. 그러나 자신의 마음에서 우러나온 희사금도 있었다. 김충식이 폐렴을 상당히 중하게 앓은 적이 있었다. 그때 그의 주치의인 세브란스 의전의 최동(崔棟) 박사가 학교 의료진과 함께 그의 병을 완치시켰다. 이에 김충식은 고마운 마음을 표시하기 위해 광주 인근의 땅 1만 석 정도를 투자하여 동은재단(東隱財團, 사무실은 을지로 3가의 동은빌딩)을 설립하고 이것을 그대로 세브란스 의전에 희사한 것이다. 동은재단은 그후에도 계속 유지되었지만, 해방 이후 영등포에 있는 약품 공장에 투자한 것이 잘못되어 기본 재산을 거의 상실했고 현재 남은 것은 연세대 의대에 있는 동은의학박물관뿐이다.

이러는 가운데 조선은 해방되었고, 김충식에게도 새로운 변화가 요구되었다. 농지개혁 소문이 퍼지면서 주위에서는 귀속기업을 불하받으라는 권유도 많았다. 또한 동기에 관계없이 결과적으로 그의 일제하 행적은 일제의 정책에 협력한 것이어서 친일파로 몰리기도 했다. 해방 당시 그의 나이 57세, 더욱이 해방 직전에 고혈압으로 쓰러져 하반신을 못쓰는 상태였다. 거기다가 아들 4형제가 있었지만 재산을 믿고 맡길 만한 후손이 없었다. 김충식은 낙담했고 그 모든 변화를 그대로 받아들인다.

당시 강진은 읍을 중심으로 하는 지역은 우익인사들이 정치적 헤게모니를 장악하고 있었고 반면에 군내 각 면들은 좌익인사들이 주도권을 장악하고 있었다. 이들 세력간의 갈등 속에서 김충식의 입지도 점점 약해져 갔다. 그러다가 한국전쟁이 일어난다. 김충식은 서울집에 있다가 전쟁을 맞이했다. 그는 피난 갈 시기마저 놓치고 세브란스병원 입원실과 친척집을 전전하면서 인공(人共)치하 3개월을 보냈다. 한편 사회적 활동을 싫어하는 그의 성격 때문에 강진에 있는 가족들도 큰 피해를 입지는 않았다. 다만 인민군이 후퇴하기 하루 전인 1950년 9월 30일 강진의 좌익들이 1700여 평에 이르는 김충식의 집과 강진농고를 불태운 것이 그가 입은 유일한 피해였다.

당시 그의 재산 규모를 엿볼 수 있는 일화가 있다. 당시 전남대학교를 설립하기 위해 동분서주하던 송화식(宋和植)이 김충식의 도움을 요청하기 위하여 사세청(司稅廳, 국세청)으로 하여금 그의 재산을 평가해 보라고 했다. 그후 조사를 마친 사세청에서는 파악이 가능한 재산이 77억 환 정도 된다고 평가했다. 당시 하급공무원 월급이 3000환 정도였고 쌀 한 가마 값이 1000환이 약간 넘었다고 하니까 그 재산를 짐작할 수 있을 것이다.

김충식은 농지개혁이 진행중이던 1953년 1월 15일 죽어 병영면 박동리 마장등에 있는 선친의 묘소 아래 묻혔다. 장례식은 강진농고 학생들이 모두 참가한 가운데, 악대까지 동원해 호화스럽게 치러졌다. 그리고 세브란스 의대의 동은재단에서도 1960년 7월 2일 그곳에 묘비를 건립해 고마움을 표시하고 있다.[3]

김충식, 그는 구한말에 태어나 지주제가 본격적으로 자리 잡는 1920년 무렵에 지주가 되었다. 그후 그는 조선에서 손꼽히는 지주로 성장했다. 그는 정치가, 사회사업가로의 변신 등에는 별 생각이 없이 그저 지주이고자 했다. 그리고 농지개혁으로 사회계급으로서의 지주가 의미를 상실할 때 지주인 상태로 죽은 것이다.

1) 이상 회사명과 설립일자는 中村資良 편, 『조선은행회사요록』, 1925~1942, 동아경제시보사.
2) 강진농고 서무과에 보관중인 설립 관계 서류를 참조.
3) 김충식의 묘비 참조.

문재철

염상(鹽商)에서 대지주로

1883년 전남 신안 출생
1923년 암태도 소작쟁의 발생
1935년 농업회사 설립
1941년 문태중학교 설립
1955년 사망

목포에서 뱃길로 한 시간 반, 암태도 남강나루에 내려 문씨가(文氏家)의 공덕비를 왼쪽으로 끼고 돌면 듬성듬성한 마을과 밭이 전개된다. 그리고 도창리와 단고리를 안고 벌판을 지나면 큰봉산이라 불리는 봉우리를 볼 수 있다. 큰봉산 아래에 위치한 마을이 전남 서남 일원의 대표적인 지주 문재철이 태어난 수곡리다.

남평 문씨들이 암태도 수곡리에 동족마을을 이루고 살기 시작한 것은 18세기 초부터다. 이 지역은 리아스식해안지대로 제방을 쌓지 않고도 염전이 가능한 천연적 조건을 갖추고 있었다. 물길이 가장 좋다고 하여 수곡리라고 불리는 이 마을에서 문재철은 1883년 12월 24일 중추원 참의를 지낸 문태현(文泰炫)의 4남 1녀 중 장남으로 태어났다. 암태도에서는 그를 '문참사'라 부른다.

문재철의 삶은 크게 세 국면으로 나누어진다. 첫번째는 아버지 문태현과 함께 재산을 모으고 땅을 사들여 지주로 성장하는 과정이다. 두번째는 암태도 소작쟁의를 거치면서 농업 외 분야에 투자를 확대해 자본가로 성장해 가는 과정이며, 세번째는 일제의 패망을 내다보면서 독립운동 자금 지원, 교육 분야 투자 등 민족주의자로 변화를 시도하는 과정이다.

암태도는 조선시대에 궁장토 지역이었다. 목포의 개항으로 목포뿐만 아니라 인근 도서 지역까지도 급속히 일제의 상권에 편입되었다. 이러한 변화는 지주층과 상인층을 급성장시키는 사회적 배경이 되었으며, 특히 이 지역의 궁장토를 관리하던 도장(導掌)의 성장 가능성을 크게 했다.

이러한 시기에 대대로 궁장토를 관리해 오던 문씨 집안은 문재철의 선대인 문태현의 대에 이르러 재산을 축적하기 시작한다. 문씨들이 재산을 축적할 수 있는 기반이 된 것은 염전경영이지만, 궁장토의 관리자라는 지위가 큰 도움이 되었던 것도 숨길 수 없는 사실이다. 염전을 소작하는 경우, 소작료는 생산량의 10% 정도였다. 하지만 생산 과정에서 연료대와 식량 등을 염주에게 의존하는 경우나 수선 및 세금을 작인이 부담하는 것을 고려한다면, 생산량의 대부분은 염주의 몫이었다.

일반적인 재산증식 수단이던 고리대 또한 문씨들에게 예외는 아니었다. 고리대는 주민들의 식량부족에 따른 색갈이(춘궁기에 식량을 꾸어다 추수기에 갚는 형식) 형태가 대부분이었다. 이들은 토지나 가옥을 저당잡히고 식량을 얻게 되며, 그 대가로 월 5~10%의 이자를 내야 했다. 특히 현금이 있을 리 없는 작인들은 현물로 갚는 경우가 대부분이었는데, 이 경우 월 10%의 현물을 내야 했다. 고리대와 선대행위는 문씨가가 지주로 성장하는 중요한 기반이었고, 이들은 이를 통해 토지를 급속하게 확장해 갔다.

생산활동 역시 문씨가가 재산을 축적하는 중요한 기반이었다. 당시 서남 해안의 중심 포구였던 남강나루의 지리적 이점을 이용해 문태현은 직접 생산된 소금을 영산포, 강경포, 목천포 등지에 판매했다. 또한 돌아올 때는 섬에 필요한 생활필수품을 가져와 곱절장사를 했다. 이 시기에 상업활동에 유리한 남강나루로 이주하게 된다.[1)]

문재철은 개항 이후 목포로 이주하면서 이러한 상업활동을 더욱 확대하여 여러 개의 상 조직(선일사상회, 목포객주회, 목포사상회사)을 만들었다. 여기에 필요한 비용을 만들기 위해 문재철은 1924년에 십팔(十八)은행에서 논 9971두락(마지기)과 밭 2646두락을 담보로 돈을 빌리게 된다. 당시 목포에는 개항과 더불어 일본인들이 설립한 제일은행출장소(1898), 십팔은행, 조선은행출장소가 있었다.

문재철이 어느 정도의 토지를 소유하고 있었는지 현재로서는 정확하게 알 수 없다. 다만 해방 이후 농지개혁 때 논이 724.6정보(1정보는 3000평), 밭이 211.7정보로 나타나 실제로는 그 이상을 소유했음을 알 수 있다.[2] 또한 문씨 집안의 추수기(秋收記)를 분석한 박천우의 연구에 따르면, 1940년대 문재철의 땅은 전남의 신안, 무안, 영암, 나주, 진도, 해남, 장성, 광산, 함평, 담양, 전북의 고창, 부안, 충남의 당진, 그리고 심지어는 강원도의 철원, 양구, 경기도의 광주, 시흥, 수원까지 분포되어 있었다고 한다.

이와 같이 문재철은 조선왕조가 멸망하고 일제의 지배가 시작되던 19세기 말부터 20세기 초에 걸쳐 대지주로 성장하고 있었다. 한 국가의 흥망성쇠와 개인의 부침이 달라지고 있는 것이다.

도무지 좌절이라고는 없을 것만 같은 문재철에게도 시련은 다가왔다.

> 대지로 요를 삼고 창공으로 이불을 삼아 입은 옷에야 흙이 묻던지 마던지 조라드는 창자야 끊어지든지 마든지 오즉 한아 집을 떠날 때에 작뎡한 마음으로 그날 밤을 자는둥 마는둥 또다시 그 이튿날을 당하게 되얏다.[3]

이는 소작회원들이 구속되고 난 후, 암태도 주민들의 두번째 원정투쟁을 보도한 내용이다.

암태도 소작쟁의는 1923년 8월 문 지주의 논을 부쳐 먹는 농민들이 서태석과 박복영을 중심으로 소작회를 구성하면서 시작된다. 4할의 소작료를 인정하지 않으려는 문재철과 이를 관철시키려는 소작인 간의 갈등은 추수거부, 불납동맹으로 이어진다. 결국 쟁의는 문씨가의 송덕비를 무너뜨림으로써 일대 전환을 맞는다. 이 사건을 계기로 소작인 편 13명, 지주 편

3명 등 모두 16명이 구속되었다. 이후 소작회 간부의 2차에 걸친 단식농성, 주민 600여 명이 참여한 목포 원정투쟁으로 이어졌다. 그후 3차 원정 시위까지 결정되자, 목포 경찰서장 나카시마(中島)는 암태도로 건너와 원만한 해결을 약속한다. 그후 소작인들의 주장은 대부분 수용되고 구속자도 9월 14일과 19일 두 차례 걸쳐 전원 석방되었다.[4)]

이와 같은 암태도 소작쟁의는 이후 인근 도초도(1925년), 자은도(1926년), 지도(1927년) 등으로 이어진다. 당시 무안(현재 신안군)의 도서 지역에는 문재철의 땅이 곳곳에 흩어져 있었다. 1930년대 초 소작인들의 목소리가 높아지자 문재철은 경영 형태의 전환을 시도한다. 먼저 토지의 경영 형태를 마름 중심에서 농감(農監) 1인 중심의 농장체계로 개편한다. 그리고 1935~1936년 농업회사를 설립한다. 또한 기존의 미곡 중심에서 상품화에 용이한 면화로 작목을 전환했다.

한편 문재철은 이러한 시련을 타개하기 위하여 축적한 재산을 배경으로 자본가로 거듭나기 시작한다. 이를 위해 먼저 유통 분야에 뛰어들어 1920년대 초 남일운수주식회사를 설립하고 목포 연안 해운업의 실력자로 부상한다. 또한 산업 분야에도 뛰어들어 정미공장과 조면(繰綿)공장을 설립한다. 1930년대에는 군소조면공장을 통합해 전남면화주식회사를 설립 운영함으로써 식민지 지배정책이 의도하는 식량과 원료기지화에 부합하는 매개역할을 담당하고 있다. 문재철은 이 외에도 많은 산업 분야에 관여했다.

1930년대 후반 문재철은 또 한 번의 변신을 시도한다. 이 변신은 그야말로 인생의 반전이라고 부를 수 있을 만큼, 지금까지의 문재철과는 다른 모습을 보여 주고 있다. 이제껏 지주 혹은 자본가로만 알려져 있던, 심지어는 일제의 침략에 협력하기까지 했던 그가 1940년대 이후 민족주의적인 색채를 띠기 시작한 것이다.

일제침략 초기에 치안유지와 민심수습의 차원에서 만들어진 중추원 참사를 역임한 바 있던 문재철은 1930년대 후반에 교육 부문과 독립운동 지원에 일정한 관련을 맺게 된다. 1941년 문재철은 지주자본을 바탕으로 4000두락 이상의 논과 2000두락 이상의 밭, 그리고 20정보의 염전이라는

<문재철의 자본 투자 내역>

농업부문		53만 원
상업부문	목포차고금융(이사 1919), 남일운수(사장 1924) 목포해운(이사 1940), 선일(사장 1935) 전남백화점(이사 1930), 경일상고(사장 1931)	26만 4000원
금융부문	호남은행(이사 1920), 전남신탁(이사 1929),	9만 2000원
산업자본	동아고무(이사 1925), 목포양주(이사 1929), 전남면화(이사 1933), 남성정미(사장 1939)	34만 4000원
주 식		8만 2000원

자료 : 장시원, 「일제하 대지주의 존재형태에 관한 연구」, 서울대 경제학과 박사학위논문, 1989.

거금을 들여서 재단법인 '문태중학교'를 설립했다.[5] 또한 농민운동가로 상해 임시정부와 연결되어 있던 박복영을 통해 벼 200가마, 보리 100가마, 누룩 50통에 해당하는 거액을 독립자금으로 제공하기도 했다. 하지만 그가 이렇게 변화한 구체적인 계기는 밝혀지지 않고 있다.

박순동 씨 기록, 「암태도 소작쟁의」에도 독립자금을 지원한 부분은 '후일담'으로 기록되어 있는데, 이에 대해 박복영도 문재철의 이런 변화에 어리둥절했다고 증언하고 있다.

1940년 이후 문재철은 바깥 출입을 못하고, 계속 투병생활을 해야 했다. 이러한 문재철은 해방 후 최초로 목포시민상을 수상한다. 그리고 한국전쟁이 발발한 지 5년 후에 생을 마쳤다. 당시 학교장으로 장례를 치렀는데, 문태학원의 교사였던 함학섭 씨는 장례식 광경을 다음과 같이 회상하고 있다.

문고 악대를 선두로 한, 전교생의 장례행렬이 당시 목포부두에서 목포역까지, 수많은 만장의 물결 속에서 구슬픈 추도가에 맞추어 이루어졌지.

문재철은 지리적 조건과 향촌 사회의 중간 계층이라는 사회경제적 배경을 이용해 조선 굴지의 지주가로 성장했다. 그리고 일제의 지배 후반기에는 자본가로 전환을 시도하고 있다. 또한 가끔은 민족주의자의 면모를 보여 주기도 했다. 하지만 일제하에서 해방 정국으로, 그리고 다시 한국전쟁으로 이어지는 역사의 소용돌이 속에서 문재철이란 이름은 무엇을 상징하고 있는가? 여기서 우리는 정치적인 평가는 유보할 수밖에 없다. 다만 장시원(한국방송통신대학 교수)의 연구에 따르면, 경제사적 측면에서 문재철은 산업자본에 많은 투자를 했음에도 불구하고 경영활동면에서 상업자본적 자본가였다고 평가하고 있다. 그것이 전남 지역의 대표적인 지주 겸 자본가로 이 지역의 지주제경영, 그리고 산업사 연구에서 주목받는 위치를 점하고 있는 이유다.

1) 문재철의 재산축적 과정에 대한 자세한 내용은 박천우의 「일제하 식민지 지주제연구」를 참고할 것.
2) 농촌경제연구원, 『농지개혁시 피분배지주 및 일제 대지주 명부』, 1985. 12.
3) 동아일보 1924. 7. 12.
4) 암태도 소작쟁의에 대한 글은 송기숙의 소설 『암태도』와 박순동의 기록 「암태도소작쟁의」를 참고할 것.
5) 문태중학교 연혁, 설립사.

국채웅

담양 대지주 국참봉

1871년 전남 담양 출생
1921년 담양청년회 경리부장
1922년 담양산업조합 부조합장 피선
1932년 담양유치원 경영
1935년 주식회사 우송농장 설립
1937년 농촌중견부인양성소 설립
1947년 고려공업사 설립
1949년 사망

일제하 1930년대 전남 지방에서 500정보 이상을 소유하고 있던 조선인 대지주는 9명으로, 강진의 김충식, 순천의 김종익, 해남의 이환용, 윤정현, 광주의 현준호, 목포의 문재철, 화순의 오자섭, 오병남, 그리고 담양의 국채웅을 꼽을 수 있다.[1] 이 가운데 국채웅(鞠埰雄)은 다각적인 경영을 꾀했던 다른 지주들과는 달리 오로지 지주경영에만 매달렸던 유형으로 구분된다. 또한 그는 담양산업조합과 농촌중견부인양성소(花嫁學校) 설립의 주역이었으며, 담양유치원의 설립자이기도 했다. 그 밖에도 구담양군청(현 읍사무소) 산업과 건물을 기증하는 등, 당대 담양 지역의 대표적인 부호였다.

그는 1871년 담양면 천변리에서 국완열(鞠浣烈)과 월성 신씨 사이의 3형제 중 장남으로 태어났다. 현재 그의 유년 시절에 대해서는 집안이 대대로 담양 지역의 향리층이었다는 것 외에는 거의 알려져 있지 않으나, 그는 일찍이 상업과 농업경영에 관심을 갖고 있었던 것으로 보인다. 그 연유나 시기는 잘 알 수 없으나 담양 지역 사람들은 그를 가리켜 '국참봉'이라 부른다.

그가 언제 어떤 계기로 이 같은 대지주가 되었는지는 알 수 없었다. 다만 선대로부터 물려받은 농토가 별로 없었던 향리의 자제가 구한말에서 일제하에 이르는 시기에 '만석꾼'이라 불릴 정도로 대토지를 소유했다는 데에 한국 근현대사의 아이러니가 있을 것이다. 가족들의 증언에 따르면 "힘을 잡기까지는 여기저기의 장을 돌아다니며 돈을 벌었고, 거기에서 번 돈으로 매년 전답을 늘려 갔다" 한다.[2] 결국 그의 부의 형성에 크게 작용한 것은 다름 아닌 상업활동이었을 것이다.

일제하 조선인 대지주를 연구했던 장시원에 따르면 대지주의 형성 과정은 대체로 네 가지로 분류되는데, '상인형', '농민형', '중간관리인형' 및 '관료형'이 바로 그것이다.[3] 여기에서 '상인형'이란 상업, 고리대활동을 통해 부를 축적한 후 이를 토지구입에 투자하여 대지주로 등장한 유형으로, 국채웅 역시 이에 속한 것으로 보인다. 그리고 그 시기는 구한말 일제 초기로, 1930년대에 이르면 이미 국채웅은 전남 지역에서도 500정보 이상을 소유하는 몇 안 되는 조선인 가운데 한 사람이 되었다. 그는 1930년 현재 논 451정보, 밭 113정보 기타 89정보에 이르는 실로 광활한 653정보의 토지를 소유하고 있었다. 또한 그 소유 영역은 담양은 물론이요, 인근 지역인 순창, 장성, 곡성에까지 미치고 있었다.

어쨌든 이와 같은 연유에서 그는 남달리 근검절약하는 사람이었고, 상당한 부를 축적하고 난 뒤에도 기운 옷을 입었으며, 죽기 전까지도 손을 놀려서는 안 된다며 짚신이나 집에서 쓸 봉투를 손수 만들 정도였다.

1920년대 담양 지방의 민족운동은 '담양청년회'로부터 시작된다.[4] 일생 동안 토지 늘리기에 열중하던 국채웅이 공식적인 사회활동에 처음 참여한 것 역시 이 청년회를 통해서였다. 즉 1921년 3월 담양공립보통학교에서 정기 총회를 개최하고 임원을 선거했는데, 당시 그는 경리부장을 맡았다. 그러나 이후에는 청년회의 활동에서 그의 이름을 찾기 어렵다. 한편 얼마 되지 않은 그에 관한 문헌을 뒤적이면 1922년 3월 담양산업조합 창립회에서 부조합장으로 피선된 것을 확인할 수 있다.

주지하듯이 예나 지금이나 담양의 특산물인 죽세공은 그 종별과 수량을 거론하지 않더라도 담양 지역 경제에 커다란 보탬을 주고 있었다. 그러나 대부분 영세농가로서 고리대금을 차용하고 있어서 원료구입이 어려운 실정이었다. 그런 가운데 1920년부터는 진소(眞梳, 참빗)조합이 설립되어 생산자에게 많은 이익을 주고 있었다. 이에 조합을 확장하여 산물을 한층 장려하기 위해 담양의 전 지역을 망라해 산업조합을 설립했던 것이다. 이어 1926년에 발표된 「조선산업조합령」에 의해 1927년 3월 담양, 장흥, 영암 등 전라남도에 산업조합 3개가 설립되었는데, 담양산업조합은 기존의 체제를 이어받아 재출범했고, 규모면에서도 타의 추종을 불허하고 있었다. 이때 국채웅은 비록 부조합장의 직함을 갖고 있었지만, 실질적인 자본주로서 조합의 핵심을 담당하고 있었다.

1930년대에 이르면 농업경영에서 회사 형태로의 전환이 활발히 진행되는데, 그 역시 1935년에 소유 농토를 중심으로 자본금 및 불입금 120만 원의 주식회사 우송농장(又松農場)을 설립하기에 이른다. 그러나 말이 농장이지 이곳은 농업 이외에도 제반 상업활동을 하고 있었다. 1937년의 「은행·회사명부」에 따르면 이 농장의 영업 내용은 첫째 금전, 미곡류, 기타 동산 및 부동산의 매매, 임대차 중개 및 관리, 둘째 창고업, 정미업, 제보험회사의 대리점, 운송업, 셋째 광산업이었다. 농장은 본점을 담양군 담양면 천변리 7번지에 두고 있었다. 또한 임원진을 보면 대표이사에 국채웅, 이사에는 차남 영현, 삼남 기현이, 감사역에는 장남 상현과 사남 계현이 맡고 있었다.

하지만 이처럼 그의 농장이 농업회사 또는 주식회사 형태의 농장경영이었더라도 그것이 반드시 자본제적으로 이루어졌음을 의미하는 것은 아니었다. 즉 우송농장은 지주자본이 산업자본으로 전환한 것이 아니라 농업이 회사 형태로 전환했다는 것이다. 즉 1930년대 농업으로 분류된 농업 관계 회사의 실질적인 영업 내용은 단순한 농업경영(소작경영)뿐만 아니라 대부분 고리대적 자금대부와 토지 및 가옥 등의 부동산매매 영업을 겸하

1931년 회갑기념으로 구입했던 미국제 마르케트 6인승 승용차. 당시 가격 4500원으로 담양의 첫 승용차였다.

고 있었는데, 우송농장 역시 예외는 아니었을 것으로 생각된다. 당시 전남 지방의 농업 관계 회사는 12개였는데 국채웅의 우송농장은 설립 당시 자본금 120만 원으로, 일제하 전남 지방 최대의 지주인 강진 김충식의 동은 농장(자본금 200만 원)에 이어 두번째에 해당되는 규모였다.

한편 전남에서도 손꼽히는 대지주로서 근검절약으로 소문난 그의 생활 가운데는 믿기 어려운 일화도 남아 있다. 즉 1931년 7월 그의 회갑기념으로 미국제 마르케트 6인승 승용차가 도입되었는데, 당시 구입 가격은 4500원으로 알려지고 있고 이는 담양에 처음으로 승용차가 들어온 것이어서 많은 구경꾼이 연이어 모여들었다고 한다.

또한 1931년 9월 30일에는 그의 회갑을 맞아 7일간에 걸쳐 여러 가지 행사와 함께 촌로는 물론 군내 주민을 초대하여 푸짐한 잔치를 베풀었다 한다. 아침부터 저녁까지 7일간에 걸친 잔치에는 1만 2000여 명이 참여했으며, 담양면 담주리 105번지의 광장에서는 줄타기, 줄다리기, 명창대회, 달리기, 씨름대회 등이 연이어 벌어졌다. 당시 잔치를 치르기 위해 서울에서도 가장 이름 높은 명월관에서 요리사를 데려오고, 7일 동안의 주안에 쓸 음식물까지 날라 왔다 한다.

한편 일찍이 담양 지방에는 유아를 교육할 유치원이 없어 지방 유지간에 유치원 기성회까지 조직하여 설립하고자 노력했으나 결국 실패하자, 그는 1932년 봄부터 사재 1만여 원을 지원해 양각리에 담양유치원을 경영했다. 유치원 원아는 50여 명이었다. 또한 1932년 12월에는 담양상회 기성회를 만들어 담양상회를 운영했다. 여기서는 주단, 포목 및 일용잡화를 공급해 회원의 경제적 복리를 도모했는데, 이 담양상회 기성회의 회장도 물론 국채웅이었다.

그런 가운데 1937년 4월에는 봉산면 신성리에 농촌중견부인양성소가 설립된다. 여기에서는 전남 도내의 각 군에서 22~24세의 농촌의 부녀자를 1명씩 모집, 지도자로 양성했는데 모두 30명을 뽑아 1년간 육아관리, 농업기술, 예절, 가정생활, 요리 등을 가르쳤다. 그는 설립기금으로 전답 300두락을 내놓았다. 이 농촌중견부인양성소에는 5명의 교사가 있었는데, 소장은 그의 아들인 국기현이 맡았으며, 1년제 한 학급에 졸업자 수는 200여 명이었다고 한다. 한편 1939년 4월에는 설립자를 기리는 의미에서 농촌중견부인양성소에서 국채웅의 수상 제막식이 있었다.

그러나 이 시기 이른바 '농촌중견인물양성'에 대해서는 비판적인 시각이 주류를 형성하고 있다. 이는 다름 아닌 총독부 통치의 지주(支柱)가 될 수 있는 중견 인물을 육성하는 것이라는 논지였다. 다시 말하면 준전시체제의 형성과 함께 농민을 체제내화해서 총독부 지배를 지주화하려 했다는 것이다.[5] 그가 관여한 농촌중견부인양성소도 그와 같은 맥락에서 볼 수 있을 것이다.

한편 600여 정보에 달하는 우송농장의 대토지는 해방 후 농지개혁에 의해 상당 부분 소유권이 바뀌게 되는데, 「농지개혁시 피분배 지주명부」에는 그의 분배토지에 대한 보상 석수가 2000여 석에 이르는 것으로 적혀 있다. 지가증권으로 지불된 보상금은 그후 장손인 국승관에 의해 1947년 2월 고려공업사로 발전된다. 이는 담양읍 천변리를 중심으로 8000평의 대지에 창설되는데 제재 및 목공 일체와 각종 가구를 제작하는 다목적공장이었다. 총자본금은 30만 원으로 서무, 재무, 제재, 목공, 가구, 운송 등으로 나누어 운영되었으나 한국전쟁으로 1951년에 폐업되는 불운을 겪게 된다.

선대로부터 물려받은 이렇다할 유산보다는 상업활동 등을 통해 일제하 500정보 이상의 대토지를 소유하고, 1930년대 중엽에는 이를 우송농장이라는 주식회사체제로 경영했던 국채웅, 그는 그가 평생 축적했던 대토지가 농지개혁에 의해 지가증권으로 보상받는 것도 다 못 보고 1949년 천수를 마감하게 된다. 아울러 그가 언제 어떤 계기로 이 같은 대지주가 되었으며, 그의 지주경영에 대한 구체적인 내용이 무엇인지도 여전히 과제로 남아 있다.

원래 국채웅이 자기의 호를 따 우송정이라 하여 자손들의 수양처로 사용해 왔던 정자는 국채웅의 장녀 국추(법명, 성해性海)가 1961년 참선방으로 개수, 부처를 봉안해 오다가 1967년 7월 사찰 승인을 받아 우송사라 했다. 바로 그 절에는 1939년 제작되었던 우송의 흉상이 남아 있어 그의 자취를 느끼게 한다.

1) 장시원, 「일제하 조선인 대지주의 자본전환에 관한 연구」, 한국방송통신대학논문집, 1986.
2) 증손자 국정근(현 담양읍내 거주)의 증언.
3) 장시원, 「식민지하 조선인대지주 범주에 관한 연구」, 경제사학 제7호, 1984, 220~228쪽.
4) 『청죽골의 비망록』, 1990.
5) 지수걸, 『일제하 농민조합운동 연구』, 역사비평사, 1993.

오자섭, 오건기

화순 동복의 대지주

오건기
1899년 전남 동복 출생
1937년 전남도회 의원
1940년 동복생약조합 조합장
1949년 동고과학재단 설립
1949년 사망

광주에서 화순군 군내 버스를 타고 한 시간 남짓 달려가면 유서 깊은 고을의 하나인 동복에 도착한다. 버스를 내리면서 마주친 면사무소 앞에는 여기가 동복 오씨들의 관향(貫鄕)임을 금방 알아 차리게 하는 퇴색한 공덕비들이 줄을 지어 서 있다. 지나가던 행인에게 몇 마디 묻지 않아 한 말, 일제하 동복 최대의 지주였던 오자섭, 오건기의 집터를 찾을 수 있었다. 오씨가의 본채는 허물어져 오래인지 석축만이 남아 세월의 무상함을 더해 주고 있었고, 잡초만 무성한 뜰에는 시들어 버린 목단 몇 그루만이 뒤엉켜 일제하에서 해방 공간에 이르는 격동의 역사를 말없이 전해 주고 있었다.

동복 고을은 동쪽은 모후산과 운월봉, 서쪽은 묘치와 무등산, 북쪽은 백아산 자락이 각각 둘러서 있고, 남쪽만 산악이 둘러싸지 않은 분지에 위치하고 있다. 이러한 산악지대이면서도 또한 비옥한 토지를 갖추고 있어서, 일찍부터 미곡과 더불어 약초와 마포를 비롯한 각종의 상업적 작물이 활발하게 생산, 판매되었던 지역이다. 거기에다 광주-동복-순천을 잇는 일등 국도와 기타 크고 작은 지방도로, 소로로 연결되는 편리한 교통망까지 완비되어 상업적 농업이 활발하게 전개된 지역이며, 이를 배경으로 일찍부터 지주제 발달과 더불어 격심한 농민층 분해가 전개된 지역이기도 했다. 그리고 이러한 지리, 사회경제적 조건은 해방 이후 이 지역을 휩쓴 격심한 좌우대립과 갈등의 토대가 되었다.

한말 일제하 동복 최대의 지주 가문으로 성장한 동복 오씨가는 고려 말 문헌공 오대승이 이곳 현리로 입거한 이래, 계속해서 이곳을 바탕으로 정착해 온 토착세력이었고 동시에 동복 최대의 향리 가문이었다. 따라서 이들은 비록 전통적인 문벌을 자랑하는 양반층은 아니었지만 봉건국가의 지방통치, 농민지배를 말단에서 실현해 온 토착세력으로서 갑오개혁 이전은 물론 그 이후까지 동복의 향권을 좌우한 막강한 세력가였다. 이를 반영하듯 구한말 이후 동복을 대표하는 지주들은 그 대부분 오씨가인데, 그 대표적인 경우로 오자섭·오건기 부자 외에도 오재영, 오병남 등이 있다.[1]

이 가운데 오자섭·오건기 부자의 경우를 구체적으로 살펴보자. 한말 이래 농지개혁 때까지 동복 일대에서 오자섭·오건기·오영(1922~) 3대에 걸쳐 대규모 농업경영을 했던 오씨가를 맨 처음 대지주로 끌어올린 장본인은 한말의 경영주 오자섭이었다. 그는 1884년에 금부도사(禁府都士), 행동지중추부사(行同知中樞府事), 자헌대부(資憲大夫)를 지낸 오재돈(1834~1913)의 7남 1녀 중 4남으로 태어났다. 현재 생존해 있는 그의 손자 오영에 따르면,[2] "할아버지는 어려서부터 학문보다는 이재(理財)에 남다른 소질을 보였다. 이 때문에 더 이상의 권학(勸學)을 강요받지도 않았지만, 동시에 많은 유산을 물려주지 않아도 얼마든지 자립해 갈 수 있을 것이라는 이유로 7형제 중 가장 적은 가산(家産)을 분배받았다"고 전한다.

한말 동복의 최대 지주 오자섭이 지주로 성장할 수 있던 데에는 물론 동복의 토착 향리세력으로서 한말 수서기(首書記)를 지내는 등의 정치적 배경이 크게 작용하고 있다. 그러나 이것이 성장의 유일한 배경은 아니었다. 즉 한말에 그가 많지 않은 가산을 토대로 치부하는 과정에서 맨 처음 주목했던 것은 동복 일대의 특산물로서 수익성이 높은 목단과 각종의 한약재 그리고 대마의 구입과 판매였다. 그는 일찍부터 이곳 특산물로 지목받고 있던 목단, 인삼, 마포 등 상업적 작물을 대규모로 자작하거나 선대(先貸)하여 결국은 그 생산과 유통의 전 과정을 독점하게 된다. 그리고 향촌의 지배자라는 정치적 권력과 함께 이러한 독점적 지위를 배경으로 20세기 초에는 동복의 대표적인 대지주로 성장하게 된 것이다.

방대한 지주경영 관계 문서들을 소장하고 있었던 동복 오씨가의 지주경영을 분석한 홍성찬(연세대 교수)은 이들의 지주경영을 다음과 같이 분석하고 있다.[3)]

동복의 지주들은 정치적으로는 일제와 협력하는 한편, 경제적으로는 민란과 농민전쟁기를 통해 꾸준히 지주제와 고리대제도의 타도를 주장해 온 농민층을 제압하고 지주제와 고리대제도를 기반으로, 일본의 근대화 경험을 모델로 한 이른바 지주층이 중심이 된 지주적 입장에서의 자본제화, 근대화를 생각하며 이를 실천에 옮겨 가고 있었다.

1935년 오자섭은 지병이던 고혈압에 쓰러지고 만다. 그러나 그 훨씬 전부터 오건기는 아버지가 축적한 부와 토지를 토대로 새로운 도약을 준비하고 있었다. 그는 일본 유학에서 돌아온 1920년대 중반부터 이미 농장형 경영을 시도해 이를 동고농장(東皐農場)이라 이름한 바 있는데, 아버지의 죽음으로 자신이 경영주가 되자 이제 본격적인 구조 변화를 시도하게 된 것이다. 구조 변화의 내용을 요약해 보면, 오자섭대에 토지 소작부와 목단, 마포 상사업 등에 국한되어 있던 경영 부문을 보다 다각화하는 일과 재래적 경영 방식을 새로운 방식, 즉 새로운 관리기구인 농장제(農場制)로 전환하는 것이었다.

오건기는 이와 같이 자본제적 농업경영 방식을 적극 도입해 확대하는 한편, 일제 말기에는 근대적인 회사, 은행, 금융조합 등의 대주주 임원으로 직접 활동하면서 경영 형태의 전환을 준비했었다. 당시 오건기가 소유하고 있던 토지는 1935년 8월 현재 논이 388.2정보, 밭이 39.4정보, 대지가 3.6정보, 임야가 1355.4정보로 나타나 있다. 여기에 자본가로서 근대적인 회사, 은행, 금융조합 등에 투자했던 부분을 합한 것이 그의 총재산이 되는데, 그 총규모는 어림으로 추정하기가 쉽지 않다.

하지만 무엇보다도 중요한 것은, 이처럼 소수 대지주의 존재 뒤에는 정치참여의 기회를 거의 완벽히 배제당한 채 소외당한 농민층이 존재하고 있다는 사실이다. 즉 토지소유와 정치참여 기회에 대한 지주들의 독점과 농민층의 배제라는 양극화 현상과, 이로부터 야기된 대립과 갈등은 해방 후 한국전쟁기까지 동복 일대에서 전개된 사회적 갈등과 이념적 대립의 기본 성격을 결정적으로 규정한 기반이었던 것이다.

1945년 8월 15일, 해방과 더불어 일제의 권력기구가 일거에 무력화되자, 구한말 이래 일제하의 전 기간에 걸쳐 형성되어 온 각 계층간의 갈등과 모순은 일거에 폭발적으로 충돌하면서, 동복의 기존 질서는 송두리째 와해되고 말았다.

해방과 동시에 동복면에는 하달태를 중심으로 동복면 인민위원회가 발족한다. 당시 인민위원장이던 하달태는 일본 동북제대를 졸업한 인텔리 토착활동가인데, 일제 말에 면장이었던 오건기가 그의 학력을 높이 평가하여 월 75원의 월급을 받는 부면장으로 발탁했던 인물이었다. 더욱이 하달태의 집은 고리대로 성공한 집안이었는데, 그 자금은 오건기의 집에서 거의 무상으로 빌려서 사용했다고 한다. 개인적으로나 집안간의 관계로 보나 오건기로서는 하달태에게 할 만큼 했던 것이다.

그러나 급박하게 돌아가는 정국의 소용돌이는 두 사람의 관계를 개인적인 수준에서 머물 수 없게 했다. 한쪽은 농민들과 적대적 관계에 있는 지주들을 대표하는 사람이고, 다른 한쪽은 농민들의 지지가 절대적인 인민위원회의 대표자였던 것이다. 더욱이 당시 화순 지역의 좌익세력은 화순 탄광노동자들이 주축을 이루고 있었고, 따라서 강력한 조직력과 함께 선명한 민족적·계급적 입장을 견지하고 있었다.

특히 오건기가는 인민위원회를 비롯한 좌익세력의 주된 공격 목표였다. 그의 사회경제적 지위나 일제하 경력이 그렇게 만들었던 것이다. 해방된 지 겨우 두 달 남짓 지난 1945년 10월경, 인근 화탄(和炭)부대와 동복보안대의 습격으로 오건기의 집은 몸채와 사랑채가 불타고 마침 그곳에 와 있던 인근 암자의 승려가 오건기로 오인받아 타살되는 사건이 발생했다. 당시 오건기를 비롯한 오씨가 지주들의 입지가 얼마나 위축되었는가를 단적으로 보여 주는 사건이었다.

이러한 상황에서 오씨가 지주들은 생존을 위해 몸부림친다. 먼저 인민위원회 세력에게 빼앗겼던 정치적 활동 공간을 미군의 진주를 계기로 되찾으려고 노력했다. 이를 위해 일진회, 화랑청년단 등의 우익 단체를 결성하고 지원함과 동시에 면 행정기구의 재장악을 시도했다. 다른 한편 현실로 다가오는 농지개혁을 맞아 오씨가 지주들은 토지를 지키기 위하여 다방면으로 노력하고 있었다. 사전 방매나 친척들간에 소유권을 분배하는 것은 당시에 행해진 일반적인 방법이었다. 특히 오건기의 경우는 1949년 봄 농지개혁 당시의 현금과 대부중인 자금, 지가증권 등을 자본금으로 동고과학재단을 운영하면서 자신의 토지를 재단소유로 명의 변경했다. 일단 농지개혁의 여파를 피해 보려 한 것이다. 또한 지주가 갖는 시대적 한계를 절실하게 깨닫고, 동고과학재단을 모체로 적당한 시기에 공업 부문으로 진출할 생각도 가지고 있었다 한다.

그러나 이 모든 계획은 실천에 옮겨진 지 얼마 지나지 않아 오건기의 불의의 죽음으로 변경되고 만다. 오건기의 죽음은 매우 비극적이다. 그는 1949년 9월에 아버지 오자섭의 공덕비가 있던 묘치에서, 일명 유몽룡부대라 불리는 입산 유격대의 피습으로 죽고 만다. 당시 오건기는 제사를 지내기 위해 동복에 잠시 들어 왔다가 자가용 승용차 편으로 광주로 나가는 길이었다. 당시 그 자리에 같이 있다가 총상을 입고 구사일생으로 살아남은 그의 한 자손은 "지주의 지자도 말하지 말라. 지주라는 말만 들어도 지긋지긋하다"며 그날의 처참한 기억을 떠올렸다.

1950년 3월 농지개혁으로 동고농장은 6개 군 24개 면 이상에 산재된 토지 가운데 전답 합계 1859두락의 농지를 분배당했고, 그 보상으로 총 6749석의 농지보상 지가증권을 받았다.[4] 실로 하루 종일 자신의 땅만을 밟고도 부족하다고 알려졌던 오씨가는 농지개혁 이후로는 50여 두락의 농토만을 소유하게 되었던 것이다. 그러나 농지개혁 이전에 동고과학연구재단의 기금으로 명의 변경된 토지나 사전에 방매한 토지가 많았기 때문에, 오씨가는 여전히 '부자' 소리를 들을 수 있었다. 한국전쟁을 전후해 오씨가의 가속(家屬)들은 동복을 떠난다. 이후 오씨가의 자손들은 예전 같지는 않지만 남은 재산과 그들이 받은 교육을 배경으로 광주, 서울 등지에서 일정한 사회경제적 지위를 얻고 있다.

차창가의 대마와 작약밭, 뜰 안의 잡초 속에 파묻힌 시들어 버린 목단 몇 그루와 방치되어 있는 석축들, 묘치 고개 삼거리의 공적비, 해방 공간의 동복에서 오씨가를 중심으로 전개되는 역사의 소용돌이……. 이러한 것들은 마치 파노라마와 같이 이 지역, 아니 한국 현대사의 축소판 바로 그것이었다.

1) 이에 대해서는 홍성찬의 「한국근대 농촌사회의 변동과 지주층-20세기 전반기 전남 화순군 동복면 일대의 사례분석」(연세대학교 경제학과 박사학위논문 1988. 12.)을 참조.
2) 오영(1922~), 광주시 동명 1동 72-35 번지(금호문화재단 밑 삼거리, 금발 미용실 반대편).
3) 홍성찬, 앞의 논문.
4) 한국농촌경제연구원, 『농지개혁시 피분배지주 및 일제하 대지주 명부』, 1986, 67쪽.

지응현

농촌진흥운동과 '응세농도학원'

1867년 전남 광주 출생
1934년 응세농도학원 설립
1957년 사망

조선의 대표적인 미곡 생산지로 알려진 호남 지방은 일찍부터 많은 대지주들이 거주하고 있었다. 이 중 당시 대부분의 지주들이 농업 이외의 사업에 투자하여 재산을 축적했던 것과 대조적으로 농업에 대한 투자로 일관했던 인물이 있다. 그가 붕남(鵬南) 지응현(池應鉉)이다. 평소 농업만이 부흥을 위한 길이라는 지론을 가졌던 그는 이러한 뜻을 이루기 위하여 응세농도학원(應世農導學院)과 응세수의학교를 설립했다. 그가 이러한 생각을 하게 된 데는 일본 유학을 통해 신문물과 새로운 사상을 접한 아들 옥천(玉泉) 지창선(池昌宣)의 영향이 컸다. 특히 지창선은 덴마크식의 농업을 모델로 축산업만이 농업을 살릴 수 있는 유일한 길임을 지적하면서, 청년 지도자를 양성하기 위해 응세농도학원을 응세수의학교로 바꿨던 인물이다.

지응현은 1867년 1월 4일 광주에서 출생했다. 어렸을 때에는 한학을 공부하기도 했지만 그의 집안이 원래 부자였던 것은 아니다. 일찍 부모를 여읜 그가 물려받은 것은 담양에 있는 땅 두서너 두락이 전부였다. 그런 상황에서 그가 어떻게 500여 정보에 이르는 많은 땅을 모았는가는 현재 알려져 있지 않다. 혹자는 그가 16세 때부터 포목상, 미곡상 등 장사를 시작해서 재산을 모았다고 하며, 혹자는 조상의 묘 자리가 좋았다는 허망한 이야기를 하기도 한다. 그러나 그를 기억하고 있는 사람들은 한결같이 그의 근검절약한 생활태도를 강조한다. 사실 그는 길거리에 뒹구는 먹이를 주워 돼지, 닭에게 주었고, 조그마한 쇠붙이도 주워 모았다고 알려져 있다. 또한 평생을 무명옷만을 입고 양복 입은 자는 꺼렸던 그는 후손들에게 '흥국복(興國服, 국산품 복), 자멸복(自滅服, 외래품 복), 의뢰자 필망(依賴子必亡)'이라는 교훈을 남기기도 했다.

그는 이렇게 모은 재산을 모두 땅에 투자했는데, 이는 농업만이 부흥의 길이라는 지론에 따른 것이었다. 이러한 그의 생각은 이후 대부분의 지주들이 농업보다는 다른 사업으로의 전환을 꾀하고 있을 때, 고집스럽게 농업에 승부를 걸었던 것과 맥을 같이한다. 어쨌든 그가 모은 토지가 얼마나 되었는가는 당시 "외지에서 광주로 들어오기 위해서는 지씨 집안의 땅을 밟지 않고는 들어올 수 없었다"라는 일화를 통해 엿볼 수 있다. 대략 알려진 것만 손꼽아 보아도 대성양국 일대, 병천사 (광산구 금호동) 일대, 상무대 부지 일부, 지원동 일대 등이 그의 땅이었다.

1920년까지 토지축적과 재산관리에 일생을 보낸 지응현은 그후 여러 가지 사회활동에 참여했다. 그가 벌인 첫번째 일은 문중사업으로 병천사 제각(祭閣)을 짓는 것이었다. 1927년 회갑을 맞이한 그는 광산구 서창면 일대의 전답과 임야 5만여 평과 공사비 3만 2000여 만 원을 들여 병천사(秉天祀)를 짓기 시작해 1932년에 완공했다.[1)]

1920년대 지응현이 참여한 사업은 자본금 12만 원의 호남산업주식회사(이사, 1934년 선광상사)와 호남은행 설립, 그리고 조선식산은행에 참여한 것이 전부였다. 호남은행은 당시 이 지역의 대지주들이 중심이 되어 설립한 은행인데, 지응현은 주식 1110주를, 아들 지창선은 600주를 소유하고 있었다. 또한 조선식산은행에서 발행한 「주주성명표」와 「조선식산은행 영업보고서』에는 지응현과 지창선의 주식을 1918년 31주, 1925~1932년 45주, 1944년 120주로 보고하고 있다.[2)]

1930년대에 접어들어 회갑을 넘긴 지응현은 모든 사업을 큰아들 지창선과 함께 처리했다. 1896년 태어난 지창선은 광주공립보통학교와 경성고등보통학교를 졸업하고 법률전수학교를 거쳐 메이지(明治)대학에서 수학했으며, 1925년에는 광주청년회에서 활약하기도 한 인물이었다. 그는 평소 농업의 부흥을 통해 민족의 역량을 길러야 한다고 생각한 '중농주의자'였다. 따라서 1930년대 후반에 지응현이 아들 지창선을 앞세워 뛰어들었던 사업도 다른 지주들과는 달리 농업 관련 사업들뿐이었다. 그는 1936년 9월 광주부 명치정 오정목(현 금남로 5가)에 본점을 둔, 자본금 9만 원(지창선 6만 원, 지응현 5천 원)의 옥천합자주식회사를 설립했다. 이 회사는 토지개량, 간척, 일반 농사, 조림, 축산, 토지와 가옥의 매매 및 임대차, 금융업, 광업, 정미업, 운송업, 무역, 주류구입 및 판매, 잡화, 재목, 제사, 직조, 신탄구입 등을 목적으로 하고 있었다. 또한 1937년에는 그도 농장형경영 형태로 전환하기 위하여 자본금 10만 원에 토지 및 부동산에 관련된 사업을 목적으로 붕남농장주식회사를 설립했다. 여기에서 아들 지우선, 지정선, 지계선은 이사를 맡고 지응현은 감사를 맡았으며, 전북 순창, 전남 홍산, 보성 지방에 19만 평의 땅을 경영했다.[3)]

이와 함께 그는 농업교육기관에 대한 투자도 병행했다. 그것이 바로 응세농도학원의 설립이었다. 교육에 대한 그의 관심은 지창선이 쓴 『옥천가장부흥론(玉泉家藏復興論)』(이하 부흥론)에 잘 나타나 있다. 여기서 지창선은 다음과 같이 아버지의 글을 인용하고 있다.

촛불아 몸 닳으며 무삼일로 춤추는가
이 몸은 닳아지마는 세상 밝힘 즐검일세
그 이치 내 알았으니 나도 교육에 힘써 볼까 하노라.[4)]

이상과 같은 그의 지론은 한편으로 보면 당시의 상황에서 지주들이 선택할 수 있는 가장 애국적인 방안이었지만, 다른 한편으로는 두 가지 점에서 한계를 드러내고 있었다. 그 중 하나는 일본의 식민정책과의 관련성이었다. 1930년대 초 조선에는 조선총독부의 주도하에 자력갱생이란 구호가 울려 퍼지면서, 그 일환으로 농촌진흥운동을 담당할 중견 청년의 양성이 절실히 요구되던 시기였다. 따라서 일제는 보통학교 졸업생의 지도시설을 중심으로 농업보습학교의 교육 내용을 개조해 1933년 이래 각지에 1년 단기의 농어민훈련소 설치를 권장했다. 전라남도의 경우 도 학무과 주관으로 고흥군 나로도에 어민훈련소가, 그리고 담양군에 농촌중견부인양성소가 설립되었다. 1936년도 총독부 집계에 따르면 이러한 농업교육기관은 40개 소에 이르며, 응세농도학원은 평안북도 박천군의 금석산농사학교, 의주군의 고등농민강습소 등과 함께 조선인이 설립한 몇 안 되는 교육기관이었다.

이와 함께 그의 지론은 크게 보아 시대적 추이를 거스르고 있다는 한계가 있다. 당시는 이미 제조업 중심의 2차 산업이 국부를 증진시킨다는 생각이 일반적으로 자리 잡았던 상황이었다. 그런데 그가 농업 중심의 부국론을 주장하고, 실천한 것은 약간은 시대착오적인 발상이었으며, 이러한 점이 그의 뜻이 후세에 길게 이어질 수 없었던 근본적인 한계이기도 했다.

아무튼 응세농도학원은 광산군 극락면 쌍촌리 305번지에 위치했으며, 농촌 청년으로 하여금 체험을 통해 근로호애(勤勞好愛)의 성격과 질실강건(質實剛健)의 기품을 함양케 함으로써 농민도(農民導)에 입각한 농촌 중견 청년을 양성코자 한다는 목적으로 1932년 설립되었다. 설립자는 지응현이었으며, 실무는 지창선이 책임지고 있었다. 당시 원장은 중앙고보 교감인 백남규가, 원감은 최대열이 맡았으며, 경도대학 농학부를 졸업한 막내아들 지계선은 교원으로 참여했다. 이 외에도 실무강사로 8명의 일본인이 근무했다. 특히 원장 백남규는 양재(艮齋) 선생의 문하에서는 실학의 중농주의를 배웠으며, 동경 유학을 통해 신문물도 배운 인물로, 귀국 후 휘문, 동덕에서 강의를 하고, 한성강습소를 경영하기도 한 교육자였다.[5)]

1934년 12월 15일에 문을 연 응세농도학원은 4동의 기숙사에 24명의 원생을 훈련시켰으며, 훈련 기간은 매년 12월 1일에 시작해 다음해 11월 말까지였다. 구체적으로 겨울 농한기에는 이론을 배우는 한편, 한 농가에 배정된 논 900평, 밭 900평과 1인당 1매씩 배정된 양잠 등 1년간의 영농계획을 세우고, 농사철에는 실제 농사를 지어서 수확한 농산물을 분배받아 돌아가는 과정까지가 훈련 기간에 포함되었다. 응세농도학원이 보유한 토지는, 부지 1097평, 실습지 7265평, 논 3664평, 밭 3061평이며, 기본 재산으로 논 9201평(직영), 밭 2만 9518평(직영, 뽕밭과 과수원), 양어장 1200여 평(직영), 임야 4만 2360평(소유), 논 3만 9800여 평(소작 대여지) 등 합계 13만 4041평(43.5ha)에 이른다. 건물은 사무실 1동, 교실 1동, 직원숙사 1동, 기숙사 4동, 잠실 1동, 축사 1동 등이었다.[6]

그후 전쟁 말기 응세농도학원은 군용지로 징발됨에 따라 조선대학교 부근에 응세수의학교(현 사레지오고등학교 자리)로 변경해 자리를 잡았다. 이는 평소 축산부국론(畜産富國論)을 외쳤던 지창선의 주장에 의한 것으로, 1949년 응세수의고등학교로 발전했다. 하지만 일반 농업학교와 달리 수의학교는 그 운영비만도 많은 예산을 필요로 하였으며 선진 기술을 요구했다. 게다가 이 무렵 많은 땅이 농지개혁에 해당되면서 그의 가산은 기울기 시작했다.

이러한 교육사업에 대해 『부흥론』에서는 "표면상으로는 일제 관공서와 산업상 보조를 같이하면서 내면으로는 우리 국민의 민족정신 배양과 응세농민독본을 저술하여 우리 국민에게 국문으로 문맹퇴치운동 및 국민체질 향상, 국민영양실조 구제를 위한 축산장려가 목적이다"고 기록하고 있다.

하지만 이러한 그의 교육사업은 또 다른 평가도 가능하다. 1930년대 초 세계공황을 겪은 직후 일제는 몰락한 농민층이 정치사회적인 불만세력으로 사회주의운동에 물들어 가는 것을 차단할 방법을 강구해야 했다. 이러한 역사적 맥락에서 1930년대 중반을 전후해 농촌진흥운동, 농촌갱생운동, 자작농창설운동 등 농촌사회의 동요에 대한 정책적 대응이 나타나게 되었고 응세농도학원도 이러한 역사적인 측면에서 살펴보아야 한다는 것이다. 이들 비판론자들은 응세농도학원의 설립 목적에서 나타난 '중견 청년 양성'이 이를 증명한다고 말한다. 즉 이는 관의 주도하에 유망한 청년 농가를 선발하고 특별 지도를 통해 장래 중견 인물로 양성한다는 것인데, 이들은 가장 작은 행정 단위인 마을에서 일제의 정책을 수행하는 역할을 담당했다는 것이다.

그후 지응현은 모든 일을 아들에게 맡기고 은거하다 1957년 91세의 나이로 세상을 떠났다.

선친에게서 물려받은 재산 없이 자수성가한 지주 지응현, 그는 농외투자(農外投資)보다는 농업에 승부를 걸고자 했다. 이제 그의 영전만이 당시 황금들녘에서 고층아파트 단지로 변해 버린 병천사 앞을 내려다 보고 있을 뿐이다. 지금도 세인들은 그를 '지참봉'이라 기억하고 있다.

1) 지금도 병천사는 개발이 한창인 아파트 숲에 가려 그곳(금호동 458)에 위치해 있다.
2) 장시원, 『일제하 대지주의 존재형태에 대한 연구』, 서울대 박사학위논문, 1989, 181, 185, 280쪽.
3) 동아경제시보사, 『조선은행회사요록』 1937, 277쪽.
4) 지창선, 『옥천가장부홍론』, 1966, 9쪽.
5) 김서정, 『소파동백서』, 「나의 스승 백남규 선생님의 추억」, 동광출판사, 329~358쪽, 김서정은 당시 응세농도학원을 수료했으며, 1960년대 백운산개척협업농장을 창설했고, 농촌계몽운동에 앞장서 왔다. 지금은 곡성에 거주하며 유기농업에 헌신의 노력을 기하고 있으며 광록회에 참여하고 있다.
6) 『예향』, 1991년 5월호.

윤정현

해남 윤씨가의 울타리

1882년 전남 해남 출생
1920년대 간척사업 전개 및 중추원 참의
1950년 사망

광주에서 서남쪽으로 100km 남짓 떨어져 있는 땅끝 동네 해남(海南) 읍에서 대흥사(大興寺)로 가는 포장도로를 따라 약 3km 정도 가다 보면 왼편으로 다소곳이 작은 마을이 나타난다. 이곳이 바로 해남 윤씨가의 종가촌, 그리고 고산(孤山) 윤선도(尹善道)의 유적지로 널리 알려져 있는 연동리(蓮洞里)다. 짙푸른 덕음산(德陰山)을 뒤로 하여 자리 잡은 이곳은 수령 500년 된 은행나무를 비롯해 울창한 비자나무 숲이 보여 주듯이 넉넉하고 안정된 전통문화의 요람이다. 흔히 조선시대 문학사와 회화사의 거장인 윤선도나 공재(恭齋) 윤두서(尹斗緖), 그리고 다산(茶山) 정약용(丁若鏞)의 외가로 더 잘 알려져 있는 연동은, 또 다른 한편으로 그 문화유산의 물적토대로서 한말~일제하 3대(윤관하, 윤재형, 윤정현)에 걸친 해남 윤씨가의 지주제경영이 전형적으로 전개된 곳이기도 하다.[1]

널리 알려져 있는 사실이지만 일제의 농업정책은 지주적 농정이었으며,

궁극적으로 한국의 농촌사회를 일본 자본주의체제에 예속시켜 더욱 효과적으로 수탈하려는 것이었다. 더욱이 이 수탈체계의 기초는 반제반봉건의 이념을 지향하면서 근대 변혁운동을 전개하던 농민층을 무력으로 진압하는 동시에, 미곡무역에 편승하여 성장하고 발전해 간 지주제였다. 특히 이는 해방 후 정치적 변혁 과정에서 전개된 지주제 해체의 위기 속에서, 농지개혁이 목표하는 바에 따라 토지소유를 해체당한 채 몰락한 경우와 그 과정에서 지주자본을 산업자본으로 전환한 경우, 그리고 해남 윤씨가의 경우처럼 이 위기에 주체적으로 적극 대처해 지주제를 유지시켜 간 전통적 양반지주로 대별된다.

요컨대 한국 근현대사회의 농업 구조와 성격이 한말과 일제하, 해방 이후에 이르는 사회 구조의 변동 과정 전반에 걸친 검토를 통해서 파악될 수 있다고 할 때, 해남 윤씨가 특히 윤정현의 지주경영은 그 하나의 전형을 이루고 있으며, 또한 이웃 강진의 유배문화와 함께 양반문화의 요충지로 남아 있는 이곳 연동의 전통문화유산의 물적토대를 알 수 있는 계기가 될 것이다.

윤씨가가 현 거주지 전남 해남군 해남읍 연동리에 자리 잡게 된 것은 지금으로부터 500여 년 전인 중시조 윤효정(尹孝貞) 때까지 거슬러올라간다. 해남 윤씨의 원시조 윤존부(尹存富)의 12대 손인 윤효정은 원래 이웃 강진에 살다가 이곳으로 옮겨 와 살게 되었다고 한다. 원래 3000여 평에 99칸이었던 유택은 지금도 1500여 평의 대지에 55칸의 각종 고택으로 남아 있는데, 이곳에서 윤정현은 윤선도의 12대 손으로 1882년 9월 29일, 아버지 윤재형(尹在衡)의 4형제 중 장남으로 태어났다. 당시 농지소유 규모는 19결(結) 29부(負) 5속(束)이었다 하니 어림짐작으로도 30여 정보는 넘는 것이었다. 또한 딸려 있는 노비만 해도 노(奴)가 10구(口), 비(婢)가 12구, 도합 22구로 그 가세를 짐작하고 남음이 있다. 한편 그는 이름이 알려지고 있지는 않은 글 선생을 초빙해 한학을 공부했다 한다. 그러나 이후 독학으로 신학문을 배워 일본어는 말할 것도 없이 영어 실력도 대단했던 것으로 알려지고 있다. 필체 또한 뛰어났다고 하는데 1928년 봄 대흥사의

윤정현이 1928년에 쓴 한시 액자. 해남 대흥사 대웅전 앞 누각에 걸려 있다.

대웅전 앞 누각에 써 걸어 놓은 한시 액자는 그 수준이 상당했음을 보여준다.

윤정현은 아버지가 1893년에 일찍 작고한 관계로 그의 나이 19세 때였던 1900년경부터 윤씨가의 실질적인 가장으로서 집안의 대소사를 이끌어가게 된다. 또한 그는 1910년부터 총독부의 각종 자문기구에 참여하기도 한다. 즉 식민지 통치를 위한 여러 외곽기구에 포섭되어 간 것이다. 그 외곽기구 가운데에서도 특히 금융조합은 윤정현의 농업경영과 관련해 주요한 역할을 하고 있었다. 주지하듯이 당시 금융조합은 1908년 일제가 일종의 서민 금융기구라는 명목으로 설치한 관제조합이었다. 이와 같은 연장선상에서 그는 1930년대 해남금융조합의 조합장을 지내게 된다.

윤정현에게 1910년대와 1920년대는 농토확장의 시대였다. 즉 1913년~

1916년에 걸쳐 간척지사업을 전개하는데, 생존하는 아들 윤영선의 증언에 따르면,[2] 당시 윤정현이 간척사업으로 얻은 농지는 해남 북평면(현재의 북일면 일대)을 중심으로 500여 두락 정도였다 한다. 또한 1920년대에는 초생지 개간, 공유수면매립 등을 통해 새롭게 농지를 확대해 나간다.

이때에 들어서면서 윤정현은 중추원 참의직을 수락하고, 그의 아들 영선은 일본의 법정대학에서 경제학을 전공하고 돌아와 식산은행에 근무하고 있었다. 이후 윤정현은 해남교육회 부회장을 비롯해 해남향교의 초대 전교(典校)를 지내기도 한다. 또한 현재 광주일고의 전신이라 할 수 있는 광주사립고등보통학교의 설립에도 참여하게 된다. 즉 1919년 7월 '사립광주고등보통학교 설립기성회'의 발족부터 1920년 4월 조선총독부의 인가를 얻기까지 그의 협력이 컸던 것으로 알려지고 있다.[3]

또한 1936년에는 400여 년이나 종가에서 소유해 온 진도군 맥골도, 죽도, 곽도의 토지를 문중의 채무상환을 위해 어업조합에 매도하는 등 문중의 재산관리 및 채무정리에 전념해 해남 윤씨가의 중흥의 발판을 강고히 해 나간다.

한편 일제하 일본 자본주의에 종속적으로 재편되면서 총독부의 각종 정책적 후원 아래 동태적으로 농업경영을 해온 윤정현의 지주경영은 해방 후 위기에 처했다. 먼저 봉착한 것은 농지개혁이었다. 그렇다면 그는 농지개혁에 당면하여 어떻게 대처해 갔는가. 먼저 농지개혁법 공포 이전에는 농지의 방매, 명의 이전과 차용 등으로 대비했으며, 이후에는 자작규정, 위토규정, 간척지규정 등 법을 잘 활용해 개혁 대상 농지를 일부에 한정시킬 수 있었다.

따라서 윤씨가의 전체 보상신청 농지 규모는 1945년 전체 규모의 7%에 불과한 5정보 가량이었다. 즉 윤씨가는 농지개혁 이후에도 50정보 가량의 농지를 소유할 수 있었으며, 이를 토대로 자작경영과 더불어 지주경영도 계속할 수 있었던 것이다.[4]

그러나 이 같은 위기를 극복하는 또 다른 과정은 한편에서는 그의 아들 영선을 정치에 입문하게 했고, 다른 한편으로는 다른 산업 분야로 진출하는 것이었다. 농지개혁 때는 자금을 귀속재산 불하에 투자해 산업자본가로의 변신도 꾀했다. 이때 진출한 분야는 식품가공업 분야였다. 즉 1948년 농지처분자금을 투자하여 귀속재산인 해남군 송지면 가차리 소재의 가차 정미공장을 인수했고, 염업에도 진출했다. 앞서 말한 정미공장이 그 현상 유지에 급급했다고 한다면, 염전은 이후 전남 유수의 광백(廣白)염전으로 성장해 갔다. 그도 그럴 것이 광백염전의 총면적은 250여 정보로 당시 전남 광주 전매지청 관내 총염전 생산면적의 47.4%를 차지하고 있었고, 이는 전남의 24%, 염전으로 유명한 영광 백수면의 절반에 이르는 규모였다.

하지만 이러한 윤씨가의 자본전환은 농지개혁이 당초 의도한 산업자본으로의 환골탈태적 자본전환이 아니라 농업 연관 산업 분야에 극히 한정된 투자였다고 평가되고 있다.[5)]

결국 윤씨가의 지주경영은 농민전쟁 단계에서 성장의 발판을 구축하고, 개항 이후 전개된 미곡 유통 구조의 발전 속에서 농지 규모가 증대된 식이었다. 따라서 일제하에서 윤정현의 지주경영지가 최대로 확보된 1940년대의 규모는 90정보 가량이었고 여기에 간척지 30여 정보를 합치면 120정보가 넘는 것이었다. 1895년 이후 약 3배로 성장하고 있는 것이다. 특히 해방 후 정치적 변혁 속에서 전개된 지주제 해체의 위기 속에서도 이 위기에 주체적으로 적극 대처하여 지주제를 유지시켜 간 전통적 양반지주라 할 수 있으며, 바로 그 위에서 윤씨가의 전통문화재는 굳건하게 보존될 수 있었던 것이다.

윤정현은 1950년 10월 7일 지병이던 중풍이 악화되어 69세로 유명을 달리하게 된다. 구한말 격동기에 태어나 어려워져 가고 있었던 해남 윤씨가의 중흥의 발판을 마련하여 '종중(宗中)의 울타리'라고도 일컫는 그에 대한 평가는 여러 갈래로 나타나고 있다. 해남 윤씨가의 중흥의 기틀을 다진 장본인으로, 다른 한편으로는 친일지주라는 엇갈린 평가가 바로 그것이다. 특히 후자에 대해서는 그가 일제하 중추원 참의 등을 역임했던 것이 문제가 되었다. 그러나 해방 직후 열린 반민특위 재판 과정에서 그는 중추원 참의를 지내며 각종 친일정책기구에 참여한 인물이지만 부득이한 상황에서 협조하지 않을 수 없었다는 이유로 불구속 송치되었다. 당시 그 재판을 지켜 본 해남군 향토사학자 윤병진에 따르면 "그때 재판장은 윤정현의 개전의 정에 오히려 박수를 보낼 정도였다"고 했다.[6)]

그에 대한 평가가 어찌 되었든 다른 한편에서 우리의 관심을 끄는 것은 보기 드물게 잘 보존되어 남아 있는 누대(累代)에 걸친 문화유산의 보존・계승자로서의 윤정현이다. 일일이 열거하기도 힘들 정도의 전통문화유산을 500여 년이 지나도록 잘 보존해 온 이면에는 남다른 고투도 있었을 것이다. 특히 그가 활약한 일제하에서 해방 공간에 이르는 시기는 한국사회의 격동기로 그 보존이 남달리 어려웠던 때였다. 물론 윤씨가의 재력 때문이기도 하겠지만, 그것들을 지키기 위해서는 경우에 따라서 지배세력과의 타협이 필요했을지도 모른다. 따라서 윤정현의 행적을 평가하는데에 이러한 측면을 간과해서는 안 될 것이다.

즉 그의 숭조정신과 선조의 유품관수(遺品管守) 성의는 남달리 지극했다고 알려지고 있는데 일례로 1936년 7월 일본 육군 우시지마(牛島) 중장이 종가 소장 공재(恭齋)의 그림을 본 뒤 그 가운데 한 점을 양도해 줄 것을 간청하자, 그는 "우리의 혼을 팔 수 없다"고 이를 단호히 거절했으며, 그의 부인 광주 이씨도 한국전쟁중에 가전서화(家傳書畵)와 전적(典籍) 등을 종가 안방다락의 속다락에 넣고 보관을 철저히 했기 때문에 오늘날 우리에게 그 찬란한 옛 정취를 전해 주고 있는 것이다.

현재 연동에는 종손인 윤형식이 문중의 명맥을 잇고 있다. 지금도 문중의 논 200여 두락을 제외하고도 300여 두락의 농토를 소유하고 있으며, 그 가운데 150여 두락은 자작의 형태다. 또한 구한말, 일제하, 해방 전후의 격동기에도 비교적 잘 보관되어 있는 전적과 가전서화 등은 뒤늦게나마 1968년과 1987년에 걸쳐 정부에 의해 보물 및 국보로 지정돼 보존되고 있으며, 이웃 강진의 유배문화와 함께 우리 나라 어디에서도 보기 드문 조선시대 양반문화의 요람으로 남아 있다.

1) 최원규, 「19, 20세기 해남 윤씨가의 농업경영과 그 변동」, 연세대 사학과 석사학위논문, 1984.

2) 윤영선(현 90세, 광주 거주)의 증언.

3) 『광주고보, 서중, 일고 육십년사』, 1986.

4) 최원규, 「해방후 농촌사회의 정치적 변동과 지주제 — 광주, 해남 지역을 중심으로」, 한울, 한국사학논총, 1990.

5) 장시원, 「일제하 조선인 대지주의 자본 전환에 관한 연구」, 한국방송통신대학 논문집, 1986.

6) 해남군 향토사학자 윤병진의 증언.

김종익

여성의학교육 터 닦은 대지주

1886년 전남 순천 출생
1909년 서울경성중등학교 입학
1911년 황성기독교청년회 학관 2년제 상과 수업
1913년 메이지대학 법과 입학
1925년 묵초육영회, 대평농장 설립
1933년 조선제사(주) 인수
1935년 순천농업학교(현 순천대학) 설립
1937년 사망

전라남도 동부 지역의 교육, 문화, 교통의 중심지요, 남해안 공업단지의 배후 도시로 성장한 순천은 1930년대만 하더라도 농업을 주로 하는 인구 3만의 소읍에 불과했다. 특히 이곳은 일제시대 중등교육기관 설립을 열망했지만 당국의 우민정책으로 그 뜻을 이루지 못하다가, 1930년대 중반에 들어와서야 내선일체에 입각한 융화교육정책의 일환으로 새 중등교육기관 설립이 검토되기에 이르렀다. 바로 이 시기 이 나라의 백년대계를 위한 2세 교육에 관심을 갖고 사회·교육사업 부문에 물심양면 지원을 아끼지 않은 독지가가 있었으니 그가 바로 우석(友石) 김종익(金鍾翊)이다.[1]

그는 1886년 순천군(현 승주군) 월등면 대평리에서 사천현감(泗川縣監), 의흥군수(義興郡守)를 역임한 묵초(墨樵) 김학모(金學模)의 장남으로 출생했다. 따라서 그는 일찍이 벼슬길에 진출한 아버지, 날로 번창하는 가세 속에서 어린 시절을 남부럽지 않게 지냈다. 사실 당시 그의 집은 1년에 받아 들이는 곡수만도 4만 5000석을 넘어 인촌 김성수를 훨씬 능가하는 대지주 집안으로 남도에서도 손꼽히는 대부호였다. 재산은 주로 토지로서 순천을 비롯해 벌교, 구례, 여수, 광양, 보성 등 전남 도내 곳곳에 산재되어 있었는데, 그 규모는 1930년 현재 1127정보로 알려지고 있다.[2),3)]

김종익은 20세가 되기까지 과거시험을 보기 위해 선암사에서 한학에 전념하던 중 을사보호조약이 체결되자 뜻한 바 있어 상경, 그의 나이 24세 때인 1909년 서울경성중등학교에 입학했다. 그가 경제에 관심을 가졌던 것도 이때부터로, 1911년에는 황성기독교청년회 학관에서 2년제 상과를 수업했다. 또 이때부터 나라의 백년대계를 위한 2세 교육에 관심을 가졌으며, 일본을 이기기 위해서는 먼저 일본을 잘 알아야 한다는 생각으로 일본 유학을 꿈꾸게 되었다.

도일 후 그는 1913년 동경 조선기독교청년회에서 일어과를 수료하고, 같은 해 메이지대학 법과에 입학했다. 그때 그의 나이 28세였다. 그는 일본에서의 유학생활중 일본의 개화한 문명에 충격을 받아 재삼 교육의 필요성을 절감했다고 전해진다. 당시 그는 동경 유학생이었던 송진우, 안재홍, 장덕수, 김도연, 백관수, 김효석, 김성수 등과 은밀하게 교유(交遊)하면서 상당한 자금을 유학생들의 활동을 위해 지원하기도 했다.

1916년 유학을 마치고 귀국한 그는 아버지의 뜻과는 달리 주식투자에 관심을 갖고 미두(米豆)거래에 관여했다. 현재의 주식투자와 비슷한 미두거래는 일종의 투기사업으로, 잘만 하면 많은 자금을 만들 수 있었기 때문이다. 물론 당시 아버지의 관심은 김종익이 관계에 진출해 활동하는 것이었고, 그렇게 한다면 그가 관심을 갖고 있었던 육영사업을 도와 주겠노라고 종용하고 있었다. 그도 그럴 것이 당시 파격적이긴 하지만 부친의 권력과 재력이 뒷받침되어 그는 마음만 먹으면 부군수 자리 정도는 차지할 수 있었다. 물론 그가 부군수로 발탁될 수 있다는 것은 아버지가 그동안 일제의 권력과 그만큼 관계를 맺어 왔음을 의미한다. 그러나 그는 관계나 정계 진출은 결국 일제에 동조하는 길이라는 이유를 들어 경제계에 투신할 것을 고집했다.

계속된 종익의 설득에 아버지도 결국 이를 승락해 1918년 조선지(朝鮮紙)주식회사에 3만 원(당시 쌀 한 가마 가격은 10원)을 투자함으로써 그는 경제계에 첫발을 내딛었다. 당시 조선지(주)의 전무취체역은 그와 친교 관계가 있는 백형수였는데 당시 심한 자금난으로 시달리고 있던 참이었다. 이러한 상황에서 그는 이듬해 조선지(주)의 전무취체역을 거쳐 감사역에 피선되면서 회사경영에 본격적으로 참여하게 된다. 그러나 이것이 여의치 않아 1924년 조선지에 투자한 지 6년 만에 당초의 투자원금 3만 원만을 되돌려받는다는 조건으로 손을 떼게 된다. 이후 그는 미두투자에 더욱 전념하였고 이를 통해 상당한 자금을 모을 수 있었다. 그는 미두투자에도 탁월한 수완을 갖고 있었던 것이다.

1922년 일제가 이른바 문화정치라는 것을 표방한 지도 약 3년이 지났다. 일제는 당초 이 땅에서 중등교육기관의 설립을 억제하고 있었으나, 이때부터 실업 교육을 허용했고, 사립학교 설립도 가능해졌다. 미두투자로 어느 정도의 자금을 모은 데다, 1925년 아버지가 죽자 막대한 유산을 물려받은 김종익은 이를 중심으로 아버지의 호를 따 묵초육영회를 만들고 순천에 대평농장을 설립했다. 당시 이 육영회의 장학기금은 65만 원으로 장학생 50여 명을 선발하여 매월 25~50원을 지급하는 등 본격적인 육영사업을 전개했다. 이 금액은 당시 생활비까지 충당할 수 있을 정도의 많은 돈이었다. 이를 기초로 이듬해 5월에는 전남육영회를 설립하고 이사에 피선되었다. 사실 아버지도 생전 국가의 장래를 위해서는 누군가 2세 교육에 헌신하지 않으면 안 된다는 생각을 갖고 있었고, 이미 1919년 광주고등보통학교(현 광주일고)의 설립추진위가 구성될 때 벼 5000석에 상당하는 찬조금을 기부하기도 했던 인물이었다.

한편 이러한 가운데 김종익은 미두투자에 대한 관심을 한시도 놓지 않고 있었다. 또한 미두사업과는 별도로 적당한 사업을 구상하던 중, 그의 나이 48세이던 1933년 6월 그 동안 이사로 있었던 조선제사(주)를 인수해 단독으로 경영하기 시작했다. 물론 그 밖에도 여러 회사의 주식을 소유하고 있었다. 조선식산은행(2620주), 동일은행(2557주), 조선거래소(6500주)를 비롯해 조선철도(1만6990주), 조선경남철도(7090주), 조선경동철도(4850주), 금강산전기철도(3180주) 등에도 상당한 투자를 하고 있었다. 이들 투자액을 환산해 보면, 농업에 98만여 원, 철도업에 160만여 원, 금융업 관계 회사에 29만여 원, 제조업에 2만 5000여 원이었다. 이렇듯 그는 당시 전남 지방의 대지주 가운데 가장 많은 주식을 보유하고 있었던 것이다. 이에 일제하 전남 지방 50정보 이상의 토지소유자를 중심으로 조선인 대지주의 자본전환을 연구한 장시원은 자본투자의 측면에서는 철도업, 은행업에 막대한 금액을 투자하고, 경영활동에서는 제조업에 비중을 둔 그를 일종의 '복합적 성격의 부르주아지주'로 성격짓고 있다.[4] 그는 바로 이와 같은 물적기초 위에서 각종 공익사업, 특히 육영사업에 혼신의 힘을 쏟았던 것이다.

어쨌든 이와 같은 상황에서 그는 1933년 빈민구제사업을 위해 적십자사에 많은 돈을 기부했고, 같은 해 10월에는 여수 애양원을 방문하여 나병 환자와 대화를 하는 등 조선나예방협회에 1만 원을 기부하여 평의원으로 피선되기도 했다. 이를 계기로 그는 이후 의료사업에도 헌신하게 되었다. 또한 이듬해 1934년에는 인촌의 권유에 응하여 보성전문학교(현 고려대학교) 30주년 기념사업으로 도서관 건립에 기금 3만 원을 희사했다. 한편 교분이 두터웠던 박녹수 등 국악인의 염원을 들어 성악연구회 사무실을 마련해 주었고, 순천농업학교 설립위원회의 자금협조 요청을 받자 20만 원을 희사하여 1935년 전남순천농업학교(현 순천대학)가 설립되기에 이르렀다. 당시 순천농업학교의 개교는 지역민들의 숙원을 풀어준 것이다.

한편 딸의 돌연한 죽음으로 그는 의학에도 관심을 갖게 되어 여자의과대학 설립추진을 위해 발 벗고 나섰다. 그는 본래 의대 설립을 계획했으나 일제에 의해 여자전문의대 설립으로 변경했고, 1936년 경성여자의학전문학교(나중에 우석대학교로 되었는데, 현 고려대학교 의과대학의 전신이다) 설립기성회를 발족, 이사로 취임하게 된다.

그런 가운데 그는 1937년 향년 52세로 타계했다. 실로 육영사업에 일생을 바친 생애였다. 서울역 광장에서 거행된 그의 영결식에서는 안재홍, 여

운형, 이인 등의 조사가 있었다. 특히 그는 죽으면서 175만 원(당시 쌀 한 가마 17원)이라는 엄청난 거금을 사회에 희사해, 유업으로 육영사업을 할 것을 유언했다 한다. 희사금 175만 원의 용도 및 내역은 다음과 같다.

순천 사회공익사업자금 10만 원, 서울 시내 사회사업을 위한 기금 20만 원, 순천중등학교 설립기성회 기금 20만 원, 묵초육영재단 설립기금 60만 원, 경성여자의학 전문학교 설립기금 65만 원.

이후 그의 유지에 따라 순천농업학교는 그 급이 갑종으로 승격되었고, 1938년 3월에는 순천공립고등보통학교(순천중학교)가, 1940년에는 순천공립고등보통여학교(순천여자중학교)가, 이어 1950년에는 순천고등학교가 설립되기에 이르렀다. 또한 그가 기초를 닦았던 경성여자의학전문학교는 이후 인가를 받아 우석대학교로 개교했다. 한편 그의 육영사업을 기리기 위해 정부에서도 1963년 문화포상단장을 수여했다.[5)]

일제하 관직을 뿌리치고 오직 2세 교육에 헌신하기로 결심하고 이를 몸소 실천해 가던 그에 대한 평가는 일제하 대개 지주층에 의해 주도되는 학교 설립운동에 대한 평가와 맞물려 있다. 요컨대 개량적 수준에서나마 민족적 이해를 반영하는 진보적 측면이 없는 것은 아니지만, 다른 측면에서는 재산보호와 사회적 신분유지의 유력한 수단으로 학교 설립 등을 활용했다는 시각이다. 그럼에도 불구하고 김종익의 생애에서 육영사업이 갖는 의의를 과소평가할 수는 없을 것이다.

1) 전남매일신문, 「인물개화 — 김종익」, 1976, 129~155쪽.
2),3) 한국농촌경제연구원, 「농지개혁시 피분배지주 명부」, 1986.
4) 장시원, 「일제하 조선인 대지주의 자본 전환에 관한 연구」, 한국방송통신대학 논문집, 1986.
5) 순농, 순천대학, 『개교50년사(1935~1985)』, 1985.

조희경, 조희양

한국 비누공업의 선두 '조일비누'

조희경
1876년 전남 영광 출생
1896년 성균관박사 제수
1918년 조일비누(주) 인수
1921년 영광수리조합 조합장
1925년 동아고무공업 이사
1926년 영법전기회사 사장
1938년 사망

한국에 비누(화장용)가 처음으로 수입된 것은 1881년경으로 알려지고 있다. 그러나 비누가 한국인의 일상생활에 크나큰 영향을 미치게 된 것은 세탁비누의 출현에서 비롯하는 것으로 볼 수 있다. 고래로 한국인은 흰옷을 세탁하는 데 잿물을 사용해 오던 터에, 세탁비누의 출현은 생활풍습에 커다란 변화를 가져왔다. 한국의 비누공업은 1911년경부터 일본인들에 의해 시작되었는데, 한국인으로서 비누공업계에 처음으로 참여한 사람은 조일비누주식회사를 설립한 학천(鶴川) 조희경(曺喜暻)인 것으로 알려지고 있다.[1] 또한 그는 선대로부터 물려받은 재산을 기초로 하고, 여기에 영광과 법성포라는 양호한 지리적 조건을 바탕으로 부를 축적해 갔다. 더욱이 그는 동생 인곡(寅谷) 조희양(曺喜陽), 아들 설현과 함께 농업경영은 물론 제조업 부문에 집중적인 투자를 하여, 일반적인 대지주와는 그 면모를 달리하고 있었다. 따라서 그는 일제하 전남 지방의 대지주 가운데에서 유일하게 산업자본적 부르주아지주로 분류되기도 한다.

조희경은 1876년 영광 백학리에서 조강환(曺康煥)과 경주 김씨 사이의 3형제 가운데 차남으로 태어났다. 그의 집안은 수백 년 동안 영광에서 살아온 전통 있는 가문으로, 일찍이 조부 조병무(曺秉武)가 전북 흥덕, 용안의 현감을 거쳐 법성진(法聖津)의 첨절제사(僉節制使)를 지냈고, 아버지 또한 봉상사(奉常司) 부제조(副提調)를 지낸 바 있었다.[2] 일반적으로 구한말의 전통적인 지주들이 지방관 출신이었던 점을 감안하면, 조씨가의 경제적 토대 또한 그의 할아버지대에 형성되었을 것으로 추측된다.

조희경은 어려서부터 경서를 익혀 20세 때 진사가 되고, 성균관에서 공부하여 후일 성균관박사(成均館博士)에 제수되었다. 영광에서 그를 가리켜 '조 박사'라 부르는 것은 바로 그러한 까닭이었다. 그는 한일합방이 되자 비분강개하여 벼슬을 던지고 낙향했다. 형보다 5년 늦게 태어난 조희양도 15세 때 진사에 급제하여 이후 군기창기사(軍器廠技士)로 근무했지만, 그 역시 을사조약이 체결되자 울분을 이기지 못하고 낙향해 이후 의병들에게 군량미를 제공하기도 했던 것으로 알려지고 있다. 장남 희창(喜昌)은 요절함해 희경의 아들인 설현이 대를 잇는다.

일제하 영광 지방의 지주층 가운데에서도 대표적인 인물이었던 조희경이 산업자본에 투자하기 시작한 것은 1918년 동생과 함께 서울에 있는 일본인의 비누공장을 인수하면서부터다. 그는 1920년 9월에 이를 조일비누(주)라는 주식회사체제로 개편했다. 당시 그가 이 상호를 사용했던 것은 일본인이 경영할 무렵의 공장명이 조일비누제조소이기 때문인 것으로 생각된다. 그러나 안타깝게도 이들이 비누공업계에 투신하게 된 동기에 대해서는 알려진 바가 없다. 어쨌든 한국의 남단에 자리 잡고 있는 영광의 일개 지주가인 조씨가가 당시 그다지 주목받지 않았던 화학공업 부문에 투자하여, 한국 유수의 비누공장을 설립했다는 것은 주목할 만한 일이다.

1923년경 서울에는 6개 소의 비누공장이 있었는데, 조일비누(주)는 자본금과 공장면적, 종업원수, 생산량에서 타의 추종을 불허하고 있어, 이 시기 비누공업계의 왕좌와 같은 지위를 차지하고 있었다. 즉 자본금 15만

1920년대 한국 유수의 비누공장인 조일비누(주)의 중역진, 오른쪽 세번째가 조희양.

원에 공장면적은 286평이었으며, 종업원 27명(그 가운데 여자가 12명)이 연간 화장비누 4만 8350척(斥), 세탁비누 2만 2000관(貫)을 생산하고 있었다.

이 회사는 창립 초기에 중역진이 8명이었는데, 조희경은 사장, 동생 희양은 이사였다. 당시 전남 지방의 유력한 대지주였던 현기봉은 감사직을 맡고 있었으며, 일본인 중역도 2명이 있었다. 주식소유 상황을 보면 총 1만 2000주를 46명의 주주가 갖고 있었는데, 조씨가의 조희경(7434주), 조희양(1480주), 조설현(732주)이 9646주를 소유하고 있어, 주식소유율이 80%에 이르고 있었다. 따라서 이 회사는 이들 조씨 집안이 실질적인 소유자였고, 여기에 일부 조선인 대지주와 일본인을 끌어들인 것으로 보인다.

이 회사는 처음 10년 동안은 비교적 영업성적이 무난했으나, 1930년대에 들어 영업성적이 부진하다가, 1938년 조희경이 세상을 떠난 이후 일본인에게 그 소유 및 경영권이 넘어갔다. 그러나 이들 조씨가의 조일비누가 1940

년경 일본인에게 넘어간 것은 보다 실질적인 이유가 있었다. 즉 1930년대 후반 일본질소주식회사 흥남공장이 거대한 기계장치를 동원해 세탁비누를 생산하기 시작했고, 일본의 3대 재벌이 경영하는 경화유공장들이 글리세린을 도출하고 난 부산물인 지방산으로 세탁비누의 대량생산을 시작한 것에 있었다.

한편 조희경을 중심으로 한 이들 조씨가의 경제활동은 비단 서울에서만, 그리고 비누업 부문에서만 전개되었던 것은 아니다. 이들은 조일비누를 인수한 다음해인 1919년 8월에 해륙물산의 집산지인 영광 법성포에 법성포물산주식회사(설립 당시 자본금 5만 원)를 설립했다. 또한 조희경은 1920년대 초반 영광 지방의 지주들이 협력하여 결성한 영광수리조합의 조합장을 맡아 활동하기도 했다. 당시의 자료인 「영광수리조합사업일반」에 따르면, 저수지의 축조는 지역민들의 오랜 숙원이었으나 막대한 사업비를 감당할 길이 없어 이를 실현치 못하던 중, 일제가 산업장려운동을 추진하면서 1921년 12월 영광수리조합을 설립케 하고 저수지의 축조를 담당케 했다. 이에 지역민들은 조합 설립에 앞장섰던 조희경을 조합장으로 추대하고 불갑저수지의 축조사업에 착수했다. 당시 그는 여러 유지들과 함께 사업착공을 위한 자체 자금을 마련해 1922년 기공식을 갖고 1923년 11월 역사적인 준공을 보게 된다. 이 밖에 조희양은 1919년 설립된 목포창고금융(주)의 주식 680주를 소유하며 이사로 있었고, 1920년 설립된 (주)해동은행의 이사이기도 했다.

또한 이들 형제는 1925년 현재 동아고무공업(주)의 이사직을 맡고 있었다. 이 회사는 고무신 및 고무제품 제조를 목적으로 목포에 설립된 회사인데, 창립 초기 총 6000주, 주주 27명 중에서 이들 형제가 1400주를 소유하고 있어, 결국 이 회사는 조씨 형제를 비롯한 몇 명의 조선인 대지주들이 자본투자와 회사경영을 주도한 것으로 보인다. 이 회사는 1930년 초까지 배당율 7~10%의 양호한 영업성적을 기록했으나, 1936년경 일본인 소유의 삼화고무에 회사를 양도했다.

이어 조희경은 1926년 9월, 15만 원의 자본을 투자해 영광에 영법전기회사를 설립했다. 이 회사는 전등·전력을 공급했을 뿐만 아니라, 전기용 기계기구의 판매 및 대여까지 담당하고 있어 주목되는데, 1930년 보성의 대지주 임양보가 세운 보성전기와 함께 당시 전남 지역의 전기업 부문에서 쌍벽을 이루고 있었다. 조희경은 당시 이사를 맡아, 다른 네 명의 이사와 함께 회사경영을 책임지고 있었다. 이후 이 회사는 1931년 남선합동전기(주)에 합병되어 결국 일본인 소유로 되고 말았다.

한편 조희경의 아들로 당시 조씨가의 가계 승계자였던 조설현 또한 이 시기 각종 회사에 관여하고 있었다. 즉 조일비누(주)는 말할 것도 없고, 1926년에는 영광창고금융(주)을 만들어 사장으로 있었으며, 1927년에는 경성방직(주)과 (주)해동은행의 이사를 역임하고 있었다. 또한 1929년에는 목포창고금융(주)에 상당한 자본을 투자하기도 했다.

이들 조씨가가 이와 같이 여러 산업 분야에 투자할 수 있었던 배경은 역시 선대로부터 물려받은 토지재산이었다. 당시 대부분의 지주들은 여타 산업 분야에 투자를 하더라도 기본적으로는 지주라는 신분을 유지하고 있었고, 따라서 상대적으로 농업경영에 우선을 두고 있었다. 그러나 이들 조씨가는 영광에서도 이름 있는 전통적인 대지주가이면서도 토지를 매각해 제조업 분야에 과감한 투자를 했다는 데 그 특징이 있다. 토지자본을 산업자본으로 전환하고자 했던 것이다.

이러한 점은 이들의 토지소유 변동추이에서 여실히 드러난다. 우선 조희경의 경우, 1922년 현재 200정보 이상 소유자 명단에서 그를 찾을 수 있고, 또한 1930년 현재 50정보 이상 소유자로 나타나 있으나, 실제 소유지는 50정보를 약간 하회했을 것으로 추측된다. 이처럼 그의 토지소유가 감소하여 감에 반해 제조업 투자액은 점차 증가해 한창때는 42만 원에 달하고 있다. 이 규모는 일제하 전남 지역에서 대지주로 유명한 김종익, 문재철, 현준호, 김충식에 이어 다섯번째에 해당되는 것이어서 주목된다. 그는 여러 제조업 부문에 투자하고 있었지만, 회사의 자본금 비중으로 볼 때, 경제활동의 중심은 조일비누에 있었던 것으로 생각된다.

조희양의 경우를 보면, 농업 투자액은 논 202정보, 밭 17정보로서 이를 환산하면, 24만 원에 이른다. 반면 금융업 관계 회사에 5만 6000원, 제조업에 9만 4000원 등 총 15만 원을 투자하고, 경영활동에는 이들 회사의 이사로 참여하고 있었다. 또한 조설현의 경우에도 농업 투자액이 불명이어서 단정적으로 말할 수는 없으나, 금융업 관계와 제조업에 상당 정도의 자본 투자와 경영활동을 하고 있었다.

이와 같은 이유에서 일제하 전남 지역 대지주의 자본전환을 연구한 장시원은 이들 조씨가의 조희경, 희양 형제를 개별 지주로 파악하거나 또는 조설현을 다른 가계로 파악한 나머지 조희경의 경우는 '산업자본적 부르주아지주'로, 조희양과 조설현의 경우에는 '복합적 성격의 준부르주아'로 분류하고 있다.[3] 그러나 이보다는 조씨가라는 하나의 가계 측면에서 이들의 자본전환을 볼 필요가 있고, 그렇게 볼 때 조희경을 중심으로 하는 영광 조씨가는 '산업자본적 부르주아지주가'로 분류할 수 있다. 즉 이들은 1920년대만 해도 불모지였던 비누업과 고무, 전기업 부문을 개척하는 선구자였을 뿐만 아니라, 거의 전적으로 산업자본에 투자했던 전남 지역의 유일한 대지주가로 평가할 수 있을 것이다.

일본과의 강화도조약이 맺어진 1876년에 태어나 동생 희양, 아들 설현과 함께 전통 있는 영광 지역 조씨가를 이끌며 1938년까지 살다 간 조희경, 1930년대 말 그의 사망은 한 자연인의 사망일 뿐 아니라 영광 지역 조씨가의 경제력 상실을 의미하며, 이러한 그들의 삶의 족적은 이 지역 민족자본의 운명을 대변해 주고 있다.

1) 고승제, 「한국경영사 연구」, 1974, 199~211쪽.
2) 영광군, 『옥당골의 전통문화』, 1983, 217~218쪽.
3) 장시원, 「일제하 조선인 대지주의 자본 전환에 관한 연구」, 한국방송통신대학 논문집, 1986.

차 남 진

실력양성론 주창한 일제하 자본가

1893년 전남 무안 출생
1925년 목포청년회 회장, 전남도회 의원
1920~1930년대 각종 회사 설립
1941년 임전보국단 평의원
1970년 사망

3·1운동 이후 조선인 지주에게 자본축적의 계기가 주어지면서 조선인에 의한 회사와 공장의 설립이 본격화되기 시작했다. 대부분 지주들을 대상으로 이루어진 이 과정은 한편으로는 조선인 중 유력자들을 회유하려는 일제의 통치 방식이었지만, 다른 한편으로는 이를 통해 일부 조선인들이 정치적으로나 경제적으로 상승하는 계기가 되었다. 이들은 대부분 일본에서 신교육을 받은 지식인층으로 서구의 발전 모델을 통해 국권회복의 발판을 마련한다는 생각을 가졌으며, 그 일환으로 교육과 산업진흥을 제시하기도 했다. 하지만 일제의 군국주의적 성격이 노골화되던 1940년대를 전후해 이러한 '실력양성론자들'과 그후의 '자치론자들'은 대부분 그 한계를 드러내고 만다. 이러한 인물로 목포부회 의원, 전남도회 의원, 중추원 참의, 임전보국단 평의원을 역임한 차남진(車南鎭)을 꼽을 수 있다.

차남진은 1893년 무안군 삼향면 용포리에서 차성술(車成述)의 4남 5녀 중 장남으로 태어났다. 아버지는 상업과 해산물의 유통을 통해 많은 재산을 축적했으며, 상당한 규모의 땅도 소유하고 있었다. 그는 어렸을 때 한학을 배우다가 곧바로 일본으로 건너가 소학교와 중학교 과정을 마치고 메이지대학 전문부에서 법학을 공부했다.

귀국한 후 그는 목포청년회를 기반으로 지역 유지들과 교류하는 한편, 사회활동에도 관심을 갖고 참여하기 시작했다. 목포청년회는 김상섭과 문재철 등 당시 목포 지역의 유지들이 결성한 단체로, 차남진은 1920년에 총무를 맡았고, 1923년에는 부회장을, 1925년에는 회장을 맡았다. 한편 그는 1924년 아버지의 유언에 따라 목포공립보통학교, 목포여자공립보통학교 등 12개의 교육기관에 5000원을 기부하기도 했다. 그후 청년회는 1925년 무렵 서병인, 설준식, 조극환, 오도근 등 사회주의사상을 가진 청년들이 가입하면서 그 성격이 조금씩 바뀌어 갔고, 결국 1927년에는 사회주의운동 단체인 목포청년동맹이 설립되면서 목포청년회는 해체되었다.[1]

당시 우리 나라의 우파민족주의자들은 나라를 되찾기 위해서는 민족의 실력을 키워야 한다는 이른바 '실력양성론'을 주창하고 있었다. 여기에는 1920년대 초의 신문화건설, 교육진흥, 산업진흥, 민족개조 등을 표방한 '문화운동'과 1920년대 중반 이후의 '자치운동' 등이 포함된다.[2]

이러한 경향은 목포에서는 목포고등보통학교 설립을 위한 지역 유지들의 움짐임에서 발견된다. 차남진은 목포부회 의원과 전남도회 의원으로 활약하면서 이 문제에 본격적으로 관여하기 시작했다. 개항 이후 목포는 교역의 중심지로 급성장했지만, 조선인을 위한 고등보통학교가 없어서 고보 설립이 최대의 현안문제로 제기되고 있었다. 『호남평론』 1925년 6월호에는 당시의 사정을 이렇게 적고 있다.

목포, 무안, 영광, 함평, 영암, 강진, 해남, 진도, 완도, 제주 8군 1부 1도의 250개 보통학교에서 매년 2만여 명이 졸업하며, 이들을 위해 목포고등보통학교의 실현이 절실히 요구된다.

목포시 사회장으로 치러진 차남진의 영결식 광경.

이에 따라 차남진을 비롯한 문재철, 김철진, 김충식, 이환용 등 해당 지역 대지주들은 목포고등보통학교 설립기성회를 조직했다. 이 기성회의 위원장은 김철진이 담당했고, 차남진은 설립위원 및 상임위원을 맡았다. 그리고 이들은 3만 원에서 1만 원에 이르는 기부금을 갹출했으며, 해당 지역에서 30여 만 원을 모금했다.

실력양성론에 대한 그의 지향은 전남도회 의사록에도 잘 나타나 있다. 1926년 2월 5일 제6회 전남도회의 의사록에 따르면 다음과 같이 당국에 촉구하고 있다.

목포 — 다도해 간 항로는 1일 1회도 못 되는 곳도 있다. 또 목포 — 여수 간, 목포 — 법성포 간 교통이 불편한 것은 운영회사의 경비 관계라고 하니, 당국에서 보조의 의사는 없는가. 목포항만개량의 필요는 당국도 전년도 도회에서 고명하지 아니 하였는가. 여하한 방법으로 실현할 것인가. 목포 제2보교 증축을 명년도에 기필코 실현하라. 목포제일보교의 학급을

증설하라.[3)]

그의 이러한 사상적 배경은 1920년대 중반부터 1930년대 후반까지 법인 회사 설립에서도 엿볼 수 있다. 1920년 회사령이 공포되면서 본격화된 조선인의 회사 설립은 전남 지역의 경우, 자본금 1만 원 이상 조선인을 대표로 하는 회사가 1930년의 37개에서 1940년 8월 현재 65개로 증가했으며, 이들 중 회사 대표자가 지주인 경우는 1920년대에 14개였는데, 1930년대에는 27개로 늘어나고 있다. 이들은 토지자본을 매개로 설립된 회사들이었으며, 특히 개항 이후 교역의 중심지로 자리 잡고 있었던 목포가 그 중심 지역이었다.

일제시대 차남진이 관여한 회사는 해동물산(1921년 감사), 호남은행(창립 발기인, 1931~1938년 감사), 목포창고금융(1925년 감사), 전남신탁(1929년 이사), 목포양주(1937년 이사) 전남백화점(1933년 이사), 목포국자합동(1935년 이사), 동양고무공업(1935년 이사), 동아약업(1940년 이사), 호남정미(1940년 사장), 호남제탄(1940 사장), 목포해운(1940년 이사) 등 12개 업체다.[4)]

이들 회사들은 대부분 지역 대지주들이 중역으로 참여하고 있었다. 그 한 예로 1925년 자본금 30만 원으로, 고무신 및 고무제품 제조를 목적으로 하여 설립된 동아고무를 보자. 이 회사의 경우, 창립 초기(1927)의 중역진 10여 명 중에는 대지주인 김상섭(사장), 김원희(전무, 1932년 이후 사장), 조희경, 문재철, 조희양 등이 포함되어 있으며, 차남진은 1935년에 이사로 참여했다. 또한 총 6000주 중 4200주를 지주들이 소유하여, 이들이 자본투자와 회사경영을 주도했음을 알 수 있다.

그가 사장으로 있던 호남제탄도 사정은 마찬가지다. 이 회사는 1938년 자본금 15만 원으로 목탄대용품의 제조를 목적으로 하여 목포에 설립한 회사로, 창립 초기의 중역진 8명 중 대지주는 차남진(사장), 현준호(이사), 고동석, 김철진(감사) 등 4명이 포함되어 있었다. 이 회사는 1942년까지 조선인만으로 구성된 경영진에 의해 운영되기도 했다.

그의 자본투자를 분석해 보면, 조선인 회사가 9개, 일본인 관련 회사 3

개이며, 자본투자액으로 보면 조선인회사에 13만 4100원, 일본인 관련 회사 1만 5000원을 투자하고 있다. 그리고 농업에는 6만 원을 투자했음에 비해, 상업 분야(해동물산, 목포창고금융, 전남백화점, 동아약업, 목포해운)에 2만 7000여 원, 금융 관계 분야(호남은행, 전남신탁)에 5만 5000원, 산업자본 분야(목포양주, 목포국자합동, 동아고무, 호남정미, 호남제탄) 6만 6000원 등 총 14만 원을 투자해 농외 투자액이 농업 투자액을 능가하고 있다. 경영활동에서도 호남제탄(제조업 15만 원), 호남정미(정미업 13만 원), 목포양주(양주업 10만 원)의 경영책임을 그가 맡았다. 일제하 대지주의 존재 형태에 대해 연구한 장시원은 자본투자나 경영활동의 양 측면에서 그를 산업자본적 부르주아로 분류하고 있다.[5)]

그러나 1930년 후반에 접어들면서 이들 실력양성론자들의 행동은 큰 전환기를 맞게 된다. 만주침략과 중일전쟁으로 이어지는 군국주의 물결 앞에서 실력양성론을 주창한 이들은 자신들이 쌓아 놓은 '업적(?)'을 지키느냐, '몰락'하느냐의 갈림길에 놓이게 된 것이다.

차남진의 경우도 예외는 아니었다. 이미 부회 의원과 도회 의원, 그리고 식민지 통치의 자문기관인 중추원 참의까지 역임하고 있던 그는, 1941년 임전보국단에 평의원으로 참여하게 된다. 황민화운동의 선봉 역할을 담당했던 임전보국단은 '황도선양과 강력한 실천력의 발휘' 등을 취지로 조직된 동아보국단과 임전대책협의회 두 단체가 합병되어 성립된 것으로 김동환, 이성환, 최린 등이 주도하고 있었다. 차남진은 여기에 현준호(이사), 문재철, 송화식(이상 평의원) 등과 함께 참여했다.[6)] 당시 최린이 낭독한 개회사에는 이 단체의 성격이 잘 드러나 있다.

적성국가로 포위되어 있는 오늘의 우리 황국은 흥망기로에 입각하여 국민의 일대 분기를 바라마지 않는 바로, 반도 2400만 민중도 이에 분연히 임전태세의 정비강화에 호응하여 조선임전보국단을 결성하기로 한 것이다.[7)]

한편 해방 후 그는 이때의 활동이 문제가 되어 반민족행위 특별조사위원회 전남조사부에 입건되어 조사를 받고, 불구속 송치되기도 했다. 당시 전남에서는 현준호, 김철진, 차남진, 문재철 등이 반민특위에서 조사를 받았다.

한국전쟁이 터지자 차남진은 피난 가라는 주위의 권유를 마다하고 북교동 자택에 기거하고 있었다. 하지만 그의 집이 인민위원회 장교클럽으로 사용되면서 누나 집으로 거처를 옮겨야 했으며, 한때 인민위원회에 소환되기도 했다.

전쟁이 끝난 뒤에도 그는 공직에는 일체 나서지 않았으며, 1960년대에는 목포부두의 하역 관련 회사인 신한운수와 농지개혁 때 받은 보상금을 기반으로 용강장학회(龍崗獎學會)를 설립하여 운영하기도 했다. 그의 아들인 차범석은 이것이 일제시대의 행적을 자숙한다는 의미였다고 말한다. 1970년에 생을 마감한 그의 장례식은 목포사회장으로 치러졌으며, 그의 고향, 용포리가 마주 보이는 선산에 묻혔다.

차남진. 그의 일제시대 활동은 당시 민족주의 우파들이 주장했던 '실력양성론'에 뿌리를 두고 있다. 이러한 그의 활동은 한편으로는 교육과 산업의 진흥을 통해 민족의 독립을 추구했다는 긍정적인 평가가 있는 반면에, 제국주의 침략과 지배에 저항하지 않고, 그들과 타협하다가 결국은 전체 민족운동에 많은 해를 끼쳤다는 상반된 평가를 받기도 한다. 그에 대한 올바른 평가는 역사적 상황에 따라 달라질 것이다.

1) 선우기성, 『청년운동사』, 1973, 전라남도편 참조.
2) 박찬승, 『일제하 실력양성론 연구』, 서울대학교, 1990.
3) 『호남평론』, 1926년 5월호.
4) 장시원, 「일제하 대지주의 존재형태에 관한 연구」, 서울대 경제학과 박사학위논문, 1989, 280~281쪽.
5) 장시원, 앞의 글, 226쪽.
6) 김학민・정운현 엮음, 『친일파 죄상기』, 학민글밭, 1993, 25, 39~40쪽.
7) 앞의 글, 37쪽.

박 현 경

화순탄광 개광의 주인공

1883년 전남 화순 출생
1905년 화순탄광 광업권 등록
1909년 일본 유학
1927년 동암탄광 채탄 시작
1934년 탄광을 종연방직에 매각
1949년 사망

화순에서 가다 보면 동면, 동암을 거쳐 천운장, 구암에 이르는 흑토재는 지금도 여기저기 탄 더미가 쌓여 있어 누가 보아도 이곳이 산탄지임을 알 수 있다. 현재 이곳은 그 옛날 전성기 때의 모습은 간데없고 보잘것없는 광산촌에 불과하지만, 한때는 5000명 이상의 광부가 일을 하던 대규모 광산지대였다.

박현경(朴賢景)은 1883년 11월 1일 화순군 화순면 향청리 115번지에서 화순 토호 박인규(朴仁奎)의 외아들로 태어났다.[1] 당시 그의 집에서 거둬들이는 미곡은 700~800섬이었다고 한다. 그는 7세 되던 해부터 한학을 시작한다. 선생은 고헌(固軒) 김여빈(金汝彬)으로 당시 화순, 동복 일대에서는 가장 이름난 글 선생이었다. 고헌은 틈나는 대로 한학 외에도 세상 돌아가는 물정이나 신학문, 새로운 문물 등에 관한 이야기도 들려주곤했다. 그러나 무엇보다도 그의 일생에서 빼놓을 수 없는 사람은 누이 농선(弄仙)

박경희(朴慶熙)와 구한말 갑신정변의 주인공 박영효다. 이 두 사람은 현경의 가장 가까운 인척으로서, 사업의 후원자로서, 처세의 배경으로서 그를 뒷받침해 왔다.[2)]

현재 화순광업소의 연혁에는 '1905년 4월 5일 박현경 발견, 광업권 등록'이라고 되어 있다. 박현경이 당시 언제 어떻게 광업권을 얻었는지는 분명치 않다. 그는 뒷날 탄을 캐기 시작하면서 흑토재의 광권은 자신이 1905년 봄 한성에 갔을 때 궁내부로부터 허가를 받은 것이라고 주장했다. 어쨌든 그가 1905년 화순 흑토재 일대의 광업권을 얻었다고는 하나 이때 바로 개광에 착수한 것은 아니었다. 그는 이보다 3년 뒤인 1908년 채탄에 처음 손을 댄다. 그래서인지 1969년판 『전라남도지』에는 화순탄광의 연혁을 "1908년 한국인이 발견하여 즉시 출원과 동시에 등록하여……."라고 기록하고 있다.

1908년 이른 봄, 박현경은 어느 날 집에서 부리던 몇 사람의 일꾼을 데리고 흑토재로 갔다. 데리고 간 일꾼을 시켜 나무를 베어 내고 삽과 곡괭이로 흙을 긁어낸 뒤 검은 흙이나 돌이 나오면 집으로 한 짐 지어와 불을 지펴 보곤 했다. 가공도 하지 않은 흑토재의 검은 돌은 불에 탈 리 만무했다. 그 유명한 화순탄광의 개광은 실로 이렇게 어처구니없이 시작되었던 것이다.

1909년 2월 박현경은 석탄지식 습득 및 문물견학을 위해 일본 유학을 결의하고 도일한 것으로 알려져 있다. 그러나 과연 그의 유학의 주목적이 석탄지식 습득이었는지에 대해서는 많은 의문점이 남는다. 이듬해 3월 메이지대학 예과에 입학한 그는 김성수, 송진우 등과도 친교를 가졌다. 특히 김성수와는 얼마 동안 하숙생활을 같이했다. 1년 6개월의 일본생활 후 그는 한일합방과 함께 귀국했고 이때의 귀국이 그의 짧은 유학의 끝이었다.

그는 일본 유학에서 돌아온 뒤 흑토재 탄광에 다시 손을 대기 시작했고 화순읍 대리 일대(현 고아원 부근) 자기 땅에 과수원을 조성했다. 실제로 그가 다시 흑토재의 석탄에 손을 댄 것은 과수원을 만들기 시작한 것보다 약간 뒤의 일이었다. 그는 일본을 다녀온 뒤 석탄의 용도나 그 가치에

종방이 박현경의 동암탄광을 인수한 후 개통되어 지금까지 사용되고 있는 화순-복암 간 산업철도

대해 대략은 알고 있었다. 그는 농부들의 동원이 용이하도록 농촌의 농사철을 피해 채탄을 시작했다. 하지만 당시만 하더라도 도구는 삽과 곡괭이였고, 하루 동원 인력은 20명 내외였다. 이들의 작업 방식은 굴을 파지 않은 채 표면의 나무와 흙을 제거하고 석탄을 파내는 식이었다. 이렇게 해서 파낸 석탄이었지만 잘 타지는 않았다. 그러던 가운데 1918년 임야조사령이 공표되고 토지조사사업이 끝날 무렵 박현경은 흑토재 일대의 토지와 임야를 약간 사들였다. 본격적으로 탄을 캐 볼 생각이었다.

그는 자신의 탄광을 동암탄광이라 했다. 이때 캐낸 석탄의 일부를 일본에 보냈다. 이 또한 매부 박영효의 주선에 의한 것이었다. 얼마 후 일본에 보낸 석탄은 질이 나쁘다는 이유로 매수를 거절당했다. 그의 탄광은 1919년 3·1운동을 전후해 또 한 번 흐지부지 중단되고 말았다.

이후 1919년 10월 김성수에 의해 이른바 민족기업인 경성방직이 설립되자, 평소의 교분도 있고 해서 박현경은 이에 참가했다. 또한 동아일보 설립에도 경방과 같은 입장에서 군소 주주의 한 사람으로 참여했다. 이 무렵 그는 치수·관개사업에 눈을 돌리고 있었다. 벽라교 밑 연락리 천변의 물줄기를 돌려 제방을 쌓고 보를 만들었으며, 이 일대 버려진 땅을 일구어 170여 두락의 농토를 조성했다. 또한 도곡면 죽정리에도 보를 만들었다. 벽라교 밑 치수사업에는 당시 값싼 노동력으로 유명했던 중국인 노동자(고력 苦力 : 꾸리)를 고용했다고 알려져 있다.

그러다가 박현경이 화순군 동면 구암리 일대의 탄광에서 본격적인 채탄을 하게 된 것은 1920년대 후반이었다. 거기에는 두 가지의 계기가 있었다. 하나는 1925년부터 2년여에 걸쳐 일본인 지질학자에 의한 지질조사가 있었고, 그 결과 화순 일대에는 무연탄 및 토상 흑연광상이 있음이 밝혀졌다. 어려서부터 흑토재를 넘어 다니며 관심을 두었던 석탄이 이제 권위 있는 학술조사에 의해 그 매장량과 상업성이 확인된 것이다.

다른 하나는 이미 개통된 광주—송정 간 철도에 이어 곧 광주—여수 간 철도가 부설될 것이라는 소식이었다. 사실 그 철도는 1928년에 착공되어 1930년 말 완공을 보게 된다. 이것은 그 동안 큰 난제였던 운반의 문제가 해결될 것이라는, 또한 철도의 동력원 등으로 석탄의 수요처가 확보될 수 있는 매우 기대에 찬 소식이었다. 박현경은 이러한 배경에서 채탄을 서둘렀고 일이 착수된 것은 1927년 봄부터였다.

그는 우선 당시 탄광지로 유명한 평양의 탄광에 사람을 보내 채탄에 경험이 있는 기술자 몇 사람을 구해 왔다. 그들 가운데 일본인 와타나베라는 사람이 있었고, 그가 온 뒤 동암탄광은 면모를 갖추어 갔다. 레일이 놓여지고 탄차가 사용되었으며 발파도 했다. 이른바 근대적인 기업으로서 면모를 갖추기 시작했다. 그러나 탄광에 들어가는 돈은 밑 빠진 항아리에 물 붓는 식이었다.

이러한 가운데서도 채탄은 계속되었다. 동원된 노동자도 100여 명에 이르고 있었다. 하루에 4~5톤, 많으면 7~8톤을 캐냈다. 캐낸 탄은 화물트럭 두 대로 하루 몇 차례씩 화순역으로 실어 냈다. 가마니로 포장한 석탄은 목포를 경유하여 일본으로 보내졌으나 일본에 판 석탄값은 채탄비는 물론

이고 운반비도 안 되었다. 수익성이 거의 없다시피 한 채탄으로 비용만 쉴 새 없이 들어갔고, 고리채 이자 돈은 계속 늘어만 갔다. 사람들은 이러한 박현경을 보고 "미친 짓 하다가 좋은 재산 다 망해 먹는다"며 비웃었다. 기실 그는 탄광으로 망해 가고 있었다.

그가 어려서부터 흑토재를 넘어 다니며 관심을 두었던 탄광인지라 쉽게 포기할 수도 없었다. 하지만 현실적인 운영상의 어려움과 와타나베를 중개자로 한 종연방직측의 갖은 회유와 협박 속에서, 결국 그의 동암탄광은 일본인 기술자 와타나베의 주선으로 종연방직(현 일신, 전남방직의 전신)에 넘어갔다. 아이러니하게도 종연탄광의 초대 소장은 와타나베였으며, 그후 그 탄광은 화순—복암 간 산업철도(현재에도 사용되고 있음)까지 부설하며 채탄에 박차를 가하고 있었다. 그때서야 박현경은 자신이 종연방직과 와타나베의 꼬임에 빠졌다는 사실을 알아차렸다.

사실 종연방직이 화순탄광을 인수한 것은 나름대로의 사정이 있었다. 종연방직이 식민지 조선에 처음 진출한 것은 1925년경이었지만, 이때만 해도 그 규모가 작았다. 그러다가 1930년대에 들어서면서 경영 규모의 확대를 도모하여 1930년대 중반부터는 수십 개의 공장 및 사업체를 운영하는 식민지 조선에서 가장 큰 일본 독점자본으로 성장하고 있었다.[3] 당시 종방은 광주에도 진출하여 1930년에 제사공장을, 1934년에는 방직공장을 대규모로 설립한 상황이었다. 그리고 이러한 공장에서 필요한 석탄의 확보를 위해 광산을 필요로 하고 있었다. 그로 인해 박현경의 동암탄광은 종연공업주식회사로 바뀌었고 종방에서 필요한 동력원인 석탄의 공급처가 된 것이다.

한편 박현경은 탄광을 판 돈으로 그간에 넘어간 농토를 다는 아니지만 되찾았고, 이후 누이와 박영효의 도움으로 대부분 되찾을 수 있었다. 그는 다시 화순의 지주로 돌아온 것이다. 그는 1945년 해방과 함께 잠시 동안 대한국민회 화순군 회장직을 맡아 활약했으며, 서민호와 가깝게 지내면서 그의 정치활동을 돕기도 했다. 또한 1947년 9월, 화순중학이 설 때 학교부지로 농토 5000여 평을 희사하기도 했다.

박현경은 1949년 10월 25일, 화순군 화순면 대리 97번지에서 조용히 눈을 감았다. 그의 나이 67세였다. 구한말 외세의 소용돌이가 한창일 때 화순토호의 외아들로 태어나 매부 박영효의 후광 속에서 일생을 살다 간 박현경. 어려서부터 관심을 둔 검은 돌이 인연이 되어 화순탄광 개광의 주인공이 되었던 그는, 한때 탄광으로 재산을 몽땅 날리고 쓰러질 뻔하기도 했다. 또한 그는 동아일보, 호남은행 등에도 참여했고, 어떤 연유인지는 모르지만 독립운동 자금으로 300원을 출연하기도 했다.

일제하 지주, 자본가에 대한 평가가 어려운 것처럼 그에 대한 평가도 상반되어 나타난다. 이를테면 1926년 6월 16일자 시대일보에는 '노동자의 등골 뽑은 전남 부호 박현경'이라는 기사가 발견된다.[4] 물론 나중에 그렇지 않음이 판명되었고 또한 당시 정황으로 있을 수 있는 일이라지만, 그의 계급적 속성을 여실히 나타내고 있다고 할 수 있다. 어쨌든 박현경은 그 시절 아무도 손을 대지 않았던 과수원이나 치수・관개사업에 뛰어들었던, 그러한 의미에서 결코 평범한 지주는 아니었다. 그에 의해 시작된 화순탄광은 오늘날까지 전남 지역의 유일한 탄전으로 일제하 광양의 금광, 목포의 고령토 등과 함께 근대 전남 광업사의 첫 페이지를 차지하지만, 최근에는 그 명맥만 겨우 유지되고 있다.

1) 「밀성 박씨 행산공 공파보(密城朴氏杏山公公派譜)」 제5권.
2) 전남매일신문, 『인물개화』 1997, 199~220쪽
3) 정근식, 「일제하 종연방직의 잠사업 지배」, 한국사회사연구회 논문집 2집 1986.
4) 시대일보, 1926. 6. 16.

김영준

천일고무와 근대 자본가

1900년 경남 의령 출생
1926년 천일고무신공장 설립
1939년 도평의회 의원
1946년 한민당 여수지구책
1948년 대한상공회의소 초대 부회두
1948년 여순사건으로 사망

산자수려(山紫水麗)한 자연경관으로 한려해상국립공원의 일부를 이루고 있는 한반도 최남단의 미항, 여수. 이곳이 이처럼 굴지의 근대적 항구로 발돋움한 것은 1929년 초 일본의 군소 자본들이 종화, 중앙동 일대를 경쟁적으로 매립하면서부터다. 여수는 1930년에 광주—여수 간 철도가 개통되고, 여수—하관 간 연락선까지 취항하여 괄목할 만한 성장을 이루어 1931년에는 읍으로 승격된다. 일제하 여수의 공업은 미곡을 일본으로 빼가기 위한 정미공업을 비롯, 조면공업, 조선공업, 제빙공업 등이 주로 일본인들에 의해 이루어졌으며 조선인이 경영한 것으로는 천일(天一)고무공장의 비중이 절대적이었다.

한편 1930년대 조선의 고무공업은 고무원료를 독점적으로 공급해 오던 일본 미쓰이물산(三井物産)의 지배하에 놓여 있었으나 비교적 조선인 자본

투자가 활발했던 부문이었다.[1] 또한 그 동안 짚신과 나무신을 신어 오던 조선인에게 값싸고 질긴 고무신은 매우 편리한 생활필수품이 되었다. 이를 반영하듯 1933년에는 조선의 고무공장 수가 86개로 증가한다. 이 지역에는 목포에 2개, 광주에 1개, 그리고 여수에 천일고무가 있었으며, 이 중 천일고무공장은 이후 전국 굴지의 대산업으로 성장해 간다. 바로 이 천일고무공장을 중심으로 1930년대 여수 지역에 새롭게 등장한 기업가가 있었으니 그가 백하(白霞) 김영준(金英俊)이다.[2] 따라서 그를 재조명하는 것은 아직도 많은 공백으로 남아 있는 이 시기 한국 기업사 특히 고무산업사 연구의 귀중한 사례로서 큰 의의가 있을 것이다.

김영준은 1900년 4월 경남 의령군 의령읍 대산리의 가난한 농가에서 아버지 김군중(金君仲)과 어머니 윤순이(尹順伊) 사이의 4남 1녀 중 3남으로 태어났다. 그는 8세 때 급환으로 아버지마저 여의고 시래기국에 간을 맞출 소금이 없을 정도로 가난한 환경에서 자랐다. 부득이 땔나무꾼으로 생계를 꾸려 가던 그는 15세 때 시장에서 나무를 팔고 오다가 시장통에 있는 일본인 가게의 달걀을 팔아 준 것이 인연이 되어 그 집 점원으로 들어간다. 점원생활은 그가 세상에 태어나 처음 가져 보는 취직 자리였고 후일 그가 굴지의 기업가로 성장해 가는 최초의 계기를 이룬다. 한편 그의 천부적인 상재(商才)에 큰 기대를 건 주인은 김영준의 나이 17세 때 "너는 나 같은 하찮은 사람 밑에 있을 그릇이 아니다"면서 일본 고베(神戶)에 있는 친구의 와타나베고무공장에 취업시켰다. 그러나 김영준으로서는 정작 그 이전부터 밀려오는 서구의 새로운 문물을 보고 독학을 결심한 터였고, 기회가 오면 도일하겠다는 생각을 품고 있던 바였다.

당시 고베는 일본 고무산업의 메카였다. 1916년 도일한 그는 수많은 동료 종업원을 제치고 3년 만에 1급 고무배합기술자로 성장하여, 이후 고베에서 소규모의 고무신공장을 차렸는데 그 제품이 모회사인 와타나베공장 제품에 필적할 정도였다. 이에 당혹한 와타나베는 한국에 가서 큰 공장을 차리라고 권유하면서 상당한 밑천까지 빌려 주었다 한다. 한편 이에 대해서는 당시 극비에 가까운 고급 기술인 고무배합기술을 터득한 김영준을

1930년 초 여수와 일본을 오갔던 여수여객선.

통해 와타나베고무가 조선으로 자본수출을 꾀한 것이라는 평가도 있다.

울며 겨자 먹기로 부산에 건너온 김영준은 1926년 부산 수정동에 천일 고무신공장을 차렸는데 그때 부산에는 이미 삼정계 방계회사인 丸大고무 신공장이라는 큰 일본인 회사가 있었다. 그런데 천일표 고무신이 丸大표 고무신과 경쟁하면서 성장하자, 화가 난 丸大는 '유사상표 사용'이라는 생트집을 잡아 김영준을 상대로 재판을 걸었다. 이 두 상표는 누가 보아도 같을 수가 없었으나 재판 결과는 불 보듯이 뻔한 것이었다. 재판에 져서 전 재산을 송두리째 날려 버린 김영준은 전국 대리점에 매출한 상품까지 회수해서 丸大에게 손해배상을 해주어도 오히려 모자랄 정도였다. 그러자 丸大는 이번에는 모자라는 돈만큼 김영준이 자기 집에서 5년 동안 지배인으로 일해 몸으로 때워 줄 것을 강요했다. 이때가 1930년이었다. 丸大는 그 동안 그의 손발을 묶어 두자는 속셈이었는데 김영준은 전혀 싫어하는 기색 없이 그 집에 들어가 성심성의껏 일해 주었다. 그의 큰 도량에 감복한 丸大는 2년 반 만에 자신의 소심함을 사과하고 퇴직금이라는 명목으로 상당한 돈을 챙겨 주면서 전라도에 고무공장이 없으니 전라도 땅에 가서 공장을 차리라고 권유했다.

1930년대 초 여수는 철도의 개통, 여관, 여객선의 취항에 힘입어 도시화·공업화의 바람이 세차게 불고 있었다. 1940년판 「공장명부」에 따르면 김영준은 1932년 1월경 이곳에 천일고무공장을 차리면서 자리 잡은 것으로 되어 있다. 당시의 자본금은 최초 10만 원으로서 합자회사 형태였으나, 이후 1937년에는 50만 원으로 커지면서 주식회사체제로 개편되었다. 한편 공장설립 시기에 대해서는 『조선은행회사요록(朝鮮銀行會社要錄)』의 1933년 4월 10일, 『인물개화』 『여수·여천 발전사』 『여수·여천 향토지』의 1935년 등 여러 가지의 설이 있다.[3] 그러나 당시 여수 지역에서 사회운동을 주도했던 정충조의 재판기록에 "1932년 9월부터 11월 사이에 천일고무공장에서 파업을 세 차례나 주도했다"는 내용이 있는 것으로 보아 최소한 그 이전에 공장이 설립되었던 것으로 볼 수 있다. 어쨌든 당시 김영준이 재기에 성공할 수 있었던 것은 그와 거래하던 전국대리점 모임인 천우회원들의 도움 또한 컸던 것으로 알려지고 있다.

천일고무공장의 사세는 당시 사람들의 표현을 빌면 하룻밤 자고 나면 눈덩이만큼 커지고 또 하루 자고 나면 집채덩이만큼 커져 갔다. 1937년 중일전쟁이 일어나자 고무원료 배급의 통제를 위해 조선고무공업연맹회가 발족되는데, 김영준은 이 연맹회의 부회장직을 맡는다. 고무업계의 거물로 성장한 그의 면모와 함께 그러한 성장의 이면에는 어느 정도 일제와의 타협이 있었음을 알 수 있는 것이다. 1938년에는 기존 공장부지가 협소해 서교동으로 옮겼는데 그때는 이미 이리와 대전에 분공장을 갖고 있을 정도였다. 또한 호남의 갑부 현준호와 같이 호남화학공장을 세우고 서울고무공업 주식을 대량으로 사들였으며 구례에 전국 규모의 천일제재소를 세워 그 부가 바야흐로 전국에 두각을 나타낼 정도였다.

한편 1932년 이후부터 1933년 여름에 걸쳐 노동자의 파업이 가장 많이 일어난 산업은 고무업계였다. 세계대공황에 따른 기업주들의 손실을 노동자의 임금인하로 보충하려는 것 때문이었는데, 더욱이 1933년 남선 지방의 고무공업이 일본 미쓰이물산의 지배하에 들어감으로써 노동쟁의는 더 잦아졌다. 이를 반영하듯 여수천일고무공장도 설립 직후부터 각종 노동운동과 첨예한 갈등을 노정하고 있다. 당시 천일고무공장은 여공들이 대부분이었으며, 노동자 수는 1932년에 200여 명이었던 것으로 알려지고 있다. 이들 노동자들은 그 무렵 여수 지역에 조직된 적색노동조합 준비위원회의 의식적인 지도를 받으며 감독배척, 노동조건 개선 등을 요구하는 파업을 수차례에 걸쳐 일으켰던 것이다. 당시의 대결 양상은 15년이 지난 여순사건에서 다시 한 번 불붙게 된다.

1938년 말에 이르러 그는 세상을 깜짝 놀라게 할 만한 일을 또 저질렀다. 그가 김해평야에 있는 일본인 갑부의 농장 3300정보를 사들인 것이다.[4] 이 사실은 1938년 11월 19일자 동아일보와 조선일보에도 크게 보도되었다. 그도 그럴 것이 농장주인은 전국에 널리 소문난 갑부였는데, 그것을 여수에 사는 무명의 조선인이 사들였으니 세상이 놀랄 수밖에 없었던 것이다. 그는 곧이어 이 농장을 '진영농장'이라 고치고 정재완(해방 후 여수 국회의원)에게 그 관리를 맡겼다.

한편 1939년 도평의회 의원에 피선되기도 한 그는 해방 직전까지 서울, 부산, 대구, 광주 등에 14, 5개의 사업체를 갖게 되어 국내 굴지의 상공인 대열에 끼게 되었다. 이런 연유로 그는 태평양전쟁 때 일종의 방위성금 형식으로 전남호라는 비행기 한 대를 헌납한 일이 있었다. 그리고 이 사실은 해방 후 여순사건 때 그를 죽음으로 이끈 하나의 이유가 되었다. 또한 사재 6만 원을 들여 사립미평심상소학교를 세우고, 유망한 지역 젊은이들에게 아낌없이 사재를 들여 서울이나 일본으로 유학을 보내는 등 육영사업에도 손을 댔다.

해방을 여수에서 맞은 김영준은 사업의 무대를 중앙인 서울로 옮기기 시작한다. 서울로 이주하여 맨 처음 손을 댄 것은 우리 나라 최초의 해외무역이었다. 일본인들이 철수하였으므로 수입선이 단절된 생고무 수입을 위해 부득이 무역을 시작했던 것이다. 또한 당시로서는 생각지도 못했던 한국원양어업주식회사를 창설했고, 전남 영산포에 유리공장, 광주에 화선지를 만드는 제지공장을 설립하는가 하면, 박흥식과 함께 미국의 포드자동차 한국대리점인 한국모터스와 한국타이어공업주식회사 등의 설립에도 착수했다.

이와 같은 연장선상에서 그는 일제하는 물론이고 해방 직후 여수상의 초대 회장을 지냈고, 이듬해 1946년에는 한민당 여수지구책을 지내기도 했다. 또한 1948년 정부수립 이후 대한상공회의소가 최초로 출범했을 때 그는 만장일치로 초대 부회두(지금의 부회장)에 피선되었다.

1948년 10월 23일 김영준은 여순사건 때 49세의 일기로 비명에 갔다. 마침 형의 회갑잔치에 맞추어 여수에 내려왔다가 변을 당한 것이다. 그가 처형된 것은 '노동자의 피를 빨아 갑부가 되었다'는 것과 또 '한민당 지부장으로서 단선단정을 도왔으며 일제 말기 비행기까지 헌납한 친일파'였다는 죄목 때문이었다. 그의 시신은 곧 가매장되어 1950년 3월 1일 여수시 사회장으로 현재의 여수시 둔덕동 산에 안장되었다.

구한말 격동의 시기에 경남 의령의 한 가난한 가정에서 태어난 김영준. 맨주먹으로 천일고무를 세워 한국 굴지의 기업가로 성장한 그가 간 뒤 생전 그가 벌여 놓았던 대부분의 사업은 이제 풍비박산이 나 버렸다. 그리고 여순사건으로 상징되는 현대사의 격동기에 비명에 간 그에 대한 평가 역시 그 사건의 재조명과 함께 아직 유보되어 있는지도 모른다. 그럼에도 '지주'출신이 아닌 '빈농'출신으로서, 스스로가 기술자였다는 점에서 당시 기업가의 또 다른 유형을 보여 주고 있음에는 틀림없다.

1) 김진엽, 「한국 고무공업의 전개 과정에 관한 연구」, 서울대학교 경제학과 석사학위논문, 1985.

2) 전남매일신문, 『인물개화 김영준』, 1976, 156~198쪽.

3) 『조선은행회사요록』(1935, 1937). 전남매일신문, 『인물개화 김영준』(1977), 『여수·여천 발전사』(1988), 『여수·여천 향토지』(1982).

4) 동아일보, 1938. 11. 19.

김형남

전남방직공장의 관리인

1905년 평남 강서 출생
1928년 미국 프래트공대 수학
1945년 종연방직 관리인
1951년 전남방직 공동대표취체역
1967년 숭실대 학장
1978년 사망

해방된 지 두어 달 지난 어느 날 광주 임동의 종연방직 정문에는 뚱뚱하고 덩치가 큰 미국인 두 명과 뒤를 누빈 바지를 입은 키가 껑충한 한국인이 들어왔다. 미군이 들어온다는 소문이 듣고 구경 나온 어떤 노동자가 "저 친구가 목포에서 책장사를 하던 사람인데 영어를 잘해서 미군과 같이 왔다네"라고 옆의 동료에게 말했다. 그 한국인이 바로 호남에서 가장 규모가 큰 귀속업체였던 전남방직공사의 관리인, 일신방직의 창업주, 그리고 숭실대 총장이 되는 김형남이었다. 역사적 평가가 어떻든 이 지역의 산업사에서 가장 중요한 위치를 점하는 인물 중의 하나가 되는 계기는 그렇게 시작되었다.

김형남은 1905년 1월 평양과 진남포 사이에 있는 조그만 마을, 평남 강서군 동진면 태성리에서 중농 김찬희와 독실한 기독교 신자인 모친 사이의 2남 2녀 중 막내로 태어났다. 강서 지역은 일찍부터 기독교가 자리 잡았던 지역이었다. 그는 명신학교를 거쳐 1919년 9월 숭실중학 2학년에 편입하여 숭실학교 기계창에서 일을 하면서 공부했다. 1922년에는 숭실전문에 입학했다. 현제명과 김성호(석탄공사 총재 역임)가 숭실학교 친구였다. 그의 형 김형모는 숭실중학에 다니던 중 3·1운동 관계로 학업을 계속하지 못하고 피해 다니다가 1921년 목포영흥학교 교사로 부임하면서 부친 이하 가족들도 목포로 이사를 했다. 1924년 영흥학교 교장이던 커밍의 추천과 도움으로 숭실전문 2년을 수료한 김형남은 켄터키의 웨슬리안대학에 3학년으로 편입했고, 1927년 다시 프래트공대에 4학년으로 편입한다. 졸업 후 그는 제혁회사에서 일하다가 1930년 귀국하여 평양에서 대동피혁사라는 합작회사를 설립했다. 그러나 그 공장은 3년밖에 버티지 못하고 문을 닫았다. 미국으로부터 원피공급이 제대로 이루어지지 못했고 일본인과의 경쟁을 이기지 못한 탓이었다.

1934년 그는 부친이 서점을 운영하던 목포로 내려와서 서점의 이름을 3·1서원이라고 개칭하고 이것을 운영하기 시작했다. 당시 목포에는 이 서점 외에 일본인이 경영하던 문성당이 있었다. 3·1서원이라는 명칭은 기독교의 3위 일체를 상징했는데 중일전쟁이 발발하면서 일경은 이 상호를 3·1운동을 나타내는 것으로 해석해 은근히 감시했고, 이에 따라 삼광서원으로 개명했다. 태평양전쟁이 막바지에 달하면서 일제는 미국에 동조할 가능성이 있는 미국 유학생이나 거주 경험자들에 대한 예비검속을 하기 시작했다. 결국 1945년 5월 서점을 정리하고 평남 고향으로 돌아가게 되었다.

1945년 8월 해방을 맞은 지 얼마 되지 않아 김형남은 인민위원회와 청년 단체로부터 감시를 받는 분위기가 형성되자, 9월에 서울로 올라왔다. 그의 가족은 1946년 3월 월남했다. 김형남은 서울에 오자마자 미군정청 고위 관리였던 오정수와 김성호를 찾았다. 이들은 모두 동향과 동문으로 맺어진 선배이고 친구였다. 이들은 김형남을 군정청 광공국에서 일하도록 주선했다. 그러다가 김형남은 11월 4일 광주의 종연방직 전남공장 관리인으로 임명된다. 그의 전기에 따르면 적산업체의 관리인이 된 것은 상무부장 오정수의 권유에 의한 것으로 되어 있으나 김형남 자신이 처음부터 사업체를 운영할 생각이 있었던 것으로 보인다.

종방의 사정은 간단치 않았다. 일제가 물러가자 일선부서 책임자들로 구성된 종업원회의(자치위원회)가 성립해 있었다. 종방의 공장 관리인으로 이미 박무길이 취임한 상태였다. 노동자들은 해방이 되면서 희망을 갖게 되었다. 일본인들이 물러가면 마음놓고 일할 수 있다는 것, 강제 저축금이나 밀린 월급을 찾을 수 있다는 것, 그리고 회사에 대한 모든 권리는 이제 자신들에게 속한다는 것, 나아가 자주국가 수립은 자기들과 같은 민중들의 노력에 의해 이루어진다는 것 등이었다. 해방 직후 종방 전남공장은 방적기 3만 8000추에 직기 약 1200대였으나 부속품이 모자라고 면화도 확보하지 못했으며 노동자들도 고향으로 많이 돌아가 가동율이 크게 떨어진 상태였다. 그러나 부속품을 보완하고 국내 면업회사가 보유하고 있던 면화를 확보했으며 노동자들이 다시 돌아오면서 공장운영은 급속하게 회복되었다. 일본인 기술자 7인을 잔류시켜 한국인 노동자들로 하여금 기술을 배우게 했다.

따라서 미군정청이 일반 노동자들의 기대를 무산시키고, 기존의 회사 중간 간부들을 견제하면서 아무 연고도 없는 김형남을 관리인으로 만드는 것은 매우 어려운 일이었다. 10월 말 미군이 김형남을 대동하고 공장시찰 명목으로 나타났다. 처음에 그는 통역관으로 인식되었다. 이들은 일본인 공장장이 기거하던 사택에 숙소를 정하고 일 주일쯤 있다가 사무실을 점거하고 "감독관 빠뽀(?), 공장장 김형남, 창고주임 박무길"이라고 발표했다. 현장의 주요 책임자들은 종업원회의를 개최해 이에 불응할 것을 결정했다. 노동자들의 입장에서 보면 공장과 기계는 일제하에서 일본인들의 혹독한 감시와 차별 아래에서 지켜 온 자신들의 삶의 터전이었고 생명줄이었다. 노동자들의 반발이 거세자 미군정은 잠시 후퇴하여 "부감독관 김형남, 공장장 박무길"로 발표했다. 김형남은 얼마 동안 아무 일도 못했다. 사무실로 출근하지 못하고 개인적인 지지자가 있는 원동부로 출근하고 있었다. 이후 미군과 김형남은 박무길에게 타협적인 조건을 제시했다. 박무길을 종방제사 공장장으로 보내는 것이었다. 이후 김형남에 대한 저항은 미군정에 대한 저항의 의미를 띠면서 손만기를 중심으로 하는 전평계 노동조합의 주도하에 이루어졌다.

김형남은 노동운동에 대항하는 방법의 하나로 공장 안에 교회를 세우는 방법을 선택했다. 1946년 2월부터 예배를 시작했다. 회사 내에서 전평계열의 노동조합을 몰아내고 대신 대한노총계열의 노동조합을 세웠으며, 주위에 자신과 연관 있는 인사들을 포진시켰다. 1946년 8월경 화순탄광의 소장이었던 임성록을 총무부장으로 데려왔는데 그는 숭실학교 시절 은사였다고 한다. 1948년 종연방직은 전남방직공사로 개칭되었다. 전남방직공사 서울공장(대한방직 영등포공장)까지 관리를 맡았다.

한국전쟁이 발발하고 7월 23일 광주가 인민군의 수중에 떨어지자 미군은 종방공장을 폭격했다. 25일에도 재차 폭격해 공장은 완전히 폐허가 되었다. 이후 종방의 노동자들은 자신의 목숨과도 같은 기계를 복구하기 위하여 정신이 없었다. 김형남과 회사의 주요 간부들은 부산으로 피난했다가 10월 7일 광주에 돌아왔다. 폐허가 된 시설의 복구가 가장 큰 문제였다. 공장복구 위원회가 결성되었고 위원장에 김형남이 앉았다. 피나는 복구작업의 결과 1951년 8월 식당 건물에 6000추의 정방기가 설치되었다. 이 복구작업의 주체를 놓고 이견이 있었다. 김형남 전기에는 복구작업을 김형남이 주도한 것으로 묘사하고 있는데 당시 복구작업에 참여했던 노동자들에 따르면 김형남이 포기한 것을 노동자들이 복구하고 이것이 어느 정도 궤도에 오르자 김형남이 뒤늦게 참여한 것이라고 주장한다.

전남방직공사 전남공장의 불하는 1951년에 이루어졌다. 한국전쟁의 초기에 일방적으로 인민군에게 몰리던 정부는 1951년 1월 임시 수도였던 부산에서 전시 재정확립과 전후복구를 위하여 귀속재산 불하를 서두르게 되었다. 전쟁 발발 이전인 1950년 3월 대통령령으로 공포된 '귀속재산 처리법 시행령'에는 귀속재산 매수자의 최우선 순위가 임차인 및 관리인이었다. 공장복구와 원활한 운영을 위한다는 명분이었다. 이에 따라 이사장 김형남을 중심으로 하는 세력과 일부 지방 출신의 이사를 둘러싼 국내 유수의 모기업체를 중심으로 하는 양대세력의 경쟁이 치열하게 전개되었다. 여기서 말하는 경쟁 상대는 오늘날 태창그룹의 소유주가 된 고광표였다. 결국 1951년 11월 불하계획이 발표되고 부산 관재청에서 응찰이 있었다. 김형남은 불하에 응찰할 돈이 없었기 때문에 이한원, 김용주를 끌어들였다. 김형남은 관리인 대표의 자격이었고, 김용주는 대한물산의 소유주였으며, 이한원은 동아상사의 소유주였다. 이들 3인의 협조 관계가 어떻게 이루어졌는지는 분명하지 않다. 김용주의 자서전 『풍설시대 80년』에는 유감스럽게도 그와 이한원이 어떻게 김형남과 연결되어 종방의 불하에 참여하게 되었는지 밝히지 않고 있다. 김용주는 경남 함양 출신으로 해방 이후 조선 우선(郵船)의 관리인이 되었고, 1946년 11월 무역업을 하기 위하여 대한물산을 창립했다. 1948년에는 반관반민업체인 대한해운공사를 만들었으며 1950년에는 이승만의 신임을 받아 주일공사로 일하다가 1951년 7월 귀국한 상태였다.

김형남 전기에 따르면, "정부가 제시한 전남공장 최초의 불하 예정가는 21억 원이었는데, 경쟁이 치열해지면서 불하 예정가는 50억 원으로 뛰어올랐다. 김형남은 김용주의 동생인 김용성과 상의해 60억 5000만 원을 써 넣었다. 약간의 차이로 불하를 받았다"고 한다. 그러나 김용주측의 입장을 대변하는 『전방 30년』에 따르면 그 과정은 약간 다르다. 즉 "대한물산은 관리이사진의 이사장 김형남, 동아상사 사장 이한원과 3인 공동으로 이를 불하받기 위해 모든 계획과 준비를 완료했는데, 응찰 가격에 관한 상의는 비밀유지상 사전에 언급하거나 합의할 수 없는 긴장된 분위기였으므로 응찰하러 가는 도중 자동차 안에서 세 사람(김형남, 이한원, 김용성)이 각자 희망 가격을 비로소 발표해 3자가 통일된 입찰 가격을 결정했다. 관리인측 이사장 김형남은 합의된 가격보다 훨씬 높은 60억 5000만 원을 입찰서에 임의로 기입해 버리자 다소 설왕설래가 없었던 것은 아니나 시간은 임박하고 입찰용지는 1매뿐이었으므로 부득이 이 금액으로 다시 응찰한 결과 최고 입찰 가격으로 낙찰 인수했다."

이런 불하 과정이 과연 순수한 경쟁적 입찰이었는지는 의심스럽다. 당시 불하에서는 입찰 후에 우선권자가 최고 입찰자가 아닌 경우에도 우선권자에게 최고 입찰 가격으로 매수할 수 있는 자격을 우선적으로 부여했다. 정치적으로는 김형남의 뒤에는 백낙준, 이승만이 있었다. 이에 비해 고광표는 한민당의 대표이자 호남 재벌의 총수였던 김성수의 후광을 업고 있었다. 이승만을 중심으로 하는 세력과 김성수를 중심으로 한 세력은 해방 정국에서는 좌익측에 공동으로 대처하는 긴밀한 협조 관계였으나 정부수립 후 서서히 소원해지기 시작해 1950년에 이르면 대립적 관계로 발전하고 있었다. 중소 규모의 귀속업체 불하 과정에서는 드러나지 않지만 대규모의 귀속업체 불하 과정에서는 관료자본과 토지자본의 경쟁이 격심했고, 호남에서조차 호남의 토착자본은 미국 및 이승만을 배경 한 관료자본과 경쟁하기 어려웠다. 호남의 토착자본이 야당의 물적기초가 되는 과정은 이런 정치적 사건의 누적 결과로 보인다. 하여튼 전남방직은 김용성, 이한원이 공동으로 대표취체역이 되었고 김형남은 사장이 되었다. 김형남의 지분이 그의 개인소유였는지 종업원 전체의 권리였는지는 분명치 않지만, 1953년 2월 전남방직주식회사의 설립등기가 이루어졌다. 정부는 불하대금을 지가증권으로 납입할 수 있도록 조치를 했기 때문에 전남방직은 액면가의 1/5가격으로 매입하여 불입했다. 실제로는 불하 가격의 1/5로 불하를 받은 셈이었다. 뿐만 아니라 원조물자를 특혜적으로 배정받을 수 있었다. 또한 김용주는 전남방직공사를 공동으로 불하받은 이후 다시 1953년 부산과 인천에 공장을 가진 대한제분을 동아상사의 이한원과 천우사의 전택보와 공동으로 입찰해 불하받았다.

6000추로 가동하고 있던 상황에서 UNKRA의 10만 추 원조 중 1/3인 3만 3000추를 배정받을 수 있었다. 1953년부터 3만 8000추의 정방기를 가동했고 전남방직주식회사로 출범했다. 김형남이 만든 사규는 기독교정신 근무, 인화필성, 생산보국 등이었다.

1956년 전남방직은 본사를 서울로 이전했다. 금융·상공행정이 서울로 집중되어 있던 상황이었기 때문에 이에 적응하기 위해서였다. 광주상공회의소의 주도하에 호남 주민들은 이전반대운동을 대대적으로 전개했으나 역부족이었다. 1950년대 경제의 핵심인 원조물자의 배정과 그에 필요한 정치권력에의 접근 가능성 등의 측면에서 본사의 서울 이전은 필연적이었는지도 모른다.

불하 당시 전남방직은 3인의 대표취체역이 자본금을 분담한 상태였다. 이한원은 전남방직공사 서울공장(대일본방적 경성공장)을 불하받은 박찬주에게서 이를 1955년에 인수하여 한영방직으로 개칭하였는데 이때 전남공장의 지분을 회수한 것으로 보인다. 그리하여 김형남계열이 55%, 김용주계열이 45%의 주를 보유하게 되었다.

한편 1960년을 전후해 전남방직은 기업운영전략에서 자본소유주들간의 갈등이 심화되었다. 일반 노동자들은 이들을 경상도파와 이북파로 불렀다. 김형남 전기에는 1961년의 공장 분리에 관해서 약간의 언급이 있는데 이들의 결별에는 정치적 입장의 차이도 있었던 것으로 보인다. 또한 4·19 이후 공장소유권에 관한 김형남의 권리에 대한 이의 제기가 노동자들로부터 형성되었다. 즉 김형남의 지분은 해방 직후의 공장관리와 전쟁 피해복구 과정에 참여했던 종업원들의 권리를 대표한 것이라는 주장이었다. 결국 1961년 8월 전남방직은 전남방직과 일신방직으로 분리되었다. 김용주측은 전남방직이라는 상호를, 김형남측은 구사무실이 있는 공장입지를 차지했다. 일신방직은 그의 후원자 백낙준이 작명한 것이었다. 그후 김형남은 일신방직의 자본금을 계속 확대해 나갔다. 사회활동과 교회활동도 계속해 1967년 숭실대학 학장에 취임했고, 1971년 숭전대학교 총장에 취임했다. 1978년 세상을 떠난 김형남은 우리 나라 방직공업을 이끌어 간 중요 인물, 평양의 숭실학교를 서울에서 재건한 인물로서, 광주 지역의 기독교의 발전에 큰 공헌을 한 인물로서 추앙받지만, 다른 한편으로는 이러한 활동의 근저에 해방 직후 노동자들의 잃어버린 꿈과 군정 당국의 노동정책, 그리고 이승만 정부의 귀속재산 불하정책이 있었고, 그것을 통해 자본가대열에 합류할 수 있었다는 사실을 직시해야 한다는 평가도 있다.

박 인 천

순사에서 대자본가로

1901년 전남 나주 출생
1928년 보통문관시험 합격
1948년 광주여객자동차(주) 대표이사
1954년 광주상공회의소 초대 회장
1964년 대한상공회의소 부회장
1973년 금호그룹 회장
1984년 사망

유독 대기업이 적은 이 지역에 우뚝 솟아 있는 기업가가 있다. 이 지역의 대표적인 재벌이며, 금호그룹의 창업주이자 총수였던 금호(錦湖) 박인천(朴仁天)이 바로 그다. 널리 알려져 있듯이 그는 일제하 1920년대 중반부터 해방 직전까지 경찰직에 종사하다가, 해방 직후 광주여객이라는 운수업을 토대로 한국 굴지의 기업가로 성장한 독특한 경력의 소유자다. 결국 그에 대해 살펴보는 것은 우리 나라 대기업의 형성과 성장 과정을 밝혀줄 뿐만 아니라, 전남 기업가사의 일단을 조명해 보는 계기가 될 것이다.[1)]

박인천은 1901년 7월 5일 전남 나주군 다시면 신석리 동산마을에서 아버지 죽호(竹湖) 박영숙(朴永淑)과 어머니 김씨 사이의 4남 2녀 가운데 3남으로 태어났다. 그의 집은 10여 두락의 농토를 일궈 온 터여서 겨우 끼니 걱정을 덜 정도에 불과했다. 그러나 그의 나이 7세 때 아버지를 여의고 만다. 그래서인지 그는 졸업장이 없다. 만학으로 11세 때 한문서당을 다니다 보통학교와 서울중동학교 초등과를 중퇴한 것이 정규 학력의 전부나 다름없다.

장래를 기약할 수 없는 주위 환경 때문인지 그는 1918년경 가출을 결심한다. 마침 집에서 소를 팔게 되어 소 판 돈 40원을 가지고 도망치다시피 상경한다. 하지만 얼마 되지 않아 집에서 가져간 돈이 바닥이 나 다시 고향으로 돌아왔다. 주위의 따가운 눈총을 받던 중 그는 면화장수로 첫 사업에 손을 댄다. 당시 전남 일대는 면화의 고장이었다. 하지만 이것도 여의치 않아 면화상을 그만둔 그는 다시 잡화상을 시작했다. 이 또한 집어치우고 대금업, 미곡상을 차렸다가 또다시 실패하고 만다. 그는 이어 백목장수, 가마니장수, 행정대서업에도 손을 댔으나 사사건건 실패였다. 낭패를 거듭한 그는 "일본으로 건너가 돈을 벌겠다"며 일본으로 떠난다. 이때가 1923년 5월경으로 그의 나이 23세였다. 하지만 한 달이 채 못 되어 귀국길에 올랐다.

귀국 후 또다시 이 사업 저 장사를 계획하던 중 결론은 뜻밖에도 '관계 진출'이었다. 순사시험을 보기로 한 것이다. 결국 1924년 4월, 그는 나주경찰서에서 시행하는 순사시험에 응시, 합격했다. 첫 부임지는 영광 경찰서였다. 그러나 그는 여기에 만족하지 않고 다시 보통문관시험을 준비했고, 5년간의 각고 끝에 1929년 8월, 그 시험에 합격할 수 있었다. 이후 그는 해방 전까지 순천, 장성, 해남, 보성, 강진, 화순, 장흥 등지의 경찰서에서 주로 사법주임을 담당했다.

이렇듯 일제하 그가 20여 년 이상 당시 일반인들로부터 지탄받았던 경찰직에 몸담았던 것은 이후 그의 기업활동에서 어떤 의미를 갖는 것일까. 자세한 평가는 유보하더라도, 이 시절 사귄 강진 갑부의 도움으로 해방 후 운수업에 뛰어들어 우리 나라 육상운수업계의 왕자로 군림하게 된 것만 보아도 그의 인생을 바꿔 놓은 계기였다는 것은 부정할 수 없다. 1937년 여름, 건강이 악화되어 한때 퇴직하기도 했던 그는 1938년경 천신만고 끝에 복직되어 강진에서 근무하게 되었다. 이때 강진 갑부 유재의와 교유하게 된 것이다.

그러다가 1944년 장흥에서 근무하던 중 그는 본의 아니게 경찰직을 그만두고 만다. 명확한 이유는 잘 확인되지 않지만, 간부들과의 회식석상에서 그가 '일본의 불리한 전황'에 대해 무심코 던진 말 한마디 때문에 20여 년간 지내 온 관직을 물러나게 된 것으로 알려지고 있다. 당시 그의 나이 45세, 3남 2녀를 둔 가장이었다. 그러나 사표를 낸 것은 어떤 의미에서는 천만다행인지도 모른다. 8월 15일, 일본이 패망해 한반도는 해방이 된 것이다.

해방 직후 어수선한 시국하에서 잠시 양약장사로 약간의 재산을 모은 그는 이후 택시업을 시작하기로 결심했다. 물론 운수사업은 버스 쪽이 더 낫겠지만, 자본 때문에 엄두도 못 내고 소자본으로도 가능한 택시 쪽을 선택했던 것이다. 주변의 도움으로 택시업 면허는 따 냈으나 자본금이 부족했기 때문에 평소 친하게 지내던 유재의에게 도움을 청했다. 결국 1946년 4월 7일, 광주시 황금동 87번지에서 택시 2대로 '광주택시'를 설립했다.

택시업이 완전한 궤도에 오르자 그는 버스업에 진출하기로 결심한다. 1948년 9월, 그는 광주 — 장성, 담양, 곡성 간의 3개 노선 면허를 허가받았다. 면허를 따 낸 그는 이번에도 자금난에 애를 먹어야 했다. 어렵게 상호은행(한일은행의 전신)에서 돈을 융자받아 일제 도요다 트럭 4대를 구입, 이른바 '호로형 버스'를 만들었다. '광주여객'이 탄생한 것이다. 그에겐 어느 사이 '먼지 부자'라는 별명이 붙었다.

이듬해 11월 우여곡절 끝에 금남로 5가 183번지의 땅을 확보했다. 이곳은 광주여객이 전국적인 운수업체로 성장하는 텃밭이었다. 영업소를 금남로로 옮긴 뒤 광주여객은 사업이 날로 번창했다. 1년 반 사이에 4대의 버스는 30대로 늘어났다. 당시 광주에는 전남여객이 있었는데 광주여객은 그다음가는 운수업체로 성장했다.

승승장구하던 그의 사업은 한국전쟁이 일어나면서 풍비박산되고 말았다. 당시 광주정치보위부는 "광주여객은 민족반역자인 경찰과 짜고 인민을 착취한 기업이니 모든 재산을 몰수해야 한다"며 자동차를 징발해 가버렸다. 이 무렵 그는 고향으로 몸을 숨겼으나 결국 체포되어 죽음의 문턱에 선다. 그러나 그해 9월 28일 광주형무소 파옥사건이 일어나면서 구사일생으로 목숨을 건진 그는 국군이 광주에 들어올 때까지 친척과 친구 집을 전전하며 피신해야만 했다.

국군이 진주한 후 박인천은 곧바로 운수업을 재개했다. 그는 사채를 얻어 산소, 카바이트, 타이어 등을 구입하고, 지방까지 돌며 흩어진 부품을 구해 와 자동차를 조립했다. 비록 목탄을 사용하는 초라한 조립차지만 버스 2대가 태어났다. 그는 이 버스를 비교적 치안이 확보된 장성, 담양 간을 운행토록 했다. 특히 가족들의 만류도 뿌리치고 당시 임시 수도인 부산까지 가서 한 트럭분의 타이어를 사 오기도 했다. 이같은 발빠른 움직임으로 광주여객은 도내 운수업의 선두 주자로 떠오르는 계기가 되었다. 당시 다른 업자들도 운수업을 재개하려 했으나 타이어를 구하지 못해 발이 묶였는데 광주여객만은 모든 노선의 정상운행이 가능했기 때문이었다. 전란중에 재가동한 광주여객은 이듬해인 1952년엔 전쟁 전의 수준으로 복구되었다.

이 시기에 이르면 박인천은 호남 지방 상공업계에도 본격적으로 뛰어들기 시작한다. 1952년 10월 광주상공회의소 3대 회장에 당선된 것이다. 그는 이후 구제(舊制)인 임의 단체 때부터 상의법 실시 후까지 8대에 걸친 25년 동안 거의 계속해서 광주상의 회장직을 맡았다. 그는 이 사이에 대한상의 부회장과 회장 직무대리를 겸임하기도 했다.

한편 1955년에는 광주시 양동 60번지에 있던 전남제사공장을 인수했다. 이 공장은 일제 때 세워진 것으로 해방 후 적산으로 전남대학교가 인수한 것이었다. 어쨌든 이 시기 그는 귀속사업체의 인수를 통해 자본축적의 핵심 부문에 참여하게 되었다. 그는 전남제사를 인수하면서 공장운영이 정상화되면 전남대학교에 도서관을 건립해 주겠다고 약속해 이후 5000만 원을 전남대에 기부, 도서관 금호각(錦湖閣)을 짓도록 했다.

그러나 1960년 3·15부정선거와 4·19혁명으로 민주당정권이 들어섰고, 그가 회갑이 되던 1961년에는 군사정권이 들어섰다. 군사정권은 쿠데타 이후 정통성 확보를 위한 '새로운 질서'를 창출하기 위해 재벌급 기업인을 부정부패 등의 혐의로 잡아 가두기도 했다. 당시 전남의 대표적인 기업인이었던 박인천도 예외는 아니었다. 그해 8월, 그는 어렵게 형집행정지 처분을 받고 가석방되었다

당시 운수업계를 운영하는 데 가장 골칫거리는 연료문제와 타이어의 확보였다. 그는 연료문제는 디젤엔진으로 교체함으로써 해결했으며, 타이어 문제는 타이어공장 건립으로 극복해 나갔다. 1960년 9월 그는 전남제사공장의 한쪽 터에서 삼양타이어공장의 화입식을 거행했다. 하지만 타이어공장의 운영은 금세 적자를 내고 빚더미 속에 빠져 허덕이게 되었다. 결국 그는 미국 모호크 타이어 회사와의 기술제휴를 통해 공장운영을 정상화했으며, 1969년에는 송정리로 확장 이전하게 된다. 이후 삼양타이어는 1970년대에 군수업체로 지정되어 항공기 타이어와 장갑차 타이어 등의 군수품까지 생산함으로써 자본축적을 가속화해 나간다.

한편 1960년대 초 그의 주력업체인 광주여객은 사업을 계속 확장해 남선여객을 비롯한 도내 군소업체들을 흡수하고, 1965년경에 이르면 이미 보유차량이 300여 대를 넘어 명실공히 전국 제일의 육상운수회사로 성장했다. 그러나 무엇보다도 광주여객의 성장에 큰 영향을 미쳤던 것은 1968년 경부고속도로의 착공이었다. 그는 새로 개막될 고속화시대에 맞추어 고속버스사업 인가를 얻어내고, 버스에 거북이마크를 그려 넣도록 했다. 1970년 말 광주고속의 고속버스는 18개 노선에 면허대수 67대였다. 광주를 중심으로 한 일반 여객업도 성장이 순탄해 345대에 달하는 '버스왕국'을 형성하고 있었다.

박인천은 1972년 2선으로 물러나면서 2세들의 제안을 받아들어 무역 중심의 금호실업을 창설, 지주회사로 삼았다. 금호실업이 창립되면서 이제까지의 운수업 중심 체제를 무역 중심 체제로 바꿨다. 금호그룹을 재벌이라고 부르기 시작한 것도 그룹의 지주회사인 금호실업이 제 기능을 발휘하기 시작한 1973년 초부터다.

어쨌든 금호그룹의 성장 과정에는 경제의 순환원리가 작용했다고 평가되기도 한다.[2)] 운수업을 하면서 타이어 품귀소동을 겪은 후 타이어산업에

뛰어들었고 타이어 생산에 필요한 합성고무를 설립하고 다시 타이어 수출에 따른 수출창구가 필요하자 무역회사인 금호실업을 설립했다는 것이다. 또 운수사업의 확장에 따라 윤활유 수요가 급증하자 모빌코리아 윤활유공업(주)을 설립하고 사세를 확장하면서 광주투자금융, 금호전기, 광주고속 건설사업부, 금호화학 등 계열사를 늘려 갔던 것이다.

현재 금호그룹은 무역업 및 타이어제조업체인 (주)금호를 비롯, 고속사업부로 구성된 (주)금호고속, 금호석유화학(주), 광주투자금융, 아시아나항공 등 계열기업과 재단법인 금호문화재단, 학교법인 죽호학원 등 2개 관계 법인을 두고 있다.

호남 지방 기업을 대표하던 박인천은 1984년 6월 돌아올 수 없는 길로 떠났다. 그의 사후 광주상의는 지역 경제에 미친 그의 공적을 기려 동상 건립을 계획했으나, 일제하 친일 경찰 경력 등을 문제 삼은 광복회의 거센 반발에 의해 좌절되고, 현재는 일반인의 눈에 잘 띄지 않는 광주상공회의소 건물 내부에 흉상만이 남아 있다.

1) 광주일보사, 『월간 예향』, 1986, 21~25쪽.

2) 안인숙, 「광주 지역의 자본축적에 관한 연구」, 전남대 사회학과 석사학위논문, 1993.

박무길

종방제사의 관리인

1910년 전남 담양 출생
1926년 성진회(醒進會) 가입 활동
1929년 광주학생운동사건으로 구속, 1년형 언도
1938년 종연방직 입사
1940년 종방(가네보)서비스 스테이션 초대 관리책임자
1944년 담양군 고서면장
1945년 종연방직 공장장
1946년 종연제사 운영

1920년대 광주 지역에서 학생운동에 관계되었던 많은 사람들은 이후 1930년대에 들어서면서 이 지역 사회운동계의 중진으로 자리 잡은 경우가 대부분이었지만, 그 외에도 여러 분야에서 능력을 발휘하고 있다. 이중 매우 특이하게 산업 분야에 뛰어들어 자신의 이름을 남긴 사람이 있었으니 그가 바로 박무길(朴武吉)이다. 그는 일제 후기에는 종연방직의 간부로, 해방 이후에는 종연방직에서 거세게 일어났던 노동자 자주관리운동의 선봉장으로 학생운동 후예들의 또 다른 모습을 보여 주었다.

박무길은 담양군 고서면 동운리에서 1910년 8월 11일 박휴순(朴烋順)과 김해 김씨 사이에서 4남 3녀 중 넷째로 태어났다. 그의 집안은 중농 정도의 형편이었으나 당시 대부분의 조선인들이 겪었던 경제적인 어려움은 여전했다. 이러한 가정환경 속에서도 주변에서 수재로 인정받던 그는 고서에서 보통학교를 졸업하고 학업에 대한 일념으로 광주에 올라온다. 그는

1925년 광주고등보통학교에 입학했으나 경제적인 어려움으로 인해 계속적인 학업이 불가능한 처지였다. 2년여 동안 광주고보를 다니던 그는 식민지 현실에서 후진양성도 중요하다고 생각하고 교사가 되고자 광주사범학교로 전학했다. 당시 광주사범은 국가의 지원으로 학비를 내지 않았기 때문에 박무길과 같은 처지의 학생들에게는 좋은 기회가 되었다.

그러나 그가 사범학교로 학적을 옮길 무렵은 학생들의 저항이 날로 고조되면서 학생들의 민족의식과 조직활동이 활발해지던 시기였다. 결국 그는 1926년 11월 3일에 결성된 성진회(醒進會)에 가입했다. 그리고 꾸준한 독서회활동 속에서 사회과학연구를 통해 민족의 현실과 타개책을 강구하고자 노력하고 있었다. 그러다가 그는 3학년이던 1927년 4월에 하의철, 이동선 등과 함께 민족차별 교육을 일삼던 일본인 교사를 학교에서 축출하는 데 주도적인 역할을 했다. 한편 그는 1928년 2월 졸업에 즈음해 광주 각급 학교 학생지도자들과 함께 지용수의 방에 모여 졸업 후 항일운동의 방안에 관해 합의하고 앞으로 교직 등 사회에 나아가서도 성진회사업을 계속하기로 결의했다.[1)]

1928년 3월 사범학교를 졸업한 그는 고향인 담양군 고서면의 보통학교로 내려가 교사로 재직하는 한편 독서회와 관계를 가지면서 활동을 계속했다. 당시 그는 수업 도중에도 학생들에게 민족현실을 알려 주는 일을 잊지 않았다. 그러던 1929년 11월 3일 광주학생운동이 대대적으로 일어나면서 학생운동 관련자들이 검거되기 시작했다. 성진회원이었던 박무길 역시 곧바로 일경에게 체포되었다. 이때 그는 결혼을 5일 앞두고 있었다. 그는 광주지방법원에서 치안유지법 위반으로 징역 2년 형을 언도받았으며, 항소하여 1931년 6월 대구복심법원에서 징역 1년 형이 확정되어 옥고를 치렀다.

출옥한 박무길은 구속되기 전 결혼하기로 했던 여자와 곧바로 결혼한 후 사회운동에 투신하지 않고 전혀 다른 길을 걷게 된다. 출옥한 후 박무길은 처가에서 생활했다. 그것은 그의 장인이 사망하면서 처가를 관리할 사람이 없었기 때문에 박무길이 이를 담당한 것이다. 당시 그의 처가는

해방 직후 종방공장의 작업광경.

광산의 덕산부락(현재 광주시 유덕동)에서 35두락 정도의 농사를 짓고 있었다. 처음 해보는 농사일이었지만 박무길은 열심히 일했고, 밤에는 책을 읽는 주경야독으로 하루하루를 보냈다.

그런데 1930년 종연방직 광주공장이 세워지면서 광주 인근 지역에 방직의 원료인 면화와 양잠을 장려하고 직접 그 원료를 생산하기 시작했다. 당시 박무길이 살았던 곳도 예외는 아니었으며, 그러한 일을 담당하기 위하여 종연방직의 관리인이었던 고이케(小池)라는 일본인이 살고 있었다. 시골에서 양잠을 하면서 종연방직의 재료를 생산하고 뽕밭을 관리하던 고이케는 1937년 누에 기르는 일을 배우려고 찾아온 박무길을 만나고 그와 절친한 사이가 되었다. 특히 박무길이 인근 지역에서 찾아볼 수 없을 정도로 유창한 일본어와 해박한 지식을 소유하고 있었기 때문에 둘 사이는 급속도로 가까워졌다. 박무길을 눈여겨보던 고이케는 그가 농사일보다는 도시에서 다른 일을 하는 것이 적합하다고 판단하고, 박무길을 종방에서 근무하도록 추천한다. 그 결과 박무길은 종연방직의 직원으로 발탁되었다.

1938년경 처음 종연방직에 입사한 박무길은 인사계에서 근무하다가 다시 창고계에서 일을 담당했다. 종방에서 열심히 일한 결과 박무길은 이후 1940년대 초반 충장로 2가에 세워진 종방(가네보)서비스 스테이션에서 초대 관리책임자로 임명되었다. 종방서비스는 일제 양복지나 각종 베를 전시하고 주문을 받거나 판매하는, 오늘날의 직영 유통업체와 같은 곳이었다. 얼마 후 그는 다시 대구서비스로 전근했는데, 그 직후 어떤 이유에서인지 확실하지 않지만 종방서비스를 그만두었다. 그의 친지들에 따르면 전쟁의 막바지에서 일제의 탄압을 견디지 못하고 사직했다고 하지만, 다른 한편에서는 그가 물품유용 혐의로 해고되었다는 설도 전해지고 있다.[2)]

어쨌든 종방을 그만둔 후 박무길은 고향인 고서면으로 내려갔다. 이때 그는 친한 친구였던 최정기(전 전남 교육감)의 주선으로 면장에 취임하게 되었다. 그는 1944년 1월 10일 고서면장으로 취임해 해방되던 해인 1945년 8월 20일까지 역임했다.

해방의 감격은 그에게 과거의 직장으로 복귀하는 계기가 되었다. 해방과 함께 종연방직에서는 일본인이 물러가게 되었고 이에 따라 조선인 노동자들은 자신들의 손으로 직접 공장을 운영하려고 했다. 초기 노동자들은 자치관리위원회를 만들어 자신들의 힘으로 원료를 조달했으며, 치안대라는 조직도 만들어 일본인들이 물품을 빼 가는 것을 감시했다. 또한 단순 노동에만 종사하던 조선인 노동자들은 일본인 기술자들을 잠시 억류해 기술을 습득하기도 했다. 이러한 상황에서 노동자 자치위원회에게 가장 절실했던 것은 공장을 체계적으로 관리해 줄 사람이었다. 이에 따라 발탁된 사람이 박무길이다. 박무길은 일제시대에 종연방직에서 조선인으로서는 최고의 지위에 있었기 때문에 노동자 자주관리위원회에서 그를 관리인(공장장)으로 초빙한 것은 어쩌면 당연한 일이었다.

박무길이 공장으로 돌아옴에 따라 공장의 체계는 공장장 박무길, 창고주임 김기섭, 인사주임 조병권, 식당주임 이인규, 남기숙사 사감 변유섭, 여기숙사 사감 김명석 등으로 진용이 갖춰졌다. 이들에 의해서 공장운영은 날로 정상화되어 갔다.[3)]

그러나 이러한 노력에도 불구하고 종방에는 커다란 장벽이 앞을 가리게 된다. 즉 종방 노동자의 자주관리는 미군의 출현으로 문제에 봉착하기 시작한 것이다. 종방에 미군이 처음 등장한 것은 1945년 9월 11일이었으며, 공장을 본격적으로 접수하기 시작한 것은 10월 말경이었다. 처음 미군은 통역관 김형남을 대동하고 공장시찰의 명목으로 나타났다. 그후 미군은 11월 쯤 사무실을 점거하고 "감독관 빠뽀(?), 김형남 공장장, 창고주임 박무길"이라 발표했다. 그러나 기존의 자치관리위원회에서는 미군정의 지시에 불응할 것을 결의하고 반발했다. 이에 미군은 "감독관 빠뽀, 부감독관 김형남, 공장장 박무길"로 정정했으나 일반 노동자들의 반발과 견제로 인해 미군과 김형남은 종방을 접수할 수 없었으며, 어떤 일도 할 수 없었다. 이에 미군과 김형남은 박무길에게 타협조건을 제시했고, 박무길은 이들의 타협조건을 받아들였다. 얼마 후 박무길은 식당에 종업원을 모아 놓고 자신은 종방제사 공장장이며, 본 공장장은 김형남이라고 발표했다. 이후 결국 미군정과 김형남의 손으로 공장은 넘어가게 되었다. 이러한 상황을 놓고 한편에서는 박무길의 입장에서 미군정의 탄압을 감당할 능력이 없어 어쩔 수 없었다고 보는 사람들도 있고, 다른 한편에서는 박무길이 군정당국 및 김형남과 타협하면서 종방제사공장을 차지하는 데 급급했다고 생각하는 사람들도 있다.[4] 현재로서는 그 진위를 알 수 없다.

이후 박무길은 종방제사공장 관리인으로 옮기게 되었다. 종방제사에서는 초기 노동자들에 의해 추대되었던 경력이 있어서인지 별다른 문제없이 공장을 운영해 나갈 수 있었다. 그러나 제사공장 운영의 어려움이 나타나기 시작했다. 그것은 제사공장에서도 노동자들의 자치관리위원회가 꾸려지고, 전국노동조합평의회(전평)의 영향력이 미치기 시작한 것이다. 종방제사에서는 1946년 2월 전평계 노동조합이 부상하면서 관리인이었던 박무길과 갈등을 겪게 되었다. 공장에서는 전평계 노조가 세워지면서 기숙사 사감 3명이 공장에서 「적기가」를 부른다는 이유로 노동자들을 구타하는 일이 벌어졌다. 이때 노동자들은 사감을 해고하도록 요구했으나 관리인 박무길은 이를 거절했다.[5] 이와 함께 그는 자신의 측근들로 공장 사람들을 채워 나갔으며, 결국 정국의 변화와 함께 제사공장 노동자들의 자주관리 운동도 좌절하고 말았다.

이후 귀속재산 불하 과정에서 종방은 미군에 의해 임명된 관리인 김형남에게 불하되었고, 종방제사는 박무길에게 불하되었다. 「공장광산명부」(1950)에 따르면 불하된 종방제사공장의 규모는 종업원 118명으로 광주 지역에서 제법 규모가 큰 공장에 속했다. 이러한 사업과 함께 그는 상공인들의 모임인 광주상공회의소에서도 활동하게 된다. 즉 1946년 7월에 있었던 초대 의원에 입후보하여 상임의원으로 당선되었고 1949년 5월 2대에서도 당선되어 활동했다.[6)]

이후 제사공장과 박무길에게는 자금난이 닥쳐오기 시작했다. 즉 귀속재산 불하 과정에서 돈이 별로 없었던 박무길은 전부터 친분이 있으며 여수에서 고무공장을 경영하고 있던 김영준에게서 돈을 빌려서 그 돈을 충당했다. 그러나 이후 김영준의 조카(김중태?)는 박무길에게 재산청구를 이유로 종방제사를 자신에게 넘길 것을 요구했다. 이 사건은 재판까지 벌어졌으며 결국 공장부지의 절반을 김중태에게 나누어 준 것으로 일단락되었다. 그리고 한국전쟁이 일어나면서 폭격으로 인하여 공장의 대부분이 파괴되었다. 박무길에게는 다시 한 번 찾아오는 어려움이었다.

그러나 전쟁 후 다시 공장을 복구하여 정상으로 운영했으며 회사의 명칭도 종남산업으로 바꾸었다. 1955년 자료에 따르면 종남산업은 종업원이 135명으로서 과거와 같은 수준으로 유지될 수 있었다.[7)] 그러나 복구되었던 종남산업은 이후 원료구입문제 등이 겹치면서 계속 운영이 악화되어 결국 회사를 다른 사람에게 넘겨 주고 말았다.

한편 그는 호남신문에도 관계했는데, 1952년 10월과 1959년 6월, 두 차례에 걸쳐 취체역으로 선임되어 활동했다. 그후 그는 누문동 자택에서 거주하다가 염전을 경영하기 위하여 영광으로 내려가지만 결국 실패했다. 이후 1965년 서울로 이사를 한 박무길은 택시사업과 버스사업을 하지만 잦은 사고 등으로 또 실패하고 말았다. 계속된 사업의 실패로 그는 재기의 기회를 갖지 못하고 결국 1977년 9월 29일 향년 68세로 세상을 마감했다.

그의 삶에서 우리는 광주학생운동의 주역들이 그후의 역사에서 살아왔던 한 단면을 볼 수 있다. 특히 그는 해방 직후 종연방직의 자주관리운동을 주도하면서 우리 나라의 근현대사에서 한 장을 장식하기도 했다. 그러나 결국 그는 자주관리운동의 대열에서 이탈했고, 그와 함께 그의 이름은 역사의 장에서 더 이상 거론되지 않는다.

1) 광주학생독립운동동지회, 『광주학생독립운동사』, 1974.
2) 정근식, 『일제하 전남에서의 면업 구조의 형성과 재편성』 한국사회사연구회, 문학과 지성사.
3) 정근식, 「해방 직후 전남 지역의 노동운동」, 한국 현대사 사료연구소, 『전남사회운동사연구』, 한울아카데미, 1992.
4) 정근식, 앞의 글, 1992.
5) 정근식, 앞의 글, 1992.
6) 광주상공회의소, 『상공회의소사』.
7) 한국은행 광공업사업체 명부, 『50인 이상 고용 광주사업체』, 1955.

현준호

호남은행 설립자

1889년 전남 영암 출생
1912년 일본 메이지대학 입학
1920년 호남은행 설립
1924년 전남도평의회 의원
1930년 중추원 참의
1937년 시국대책위원
1943년 서호간척사업 몰두(학파농장)
1950년 사망

실력양성운동과 자치론, 그리고 근대화론을 주장했던 일제하 조선의 지식인들은 1930년대 후반 전시체제에 돌입하면서 자의든 타의든 일제에 밀착해 갔다. 이들 대부분은 1910년대를 전후해 일본에서 교육을 받은 신지식인층이었다. 해방 전후 전남 우익진영의 큰 그림자를 드리웠던 무송(撫松) 현준호(玄俊鎬) 역시 예외는 아니었다. 현준호의 활동은 민족자본육성과 민립대학 기성운동 등 개량주의적 운동에 참여하던 1920년대 중반과 중추원 참의, 도평의회 의원 등 관직에 참가하면서 사업을 확장해 가던 1930년대로 구분할 수 있다.

현준호는 1889년 9월 21일 전남 영암군 학산면 학계리에서 학파(鶴坡) 현기봉(玄基奉)의 차남으로 태어났다. 원래 천안에서 살았던 현씨 집안은 현준호의 증조부 때 영암으로 옮겨 와 터를 잡았다. 그후 1908년 각지에서 일어난 의병의 난을 피해 목포로 이사하게 된다. 현기봉은 진사벼슬까지

한 유림으로 영암군 향약소(鄕約所) 도약장(都約長)과 구림학교(鳩林學校) 교장 등을 지냈으며 7000여 섬의 지주로 알려져 있다. 또한 현기봉은 광주농공은행을 비롯하여 제조업과 창고업 등 사업을 벌이며, 메이지신궁봉독회 조선지부 위원, 전라남도 참사, 전남도평의회 의원, 중추원 주임참의 등 관직도 역임했다.[1] 한편 1993년에 발간된 『친일파 99인』에는 현기봉이 3·1운동 당시 나주, 무안, 제주 등 전남 6개 군을 순회하면서 주민들에게 만세를 부르지 말도록 종용했다고 기록하고 있다. 어쨌든 현준호는 아버지의 경제적 배경과 사회적 활동을 토대로 자본가로 성장하게 된다.[2]

1906년 6월 전남 담양 창평의 영학숙(英學塾)에서 현준호는 그의 일생에서 중요한 만남을 갖게 된다. 김성수, 송진우, 김병로 등과의 만남이다. 이들과 만남은 일본 유학을 통해 더욱 깊어진다. 그후 서울 휘문의숙에서 공부한 후 1912년 23세 되던 해에 메이지대학 법률학과 예과에 입학한다. 그에게 유학생활은 새로운 학문을 익히는 것 외에, 현상윤, 최두선, 윤정하, 박용희, 김철, 장덕수, 백관수 등 다양한 친구들을 사귀는 계기가 되었다. 당시 유학생들은 각 도 단위로 친목회를 구성해 활동하고 있었다. 호남다화회(전남북), 낙동친육회(경상남북), 철북친육회(함경남북), 서해친육회(황해도), 삼한구락부(경기, 충청남북), 영우구락부(강원) 등이 그것이다. 호남다화회는 송진우를 회장으로 김성수, 장덕수, 최남선, 현준호, 신익희, 조소앙, 김준연 등이 참여했으며, 한국 유학생의 단결과 단체통합에 중요한 역할을 했다. 법학을 전공한 현준호는 상과계통 과목에도 열중했으며, 특히 '조선인은행'을 설립하려는 꿈을 이때 세운다.[3]

1917년 4월 귀국한 현준호는 같은 메이지대학 출신인 목포의 차남진, 그리고 서울의 김성수, 송진우 등과 자주 접촉한다. 한편 그는 송진우, 현상윤을 통해 3·1운동의 소식을 전해 듣지만 가담하지 않는다. 3·1운동이 진정 기미를 보이던 6월 현준호는 호남은행 설립에 착수해 7월에 발기인을 모집하게 된다. 이미 1913년 충남에는 호서은행이 설립되어 있는 상황이었다. 1920년 2월 총독부로부터 설립허가를 받고 8월에 자본금 150만 원(3만 주)으로 창립하게 되었다. 현준호는 여기에서 전무취체역을 맡고,

호남은행이 동일은행에 강제합병당하기 직전인 1942년 4월에 찍은 사진. 앞줄 다섯번째가 현준호.

1925년에는 대표취체역을 맡는다. 『호남은행 주주명부』(1931)에는 김충식, 현준호, 문재철 등 500정보 이상 대지주 8명과 차남진 등 50여 정보 이상 지주 20여 명이 참여한 것으로 기록하고 있다.[4] 기업사를 연구한 조기준은 호남은행 설립에 목포, 광주 일대의 민족계 대지주 및 상인자본가들이 대거 참여했다는 점과 일본인 직원을 채용하지 않는 점을 들어 민족자본가로 평가하기도 한다.[5]

한편 현준호는 1923년 민립대학 기성운동에도 적극 참여한다. 이는 1922년 일제에 의해 조선교육령이 개정된 후, 이상재, 최린, 한용운, 송진우 등이 중심이 되어 추진한 운동이다. 1922년 2월 3일자 동아일보 사설에는 민립대학의 설립의 필요성을 "정치적, 경제적, 예속뿐만 아니라 정신까지 예속되는 것은 일시적인 문제가 아니므로, 정신적 예속을 막기 위하여 학(學)의 독립이 필요하기 때문"이라고 기록하고 있다. 모금운동을 위해 중앙부와 지방부를 두었으며, 현기봉은 광주군 지방부 집행위원장을 맡고,

현준호는 500명분의 입회금을 내게 된다. 하지만 이 운동은 배일사상을 선전한다는 이유로 가해진 일제의 탄압과, 1924년 이후 잇달은 한재(旱災)와 홍수로 모금활동이 어렵게 되면서 중단되고 말았다.[6)]

현준호의 활동은 1920년대 중반을 넘어서면서 새로운 변화를 보이기 시작한다. 이 시기는 현준호가 관직에 참여하는 시점과 일치한다. 그는 1924년 아버지가 사망한 뒤, 도평의회 의원에 임명되었고, 1930년에 중추원 주임참의, 1933년과 1936년에도 중추원 참의로 재임명된다. 한편 그가 도평의회 의원으로 있던 1929년 광주학생운동이 일어나자 현준호는 구속학생 석방 학부모교섭위원회를 조직해 교섭위원장을 맡는다. 1933년에는 일제로부터 춘동간척사업을 허가받아 100여 정보의 농토를 늘리게 된다. 그리고 1936년에는 동아일보, 조선생명보험(주) 취체역을 맡기도 했다.

한편 1937년 중일전쟁이 발발하자 미나미 조선총독은 조선순회시국강연반 결성을 지시하고 현준호는 1937년 8월 시국강연회 연사의 한 사람으로 참여한다. 또한 1938년 전세가 급박하게 돌아가자 조선총독부에서는 시국대책조사위원회를 설치한다. 대책위에는 97명의 위원이 임명되는데 이 중 11명이 조선인으로 현준호를 비롯한 김연수(경성방직 사장), 박영철(중추원 참의), 박중양(중추원 참의), 박흥식(화신 사장), 윤덕영(남작, 중추원 고문), 이기찬(참의), 이승우(참의), 최린(참의), 한규복(참의), 한상룡(참의, 조선생명보험 사장) 등이 참여했다. 여기에서 현준호는 산업경제 관계를 담당한 제2분과 전임위원과, 문화사회 관계를 담당한 제1분과 겸임위원을 맡았다.[7)]

1938년 9월6일 「조선총독부시국대책위원회 회의록」에는 현준호의 발언 내용을 다음과 같이 기록하고 있다.

> 내선일체 강화 철저에 관한 건은 본 시국에서 가장 중요하다. …… 이미 병합 이래 28년이 지났음에도 불구하고 아직도 내선일체의 철저를 기하지 못하여 금일까지도 문제가 되고 있는 것이다.

또한 그는 내선일체의 강화 방법으로, 교육 실업방면에서 일본인과 조선인의 차별을 철폐할 것, 조선에서 부를 축적한 일본인은 일본으로 돈을 가지고 가지 말고 조선에 재투자하여 조선인들로부터 반감을 사지 말 것, 또 일본인은 형(兄)의 위치에서 조선인에 대하여 관대하고 포용력 있는 자세로 임해 주어야 할 것 등을 제안했다.

현준호는 1941년 흥아보국단 준비회라는 친일 관변단체의 상무위원으로 참여하며, 그후 임전대책협의회와 통합되어 조선임전보국단으로 바뀌자 여기에도 평의원으로 참여한다. 전쟁이 막바지에 이르자 중추원에서는 학도병지원을 독려하기 위한 강연반을 결성하는데 현준호는 전남 지역 시국강연반에 참여한다.[8)]

당시의 상황을 실증적으로 연구한 박찬승은 "현준호의 주장은 민족적 입장을 견지했다고 생각할 수 있으나, 이는 조선인을 식민지 백성으로 대우하지 말고 명실상부한 대일본제국의 신민으로 대우해 달라는 주장이었다"고 평가한다.

한편 1942년 5월 호남은행은 일제의 특별 검사 후 배일사상을 이유로 동일은행에 합병되고 말았다. 한편 1943년부터 해방까지, 현준호는 1939년 허가받은 후 지지부진하던 서호간척사업에 몰두했다. 부친의 호를 따 학파농장으로 붙여진 서호간척지는 1944년부터 단계적으로 농사를 짓기 시작했으며 1951년에는 이북에서 피난 온 30세대가 정착했다.

한편 1948년 국회에서 반민족행위처벌법이 통과되어 10월 23일 특위가 구성되자 전남 지역에서도 최종섭을 위원장으로 활동을 시작한다. 전남 반민특위에 입건된 사람은 모두 38명으로 20명은 구속되고 18명은 불구속 되었다. 현준호는 1949년 5월 중추원 참의와 도평의회 의원으로 있으면서 일제에 동조했다는 이유로, 전남 지역 반민특위 1호로 지목되어 조사를 받았다. 하지만 중추원 참의는 본의 아니게 맡게 된 것이고, 오히려 호남은행에서 일본인들을 한 사람도 쓰지 않아 일제의 미움을 사 동일은행에 합병된 것, 창씨개명을 하지 않았던 것을 주장해 불구속 처리된다. 한편 1949년 농지개혁에 의해 춘동의 100정보가 분배당하지만, 최근까지 문제가 되고 있는 서호간척지 학파농장은 제방 하나만 쌓아 놓은 갯벌 상태라는 이유로 농지개혁 대상에서 제외되었다(1988년 토지무상양도 전국대책위에서 발행한 「토지무상양도 투쟁백서」에는 문서상 완공 시기가 기록되어 있지 않았을 뿐이지, 1944년부터 농사를 짓기 시작했으며 당시 3할의 소작료를 받아 갔다고 기록하고 있다). 「농지개혁시 피분배지주 및 일제하 대지주명부」에 의하면 당시 현준호의 토지는 학파농장소유의 155.3정보와 광주, 장흥, 강진, 해남, 영암, 무안 등지의 현준호소유 713정보로 나타나 있다.

1950년 한국전쟁은 현준호와 그의 가족에게 커다란 불행을 안겨 주었다. 장남 현영익(당시 국회 의사과장)이 인민군에 사로잡혀 피살당하고, 그도 7월 27일 내무서원에게 호남동 자택에서 붙잡히고 만다. 그후 9·28수복 때 후퇴하던 인민군에 의해 광주형무소 농장에서 피살되고 말았다.

1920년대 초반 실력양성운동과 자치운동을 주장했던 현준호. 1930년대 중추원 참의를 비롯한 각종 친일 단체의 요직에 참여하면서 "조선인도 일본인과 똑같이 대우해 달라"고 주장했던 현준호. 일제하 대지주를 연구한 장시원은 현준호를 금융 관계 부르주아로 구분하고 있다. 현준호는 민족자본가였는가 아니면 친일파였는가? 일제가 물러간 지 48년이 흐른 상황에서 정확한 역사적 평가가 유보되고 있는 것은 무슨 연유일까?

1) 반민족문제연구소, 『친일파 99인』, 돌베개, 1993, 194~200쪽.
2) 앞의 책.
3) 제일유학생회에 대한 연구.
4) 장시원, 「일제하 대지주 존재형태에 대한 연구」, 1989, 서울대학교 경제학과 박사학위논문, 181쪽.
5) 조기준, 『일제하 한국기업설립운동사연구』, 청사, 1989, 162~167쪽.
6) 박찬승, 「일제하 실력양성운동론 연구」, 서울대 학위논문, 1990, 194~204쪽 참조.
7) 반민족문제연구소, 앞의 글.
8) 앞의 글.

장 용 태

광주 · 전남 지역 금융사의 산 증인

1900년 전남 여수 출생
1918년 경성제일고보 졸업
1929년 일본 와세다대학 정치경제과 졸업
1929년 조선상업은행 입행
1936년 호남은행 본점 지배인
1942년 동일은행 광주 및 홍남 지점장
1961년 조흥은행 은행장
1979년 사망

전남 지역의 근대적 금융기관은 1897년 목포항 개항으로부터 1년 후인 1898년 10월 1일 제일은행 목포출장소였다. 한편 광주에 금융기관이 처음 생긴 것은 광주농공은행이 1906년 8월에 설립된 데서 비롯된다. 그러나 일제하 광주 전남 지역의 금융사에서 가장 획기적인 사건은 1919년 7월 20일의 호남은행 설립이고 또한 그 중심 인물이 현준호라 한다면, 그와 각별한 사이를 유지한 이 지역 금융인 가운데 대표적인 인물로서 일우(一愚) 장용태(張容泰)를 꼽을 수 있다. 즉 그는 일제하에서 해방 이후에 이르는 이 지역 근현대 금융사의 대표적 인물로, 1929년 조선상업은행을 비롯하여 호남은행, 동일은행 및 조흥은행에 이르는 30년 이상 지방 및 중앙의 금융계에서 활약한 정통 전문 금융인이기 때문이다.[1] 이처럼 장용태를 조명해 봄으로써 일제하~해방 이후에 이르는 이 지역 근현대 금융사를 재조명하는 계기도 될 수 있을 것으로 생각된다.

장용태는 1900년 12월 30일 여수시 동문로 1126번지에서 아버지 장진황(張鎭晃)과 어머니 강홍업(姜興業) 사이에서 1남 1녀 중 독자로 태어났다. 법도 있는 선비 집안인지라 아버지는 머슴들에게까지 글이나 예법을 가르쳤고, 노산 이은상과도 교분이 있었다고 한다. 특히 부친상을 당해서는 3년간 묘를 지키면서도 주야로 독서하는 것을 잊지 않았다는 일화도 있다.

고향인 여수에서 보통학교를 졸업하고, 경성제일고보에 입학한 장용태는 어려서부터도 영리한 두뇌로 유명했다. 1917년 재학중 결혼한 그는 1918년 경성제일고보를 졸업했다. 졸업 후 잠깐 총독부에 들어갔으나 그만두고 3·1운동을 맞게 되었으며, 이후 일제의 탄압을 피해 광주에 있던 중 우연하게 현준호를 만나게 된다. 이때 현준호와의 만남은 그가 훗날 금융계에 발을 들여 놓게 된 단서가 되었는지도 모른다. 이후 그는 당시 현준호가 의원직으로 있던 전남도평의회 통역일을 맡는 도속관(道屬官)으로 취직했다. 도속관으로 일한 장용태는 그후 여러 사람들의 눈에 유망 청년으로 보여 전남육영회(1921년 발족)로부터 장학금 3000원을 타 청운의 꿈을 안고 도일했다. 당시 전남육영회는 도청에 사무실을 두었는데 이 육영회를 통해 배출된 인재로는 장용태를 비롯해 32명이었다고 한다. 물론 전남육영회는 이사들의 결의에 따라 움직였으나 장학금은 대부분 당시 이사장직을 맡고 있었던 현준호의 재력에 의해 뒷받침되고 있었다.

장용태가 언제 일본 유학길에 올랐는지는 잘 알 수 없으나 전후 사정으로 볼 때 1923~1924년경으로 짐작된다. 그는 1929년 와세다대학 정치경제과를 졸업했다. 이 정도의 학벌은 당시 최고의 수준이었다. 그래서인지 고향인 여수에서 장용태는 2, 3, 4, 5대 국회의원을 지낸 정재완, 자유당 시절 부흥부 장관을 지낸 김우평과 함께 여수가 낳은 3재(三材)로 꼽히고 있다.

일본 유학생활을 포함해 그의 젊은 날에 대해서는 알려진 기록이 적어 그 자세한 내용을 알기 어려우나, 가족들의 증언을 통해 몇 가지 편린을 알아낼 수 있었다. 일본에서의 유학중 하기방학 때는 고향에 들러 야학 등을 통해 문맹퇴치운동을 전개하기도 했고, 또한 1928년 광주-여수 간 철도부설 때는 수용된 농토매각시 이에 적극 관여해 농민들에게 이익이

어려서부터 영리한 두뇌로 유명했던 장용태의 젊은 시절(왼쪽).

되도록 하는 데 앞장선 것으로도 알려졌다. 현재는 구하기가 어려워 자세한 사정은 알기 어려우나, 와세다대학 시절에는 총독정치를 비판하는 논문을 쓰기도 했다고 한다.[2)]

어쨌든 경제적으로 그다지 여유 있는 집 출신이 아닌 그가 유학을 갈 수 있었던 것은 현준호의 도움이 컸다. 이와 같은 인연의 연장선상에서 그는 현준호를 중심으로 설립된 호남은행의 부지배인, 지배인을 역임하기도 했고, 해방 공간에서도 늘상 현준호의 곁에 있었던 것이다. 또한 1950년 현준호의 장례 때는 명정을 손수 만들기도 했다.

일제하 한국의 은행은 1910년대 말 제1차 세계대전에 따른 경기호황에 따라 1918~1920년 사이에 대체로 많이 설립되었고, 1920년대 말의 금융공황으로 이들의 합병 정리가 이루어졌다. 그러던 가운데 1940년대 초 제2차 세계대전으로 말미암은 금융기관의 일대 정비를 계기로 1943년 이들이 조흥은행으로 합병됨으로써, 중앙은행인 조선은행과 특수은행인 조선식산은행 및 조선저축은행, 일반 은행인 조흥은행과 조선상업은행만이 남게 되었다.

와세다대학 졸업과 동시에 유학생활을 청산하고 귀국한 장용태는 1929년 3월 조선상업은행에 입행했다. 이를 계기로 그는 금융계와 깊은 인연의 시작을 맺게 된 셈이었다. 조선상업은행에서 6년간 근속한 그는 1935년 호남은행 본점 부지배인이 되었고, 그 이듬해에는 지배인이 되어 호남은행이 없어질 때까지 그 중책을 도맡아 했다.

사실 1919년에 설립되어 일제하 이 지방의 금융사에서 독보적인 위치를 차지하고 있는 호남은행은, 당시 조선은행과 조선식산은행 등 일본계 은행이 주류를 형성하고 있었던 광주·전남 지역에서 지방산업발전, 민족자본 육성을 위한 보통 상업은행의 필요성 속에서 설립되었다. 호남은행은 1920년 9월 광주에서 영업을 개시한 이래 그해 10월에는 목포에 지점을 개설했고, 1922년에는 순천지점, 1926년에는 장성출장소, 1932년에는 보성에 지점을 설치했다.

1930년대에는 대공황으로 몹시 어려운 실정이었는데도 호남은행은 10%라는 높은 이자 배당을 계속했을 뿐 아니라, 특히 1933년에는 동래은행을 흡수 합병해 가면서 견실한 성장을 하고 있었다. 하지만 당시 이 지역에 진출한 일본계 은행의 지배력을 능가하지는 못했다. 즉 1938년 말 현재 조선은행 목포지점을 비롯한 조선식산은행, 조선상업은행, 조선저축은행 지점들의 대출 총액이 2억 7243만 2000원, 예금 총액이 4억 3473만 6000원이었던 것에 비하여, 같은 시기 호남은행은 대출 총액 815만 5000원과 예금 총액 842만 500원의 영업실적에 머물고 있었던 것이다.[3)]

그러던 가운데 호남은행은 1941년 '배일사상의 잠재(潛在)'라는 혐의하에 50여 일간 엄한 특별 조사를 받았고, 그 검사 결과는 "대체로 업무처리는 괜찮으나, 첫째, 일어를 상용치 않은 점, 둘째, 일인을 채용치 않은 점, 셋째 일인 및 일인 관계 단체에는 일절 융자치 않은 점 등으로 미루어 보아, 배일기관으로 논단(論斷)하지 아니할 수 없다"고 되어 있다. 급기야 1942년 5월 1일 호남은행은 동일은행으로 합병되어, 22년간의 짧은 역사를 남기고 우리 나라 금융계에서 그 자태가 사라지고 말았다.

1942년 호남은행이 동일은행에 합병된 후 장용태는 동일은행의 광주 및 홍남 지점장을 역임했다. 한편 조선총독부는 1943년 10월 1일 동일은행을 한성은행과 합병하여 조흥은행으로 통폐합했는데, 이는 어디까지나 일제가 민족은행의 말살을 기도한 데서 비롯된 것이다. 그후 장용태는 조흥은행 목포, 광주지점장을 거치게 된다. 또한 미군정 때에는 이 지역 금융계의 대표적 은행인 조흥은행 광주지점장에 있었던 관계로 지사고문회의 참석자 명부에도 그 얼굴을 드러내고 있다. 특히 한국전쟁 때는 조흥은행 임시 부흥본부장을 맡는 등 해방 공간의 격동기에도 결코 은행계를 떠나지 않았다.

한편 해방과 더불어 일제의 예속에서 벗어난 한국의 금융은 정치경제적 여건의 급변 속에서 건전한 금융체계의 정비와 정상적인 금융활동의 모색이라는 중대 과제에 직면하게 되었다. 그리하여 저축은행은 1945년 말부터 일반 은행업무를 취급하기 시작했고, 무진회사(無盡會社)와 신탁회사도 같은 시기에 일반 은행업무 취급이 허용되었다가 다시 1946년 4월 1일 조선무진주식회사는 조선상호은행으로 개편되었으며, 1950년 6월 6일 한국상공은행으로 재개편되었다. 또한 같은 해 10월 29일에는 조선신탁주식회사가 주식회사 조선신탁은행으로 개편되었다.[4)]

이후 장용태는 조흥은행의 임원으로서 6개월간의 취체역(이사 해당)을 시작으로, 상임감사역(7년간), 전무취체역(현 전무이사, 2년 6개월간), 그리고 1961년 2개월여의 조흥은행 은행장에 이르기까지 명실상부한 정통 금융인이었다. 그의 생애는 '금융'이라는 말을 빼놓고는 성립할 수 없는 그러한 일생이었다.

명석한 두뇌에 기억력이 뛰어나 수첩이 필요 없었다고도 알려진 그는 이처럼 평생 금융인이었지만 "돈을 모르고 산 분"이었다는 가족들의 역설적인 후평도 있다. 또한 필력이 좋았다고 알려지고 있는데 현준호의 장례식 때 쓴 명정이나, 생전 구례 화엄사에 갔을 때 즉석에서 펜으로 쓴 한시 한 수는 그의 필력이 상당했음을 보여 주고 있다.

안타깝게도 1961년 그의 나이 62세에 2개월 동안의 짧은 조흥은행장직을 끝으로 평생 몸담았던 금융계를 떠난 장용태, 이후 1979년 인생을 마칠 때까지 일체의 자리를 마다하고 조용하게 여생을 보냈다. 그가 은행계를 떠난 시기는 우연하게도 1961년 군사정부가 들어선 것과 일치하나, 정치적인 이유라기보다는 오히려 개인적인 이유였을 것으로 생각된다.

30세의 나이에 금융계에 투신하여 근현대 금융사를 대변하면서도 3·1 운동이나 광주학생운동 등 민족적 저항기에 침묵으로 일관했던 그가 금융인으로서 어떠한 생각을 갖고 있었는지에 대해서는 잘 알려진 바가 없다. 다행히 1957년 그가 조흥은행의 상임감사역으로 있을 당시 발간된 『조흥은행 60년사』에는 「호남은행의 강제해산과 비분(悲憤)의 인편(鱗片)」의 제하에 다음과 같은 수상이 실려 있어 그의 생각을 짐작케 해준다.[5]

은행생활이 어언(於焉) 이십유구성상(二十有九星霜), 인생행로의 정화기(精華期)였던 만큼, 온갖 회억(回憶)이 면면부진(綿綿不盡)하여, 퍽이나 장구한 세월을 꾸준히 걸어온 것도 같고, 또 한편 아무 특기할 만한 '일'을 남긴 것이 없고 보니, 과거가 모두 주마등같이 허무하기도 하다. 그 동안 혹 탄탄한 평로(平路)도 있었지마는, 거개(擧皆)가 기구(崎嶇)와 험악(險惡)과의 고투였다. 더욱이 평생을 두고 잊지 못할, 가장 뼈저리게 깊이 백힌 인상은 호남은행이 강제 해산을 당했던 때의 통탄 그것이었다.

1995년 오늘, 일제 때 충장로를 중심으로 형성되었던 광주의 금융가는 금남로의 금융가로 이어지고 있고, 일제하 이 지역의 산업발전 및 민족자본의 육성이라는 기치 아래 출발했으나 일제에 의해 배일기관이라는 낙인이 찍혀 22년 만에 단명한 호남은행은 이제 그 자취마저 찾기 어려운 실정이다. 이와 함께 이 지역의 대표적 정통 금융인이었던 장용태조차 세인들의 기억에서 잊혀져 가고 있다.

1) 그의 경력에 대해서는, 조흥은행 본사 인사부에 남아 있는 그의 이력서를 참조했음.
2) 그의 맏사위인 최정기의 증언.
3) 광주은행, 『광주은행25오년사』, 1993.
4) 이에 대해서는 다음의 논문을 참조. 배영목, 「식민지 조선의 통화 금융에 관한 연구」, 서울대 경제학과 박사학위논문 1989. 김호범, 「일제하 식민지 금융의 구조와 성격에 관한 연구」, 부산대 경제학과 박사학위논문, 1990.
5) 『조흥은행60년지』, 1957.

심덕선

충장로와 포목상

1895년 전남 광주 출생
1927년 남창상회 창립
1943년 사망

광주에 이른바 상설점포가 생기게 된 것은 일제침략 이후의 일이었다. 현재 기록에 전하기로는 한일합방 다음해인 1911년 일본 상인이 광주에 와서 현 산업은행 광주지점 건너편에 시오야(鹽屋)라는 일용잡화점을 차린 것이 효시가 되어, 점차 본정(本町, 현 충장로) 일대에 일인 상가가 생기게 되었다 한다.[1] 당시 한국 상인들은 미곡 혹은 잡화, 포목을 주로 하고 있었으며, 그 가운데 대표적인 상인을 꼽는다면 포목상 심덕선(沈德善)과 고무신상회의 최한영(崔漢泳)일 것이다. 특히 포목을 취급했던 심덕선은 그 주고객이 한국인이었다는 점, 1910년대 행상부터 시작하여 자수성가한 전형적인 상인이라는 점, 일제하 광주 상업의 전성기인 1930년대 포목업계의 대표적인 인물이라는 점에서 일고의 가치가 있다 할 것이다.

일제하 본정통(本町通, 지금의 충장로를 일제시대에는 그렇게 불렀다)을 따라 서 있었던 광주의 상가는 지금의 충장로 파출소를 경계로 그 위는 일본인 상인이, 그 밑은 한국인 상인이 그 대종을 이루고 있었다. 특히 지금의 충장로 4가를 중심으로 몇 개의 소매상급 포목상의 가게가 즐비했다. 대부분 한국인이 경영하고 있었다. 공익(유현상), 삼익(윤규용), 협성(중국인 손복당이 경영), 대동(정용모), 해동(김한국), 금성(김한섭), 대창, 팔만(곽근수), 덕창(김종선), 장광상회 등 지금에는 세인의 기억에서 사라진 지 오래된 점포들이다. 그 가운데 당시 이 지역 최대의 포목상 심덕선의 남창상회(南昌商會)는 도소매부를 중심으로 본정 4정목(丁目, 현 충장로 4가) 8번지에 위치하고 있었다.[2)]

심덕선은 1895년 12월 7일 광주 누문동 78번지(현 북동 261번지)에서 심위택의 2남 3녀 가운데 장남으로 태어났다. 그의 할아버지 심의종(沈宜鐘)은 서당의 훈장이었으며 따라서 심덕선의 가정은 그다지 넉넉한 편은 아니었다. 그 서당은 현재의 교보빌딩 건너편에 위치한 누항촌(樓巷村) 심서당(沈書堂)이었는데 제법 유명했던 것으로 보인다. 당시 그 서당에는 광주에서도 이른바 돈 있는 집 아이들이 다니는 곳이었다. 어렸을 적부터 이 서당에 다니기 시작한 심덕선은 빈번하게 부잣집 아이들과 접촉하게 되었고 그 과정에서 세상을 움직이는 것은 무엇보다도 '돈'이라는 생각을 품었던 것 같다. 또한 심덕선의 성격은 '남에게 지기 싫어하는 타고난 승부욕'의 소유자로 알려져 있다.

심덕선이 상업계에 투신한 것은 1910년대 초, 그러니까 그의 나이 17세 경부터였던 것으로 추측된다. 하지만 예나 지금이나 마음만 갖고서 장사를 할 수 있는 것은 아니었다. 기본적인 자본, 즉 밑천이라는 것이 있어야 했다. 또한 할아버지가 서당의 훈장이었던 집안인지라 당시만 해도 사회적으로 천시하는 '장사하는 것'에 반대할 집안 어른들이었다. 그러한 면에서 심덕선의 결심은 이중적인 벽에 부딪칠 수밖에 없었다. 한편에서는 장사를 시작할 수 있는 어느 정도의 자본이 부족한 것이요, 다른 한편에서는 장사를 반대하는 집안 분위기였다. 그래서 실제로 그는 상당 기간 동안 장사한다는 사실을 할아버지에게만은 비밀로 했다고 한다.

당시만 하더라도 한국의 상업이라는 것은 전통적인 장시체계가 일반적

1933년 무등산 중머리재에서 광주포목상들의 단합대회를 가졌다. 앞줄 오른쪽 두번째가 심덕선.

이었다. 특히 고래로부터 시장권이 발달한 광주·전남 지역은 점차 광주를 중심으로 하는 방사선형 시장권으로 새롭게 변모해 갔다. 심덕선은 행상부터 시작했다. 당시의 상업계가 그러했고 특히 밑천을 적게 갖고 시작한 그로서는 어찌할 수 없었다. 그의 아들 양섭(亮燮)은 자기도 들었다는 이야기를 이렇게 옮기고 있다.[3)]

천부적으로 건장했던 당신이었지만 그때만 해도 험한 세상인지라 송정리장이나 남평장, 혹은 장성장을 보고 오다 돌고개나 다른 고갯길에서 강도를 만나 혼난 적도 여러 번 있었다고 들었어요.

당시 심덕선은 남평과 송정리, 장성장을 중심으로 물산을 모으고 장사를 했다. 점차 자본을 모으고 나서부터는 짐을 싣고 다니는 나귀도 구입했다. 하지만 안타깝게도 이 당시의 상황을 알 수 있는 증언이나 자료는 남아 있지 않다.

그러면 이렇듯 심덕선이 행상을 통해 어느 정도의 자본을 모아 가고 있을 즈음인 1917년경 광주의 상업계는 어떠했는가. 1978년에 나온 『광주시사』에는 1917년 당시 광주의 일본인 상인은 250명, 한국인 상인은 93명이었다고 기록하고 있다.[4)] 또한 이들은 모두 자영이었고 농공의 부업으로 상업을 경영하는 사람도 있었으며 도매상은 극히 드물었다고 한다.

한편 1930년에 나온 『전라남도사정지』에는 그로부터 몇 년 후인 1925년경 광주의 상업계를 광주의 대시(大市)가 매월 2, 7일장으로 6회, 연간 개시 일수는 72회에 달한다고 적고 있다. 또한 여기에서 거래되는 물품을 대별해 보면 농산물이 주종을 이루고(39.9%), 직물도 7.2%에 달하고 있었다 한다.[5)] 한편 송정장은 연간 개시 일수는 68회로 광주 대시에는 못 미쳤으나 연간 매매액은 오히려 광주를 능가하고 있었다 하니 그 규모를 짐작하고 남음이 있다.

그러면 일제하 광주 지역 상인 단체의 동향은 어떠했는가. 상공회(商工會)는 임의 단체의 형태로 한일 상공인이 각각 별개의 조직을 갖고 서로 대치하고 있었다. 한국 상인들은 '광주실업청년구락부'라 했으며, 일본 상인들은 '광주상공회'라는 단체를 조직하고 있었다. 그 밖에도 상업조합으로서 허가를 받은 것으로는 질옥조합(質屋組合, 전당포), 고물상조합 등이 있었고 기타 잡화상조합이 있었다. 심덕선이 활약하던 포목업계에 허가받은 조합이 있었는지에 대해서는 확인할 길이 없으나 1930년대 중반 광주 지역 포목업계의 대표자는 그였던 것으로 생각된다.

1930년을 전후해 광주에는 규모 있는 상점들이 속속 늘어나기 시작했다. 광주면이 읍으로 승격된 해가 1931년, 또한 1930년 4월 1일부터 광주면의 시가지 구역명칭은 이제까지의 정(町)과 리(里)를 혼용하던 것에서 정으로 통일되었다. 지금의 충장로 1가부터 5가는 본정, 금남로 1가부터 5가는 명치정(明治町)으로 되는 등 모두 33개 정이었다. 특히 1930년 말 광주를 기점으로 여수항에 이르는 경전선 서부선이 개통되어 광주에는 광주역과 남광주역이 서게 되고 이른바 전남 지방 교통의 요충지로 발전, 인구도 날로 불어나고 물산의 집산이며 산업발전 등이 급진전되었다.

어쨌든 광주가 근대적인 도시로서의 성격을 갖추게 된 것은 시가지를 확장해 인구가 5만에 달하게 됨으로써 광주읍(邑)이 부(府)로 승격하고 부제(府制)를 실시한 1935년이 전환점이 되었다고 할 수 있다. 결국 이 시기에 이르면 공업 부문은 몰라도 적어도 상업 부문에서 한국인의 비중을 결코 무시할 수 없는 상황이었다. 이는 근대적 산업이라 할 수 있는 제조업 진출이 제약된 상황하에서 이른바 민족자본이 유통 부문으로 몰린 탓으로 짐작된다.

1938년에 나온 경성상공회의소의 자료에는 심덕선의 상회를 다음과 같이 소개하고 있다.[6)]

합명회사 남창상회, 취급품목은 주단, 포목, 창립연대는 1927년, 불입자본은 8000원, 대표자 심덕선, 소재지 광주읍 수기옥정(須奇屋町) 32.

하여튼 당시 남창상회의 급작스러운 성장에는 또한 다음과 같은 배경이 있었다. 당시 광주의 상업계에서 이른바 '비단장수 왕서방'이라는 말처럼 비단, 포목업계를 장악하고 있었던 것은 중국 사람이었고 그 가운데 손복당(孫復堂)이라는 포목 도매상이 가장 유명했다. 중일전쟁 후 광주에서 쫓겨나다시피 한 손복당은 이후 광주에 복귀하게 되기까지 그 뒤를 심덕선에게 부탁했고 이를 계기로 그 동안 포목 소매상이었던 심덕선은 도소매를 포함하는 대규모의 포목상으로 성장하게 된다.

남창상회 성장의 또 하나의 배경은 1935년의 종방광주공장 설립이었다. 종방(鐘紡)은 1936년부터 당목 등 포목을 주로 생산하였는데 이의 총판매를 당시 광주 지역 포목업계에서 가장 위세를 갖고 있는 심덕선이 맡게 되었던 것이다. 그 자세한 사정은 알 수 없으나 이를 계기로 남창상회가 제2의 창업을 맞게 됨은 분명한 것 같다. 이를 뒷받침하듯이 심덕선은 물건을 하적할 창고 3동을 수기옥정(현 수기동)에 설치했고 앞의 자료에 남창상회의 소재지가 수기옥정 32번지로 되어 있는 것은 바로 그러한 연유였다.

뿐만 아니라 취급품목이 주단, 포목이었던 관계로 그 주고객은 한국인 상인이나 한국인 소비자였다. 또한 설립연대가 1927년으로 되어 있으나 소매부만을 운영하던 초창기를 생각하면 그보다 이른 시기였던 것으로 생각된다. 8000원이라는 불입자본 역시 설립 당시의 것으로 남창상회가 그 전성기를 누리던 1930년대의 후반기에는 그보다 훨씬 큰 규모였던 것으로 생각된다.

사실 1930년 초 상업계도 공황을 맞아 구매력이 격감함에 따라 소자본은 수난을 면치 못하고 일반 상권이 급격히 대자본 및 회사경영으로 넘어가게 된다. 광주에도 1935년 이 지역 대표적인 대형 소매점인 화신상회(속칭 화신백화점)가 박경홍에 의해 설립되기에 이른다. 바로 이 시기 심덕선의 남창상회는 이 지역의 포목업계에서 최고의 위치로 성장해 가고 있었던 것이다.

1930년대 후반 우리 나라의 민간 상거래는 움츠러들대로 움츠러들었다. 1937년 중일전쟁을 일으킨 일본은 그해 말 '조선임시배급통제령'을 공포하고 이듬해 4월부터는 '중요 물자 배급제'를 실시했다. 태평양전쟁이 치열해지고 전시 통제경제에 따른 경제사범단속이 극성을 부리던 1943년 5월께의 상거래 형편은 재래시장인 천정(泉町, 현 양동)시장뿐 아니라 충장로 일대의 상가도 문을 닫다시피 했다. 1930년대 중반 호황을 누리며 호남상권의 중심 지역으로 착실히 성장해 가던 충장로 일대의 상가는 1940년대 들어서면서부터 갑자기 위축되기 시작해 1943년경에는 거의 철시 상태에 놓여 있었던 것이다.

그 동안 실적이 적은 상회에 대한 정비가 이루어지고 있었다. 이 가운데에서도 심덕선의 남창상회만큼은 기존의 소매부를 정리하고 도매부를 중심으로 그 면모를 지켜 나갔으나, 1943년 2월 심덕선이 죽은데다 일제의 통제·배급경제, 어수선한 세상 속에서 점차 그 활기를 잃어 갔다.

1945년 8월 15일, 우리 나라는 일제의 암흑에서 벗어나 빛을 찾았으나 상가는 더욱 깊은 잠에 빠져 들어 좀처럼 깨어나지 못했다. 일제 말 혹심한 전쟁을 치르는 동안 일반 국민들의 생필품은 바닥나 상점들은 이미 개점휴업 상태였다. 광주에서도 충장로, 금남로를 비롯한 중심 상가는 물론이고 동네의 조그마한 구멍가게까지 모두 문을 닫고 있었다. 심덕선의 남창상회도 그 가족에 의해 얼마 동안 명맥을 유지하다 없어지고, 지금 그 자리 옆에는 이 지역 유수의 현대식 백화점이 그 위용을 과시하고 있다.

1) 광주일보, 「충장로반세기」15, 1983. 2. 15~11. 14.
2) 『광주시사』 제2권, 1993.
3) 심양섭(생존, 74세)의 증언.
4) 『광주시사』 제2권, 1978.
5) 梁川覺太郎, 『전라남도사정지』, 1930.
6) 『광주시사』 제2권, 1993.

손영관

의리의 마지막 보부상

1912년 전남 광양 출생
1930년 초 사정(社町)시장에서 보부상 입문, 해방 후 양동시장에서 양잡화 및 포목 상인
1946년 양동시장 번영회 부회장
1950년 충장로 5가에서 천연상회 개업
1953년 광주직의공사 설립 '백마표 메리야스'를 생산
1963년 사망

과거의 추억 속에서 살아가는 '허생원', 비슷한 처지의 장돌뱅이 '조선달', 그리고 '동이', 이 장돌뱅이 세 사람의 하루 밤길 이야기를 소설화한 이효석의 『메밀꽃 필 무렵』을 우리는 기억하고 있다. 물론 이 소설의 주인공들을 본래 의미의 보부상이라고 말할 수는 없지만, 이 글의 주인공인 손영관(孫永寬)이 상업에 입문했던 시절과 장돌뱅이 '동이'가 풍기는 분위기는 얼추 비슷하다. 보부상으로 출발해 양동시장의 장사꾼으로 그리고 더 나아가 메리야스공장까지 설립했던 손영관의 일생은 우리에게 광주 재래시장의 변천 과정과 그 속에서 살아가는 삶의 한 단면을 보여 준다.

손영관은 1912년 6월 17일 전남 광양군 광양읍 세풍리에서 아버지 손봉택(孫奉澤)과 신안 주씨의 독자로 태어났다. 그의 집안은 대대로 농사를 지었으나 가난한 편이었다. 부모를 일찍 여읜 그는 광양공립보통학교를 중퇴하고, 17세 되던 해에 홀홀단신 광주로 올라왔다. 가진 것이라곤 몸뚱

이 하나뿐인 그가 쉽게 접근할 수 있었던 곳은 시장이었다. 당시 광주에는 공수방(公須放, 현 광주대교와 한일극장 부근의 광주천변)장과 부동방(不動放, 현 적십자 병원과 부동교 주변)장이라는 두 개의 5일장이 번갈아 열리고 있었다. 공수방장은 음력 2일과 7일을 주기로 하는 큰 장이었으며, 부동방장은 음력 4일과 9일을 주기로 하는 작은 장이었다.[1] 그는 장이 서는 날이면 여기저기를 기웃거리면서 장사하는 방법을 배우고, 밤에는 주막에서 심부름을 하거나 일을 도와 주면서 먹을 것과 잠자리를 해결했다.

그가 이렇게 시장에서 하루하루를 지내던 무렵, 광주의 재래시장에 변화의 기운이 불어 닥쳤다. 기존의 공수방장과 부동방장이 통합해 사정(社町)시장이 세워진 것이다. 이는 '시가미화정화 면삼대계획(市街美化淨化 面三大計劃, 하수도설치, 하천개수, 시장정비사업)'이라는 이름으로 추진된 광주 최초의 신시가지 개발사업의 일환이었다. 그런 다음 1932년 2월에 새로 확보된 하천부지 및 토지의 한 부분인 사동(社洞, 향사리)에 470여 칸 점포 규모의 광주시장(현 태평극장 앞 광주천 건너편)을 설치했다. 광주시장이라는 명칭은 1930년 4월 시가구획정리에 의해 그 일대의 동명이 '향사리'에서 '사정'으로 바뀌자 사정시장으로 전환되었다. 한편 1930년 5월에 전남도시제사공장이 천정 60번지에 신축되었으며, 1931년 4월에는 그 옆에 공설운동장이 세워졌다.

사실상 날림공사로 개설되었던 사정시장은 비록 장소는 하나로 통합되었으나, 과거와 같이 음력 2일과 7일에는 큰 장이, 4일과 9일에는 작은 장이 열렸다. 이러한 시장 개시일은 나주의 읍내장과 일치했기에, 광주권을 중심으로 하여 두 개의 대(大)상권이 형성되었다.

1930년대 초 손영관은 사정시장을 무대로 바늘, 실, 각종 빗, 댕기, 염낭, 족집게 등의 일용잡화를 취급하는 들도부장사[2]를 시작하면서 본격적으로 상업에 입문했다. 보부상(褓負商)이 된 것이다. 본래 보부상이란 보상(봇짐장수)과 부상(등짐장수)을 합한 말로, 이들은 대개 하루 왕복거리에 형성되어 있는 향시(鄕市, 지방의 정기시장)들을 돌면서 각 지방의 물품교환을 매개하던 전문적인 시장상인이었다. 이들은 황아장수, 돌짐장수, 장돌뱅이, 장

장남의 대학졸업식 때.

돌림, 장꾼 등으로도 불렸다.[3] 손영관은 키가 6척이 넘고, 그가 지나가면 행인들이 가던 길을 멈추고 쳐다볼 정도로 기골이 장대했기에 사람들의 주목을 쉽게 받았다. 또한 식사량이 장정의 3배였으며, 주량도 대단했던 만큼 힘도 장사였기에, 다른 장사꾼들보다 많은 물건을 운반할 수 있어서 훨씬 이윤이 많았다. 한편 그는 보부상을 하던 중인 1934년 서복덕과 결혼했다.

당시 그는 사정시장을 비롯하여 음력 3일과 8일을 주기로 열리는 송정리장, 음력 5일과 10일에 열리는 영산포장과 순창장, 그리고 음력 1일과 6일을 주기로 열리는 남평장과 담양장을 오가면서 장사를 했다. 한편 시장 개시일은 조선총독부의 지시에 의해 1937년부터 양력으로 바뀌었다.

사정시장은 1938년에 이르면 연간 거래액이 226만 5871엔에 달했는데, 이 거래량은 당시 서울 이남에서 천안장, 남원장, 대전 서문장, 예천장, 진주장, 횡성장에 이어 일곱번째를 기록할 정도로 성장한 것이었다.[4]

1940년에 이르러 사정시장은 광주공설운동장(현 양동시장 자리)으로 옮기면서, 천정시장으로 불렸다. 이전한 명목상 이유는 도심과 가깝고 너무 협소하다는 것이었으나, 실제로는 사정시장이 신사가 있던 구정공원 앞에 위치하여 시끄럽고 악취를 풍기며 지저분했기 때문이었다. 당시는 일제말이라 물자난이 극심했기에, 사정시장의 점포구조물을 그대로 옮기는 방식이었다. 그리하여 천정시장은 366칸으로 축소되어 개설되었다. 손영관은 이때 천정시장에서 양품잡화와 포목을 도소매했으며, 만주로 돼지털을 수출하기도 했다. 당시 그의 점포는 천정시장 입구의 첫번째에 위치하고 있었다. 천정시장은 1943년에 이르면, 강력한 경제사범 단속으로 폐시되다시피 했다.

해방과 더불어 천정시장은 농산물뿐만 아니라 일본군의 각종 비축물자가 일시에 방출됨에 따라 활기를 되찾았고, 비로소 양동시장이라 불렸다. 그는 양말, 혁대, 주머니, 버선, 내의 등을 파는 양품잡화(잡화류는 양품, 일용, 식료잡화 등으로 나누어졌음) 및 포목을 취급해 급속히 번창했다. 당시 양동시장의 물건은 값이 천차만별이었고, 규격화 및 계량에 대한 개념이 희박하여 매우 무질서했다. 게다가 업종별·품목별 점포배열이 무시되어 혼란이 가중되었다. 질서가 잡히기 시작한 것은 미군정의 강력한 통제가 효력을 발휘하고 양동시장 상인들이 번영회를 조직한 1946년부터였다. 손영관은 각 업종별 대표가 모인 번영회에서 부회장으로 선임되었다.[5] 당시 회장에는 광주 서동 출신의 한정섭이 선임되었는데, 그는 당시 양동시장에서 청과물도매상을 하고 있었다.

이들은 먼저 업종별·품목별로 점포의 질서를 확립하고, 시 당국과 협의해 상인들로부터 시장증축 기금을 확보해 3단계에 걸쳐 60여 칸의 새로운 목조점포를 건립했다. 또한 폭력배들과 날치기꾼, 사기꾼 등을 소탕하는 데도 주력했다. 그리하여 그가 양동시장을 떠나기 직전에 이르면, 미곡부, 어물부 등 각 품목별 배열체계를 갖추게 되었다.

상업활동을 통해 일정 정도의 재산을 축적한 손영관은 한국전쟁 직전에 충장로 5가(현 한일은행 뒤 주차장)로 진출했다. 충장로 상가는 양동시장과 더불어 광주 상거래의 양대산맥으로 일상생활에 필요한 문화용품을 비롯한 신상품과 고급 상품이 비교적 비싼 가격에 거래되었다. 일제하 충장로 1, 2, 3가는 거의 일본인들의 독무대였으며, 4가는 주로 한국 상인들이 자리를 잡고 있었다. 충장로 5가는 해방 이후 활성화되었는데, 이는 당시 광주와 주변 지역을 잇는 교통수단과 도로망이 이곳 주변에 집중되어 있다는 지리적 조건에 기인했다. 사실 이곳은 양동시장이나 계림시장(東町시장) 같은 재래시장에서 어느 정도 자본을 축적한 상인들이 시내로 진출하는 교두보였다. 따라서 이곳에는 일용잡화(양품) 상가가 많이 형성되었는 데, 손영관의 천연상회가 그 대표적인 사례였다. 그는 당시 서울상회(어범)와 길광상회(김길동) 등 5개 상회와 더불어 건물을 2층으로 신축해 천연상회를 개업했다.[6] 한국전쟁이 발발하자 그는 효천(현 송암동)에 있는 친구 김이중의 집으로 피난을 갔다가 광주에서 인민군이 후퇴하자 부산에서 물건을 떼다가 도소매해 상당한 부를 축적했다.[7]

이후 그는 전주에서 '백양 메리야스'를 가져와 판매한 것을 계기로 내의생산에 관심을 갖고, 1953년에 광주직의공사(織衣工社)를 설립해 '백마표 메리야스'를 생산했다. 부사장은 처남인 서우진이었으며, 총무는 친척인 손병주였다. 원료는 전남방직과 천안방직 두 곳에서 가져왔는데, 주로 전자에 의존했다. 재봉틀은 대부분 일제였으며, 직조기는 대구금융기계제작소 제품을 사용했다. 전성기에는 30대 이상의 직조기를 가동했으며, 종업원도 100여 명이 훨씬 넘었다. 공장도 본공장을 비롯해 제2공장(현 대성양복점의 안집 터)이 있었으며, 누문동(광주일고 옆 한홍철공소 자리)에 염색공장이 있었다. 백마표 메리야스는 전남북 일원을 석권했을 뿐만 아니라 충청도에서도 상당한 판매량을 올렸다. 현재의 쌍방울을 일으킨 전북 이리의 이봉녕도 당시는 이 제품의 도매업자였다.[8]

이때가 그의 전성기로, 그는 1960년 1월부터 1961년 8월까지 광주상공회의소 제3기 상임의원으로 활약했다. 1961년에는 아들 손상우에게 사업을 물려주기 위한 준비 작업으로, 양동시장에 동양제빙이라는 얼음공장을 친구들과 동업하기도 했으나, 면사 중개인이었던 신씨에게 크게 사기를 당한 후 자금난에 봉착했다.

손영관은 상당한 부를 축척한 뒤로도, 마음 씀씀이가 굵고 의리와 인정이 넘치는 보부상의 기질을 그대로 지니고 있었다. 1957년 가을에는 백양사에서 열린 회사창설 기념행사 때는 양동시장 시절부터 그와 함께 한 구회원(具會元)에게 토지를 주었을 뿐만 아니라, 광양읍 도월리 신기부락에 문중 제각을 세웠고, 많은 장학금을 희사했다(이후 남석장학회로 확장됨). 또한 명절에는 불우한 이웃들에게도 온정의 손길을 잊지 않았다.

손영관은 1963년 7월 10일에 누문동 자택에서 고혈압과 심장질환으로 사망했다. 그는 아무런 연고지가 없으나 명당 자리를 찾아 승주군 쌍암면 도정리에 묻혔다. 사업은 아들인 손상우가 물려받아 다양한 방법으로 사업 확장을 꾀했으나, 확장에 따른 은행빚을 막지 못했고, 또한 섬유업계의 세계적인 불황으로 인해 1970년 12월경 도산하고 말았다.

보부상으로 시작해 양동시장 및 충장로 5가의 상인으로 성장했고, 나아가 전남 굴지의 메리야스공장 등을 설립한 손영관은 그를 기억하는 많은 사람들에게 '광주에서 보부상 전통을 이어받은 의리와 인정의 마지막 상인'으로 회고되고 있다.

1) 광주일보, 「충장로 반세기 26」, 1983. 5. 23.
2) 한 사람이 운반할 수 있는 양의 물건을 가지고 다니면서 파는 장사를 말함.
3) 정승모, 『시장의 사회사』, 웅진출판, 1992, 118쪽.
4) 광주일보, 「충장로 반세기 27」, 1983. 5. 30.
5) 박선홍, 「광주의 옛과 오늘 5」, 1990, 『금호문화』, 59호, 금호문화재단, 78쪽.
6) 광주일보, 「충장로 반세기 36」, 1983. 7. 8.
7) 이후 광주직의공사에서 같이 활동했던 처남 서우진의 증언.
8) 서우진의 증언.

김의택

경찰에서 야당으로

1909년 전남 함평 출생
1946년 전남경찰청 부청장(군정청 경시보)
1954~1961년 3, 4, 5 민의원, 민주당 원내총무
1972년 8대 신민당 국회의원
1981~1983년 민권당 총재, 제12대 대통령선거에서 민권당 대통령 후보
1983년 국민훈장 무궁화장
1983년 사망

한국전쟁의 상처가 채 아물기도 전인 1954년, 제3대 국회 본회의장에는 차가운 바깥의 날씨에도 불구하고 개헌논의로 열기가 고조되고 있었다. 당시 절대 다수의 의석을 차지한 자유당은 이승만의 종신 연임을 위해서 초대 대통령의 3선제한 폐지를 골자로 하는 개헌안(사사오입 개헌안)을 국회에 제출하고 있었다.

한 의원이 단상에 나와 조목조목 낮은 목소리로 개헌의 부당성을 지적하고 있었다.[1] 그는 3대 국회의원 선거 때 함평에서 무소속으로 출마해 당선된 초선 의원 인암(仁庵) 김의택(金義澤)이었다. 일제 때부터 경찰로 활동하여 정부수립 이후에는 전라북도 경찰국장까지 지낸 그가 자유당을 비판하는 것은 의외였다. 왜냐하면 일제하 관료들 대부분은 해방 후에도 이승만과 결탁하여 일제 때보다도 더 큰 권력을 휘두르고 있었기 때문이다. 그런데도 그는 부귀영화의 길을 버리고 30년 동안 고난의 길이라고 표현하는 야당의 길을 택했다. 왜 그랬을까? 참회인가, 아니면 또 다른 변신인가?

그는 전남 함평군 엄다면에서 나주 김씨 김용대와 전주 이씨 사이의 4남 1녀 중 2남으로 출생했다. 그의 가정은 가난해 그가 학교에 다니는데 어려움을 느낄 정도였다. 따라서 그는 빈곤의 멍에를 벗어 던지고 싶은 욕구를 달래면서 유학자인 아버지에게서 한학을 배우면서 성장했다. 그후 그의 나이 20세가 되던 1929년 그는 광주농업학교에 입학했지만, 5년 과정을 마치지 못한 채 3년을 수료하고 말았다. 당시 농업학교는 2차 조선교육령에 따라 5년제로 승격되어 고등보통학교 수준의 학력을 인정받고 있었다.

군국주의 회오리가 몰아치던 1930년대 초 김의택은 수료 후 4~5년간 보통학교 교원생활을 했다. 그러나 교원생활에 만족을 느끼지 못한 그는 관리가 되고자 마음먹었다. 일제는 3·1운동 후 무단통치를 문화정치로 전화해 한민족의 분열과 동화정책을 추진하면서 그 일환으로 하부 행정 조직에 한국인을 등용하고 있었다. 따라서 빈곤으로부터 벗어나 편안한 삶을 추구하는 조선인에게 그것은 선망의 대상이었다. 1937년 그는 보통문관시험에 합격하여 판임(判任)문관이 되었다.

당시의 관리는 칙임관(勅任官), 주임관(奏任官), 그리고 판임관으로 구별되는데, 고등시험과 보통시험에 의해서 임용되었다. 고등시험은 행정과, 외교과, 사법과로 구분되어 실시되었으며 주임문관, 외교관 및 판검사로 임용되었고, 보통시험은 판임문관의 임용시험이었다.

판임관이 된 김의택은 1년의 견습을 마치고 전라남도 경찰청에서 경부로 근무한다. 도 경찰청에는 경찰부장 이하 경시, 경부, 경부보, 순사부장, 순사 등의 경찰직제가 있었고, 경무과, 고등경찰과, 보안과, 위생과 등의 부서가 있었다. 그는 1940년경 위생과에서 근무한 것으로 나타난다. 그는 한때 무궁화 사랑을 주장하는 '근화회'에 연루되어 잠시 그만두기도 했지만 다시 복직하여 경찰로 활동했다.

그의 관직생활이 잠시 주춤한 것은 해방 직후였다. 당시 광주 지역에서

제12대 대통령 선거 때의 선거공보.

는 해방된 지 불과 수일 만에 건국준비위원회가 만들어지고 치안대, 청년대, 학도대 등이 조직되어 경찰서를 접수하는 등 활발히 활동하고 있었다. 그러나 미군정의 등장으로 인해 이러한 위기는 그에게 오히려 출세의 기반을 제공하는 계기가 되었다. 미군정은 포고령 2호를 통해 경찰관을 포함한 모든 일제하 관료들에게 현재의 직책을 수행하라고 지시한 것이다.

1945년 9월 25일 오전 10시 김의택은 도 경찰부 회의실에서 열린 '전남경찰관대회' 사회를 보고 있었다. 이날 대회는 현지 청년들로 조직된 치안대 및 청년대의 불법적 행위(미군정 포고령 2호)를 저지하고 악화된 전남의 치안을 바로잡자는 등의 결의문을 채택했다. 이는 미군정의 총독부 관리의 일시적 유임정책에 편승한 일제 경찰기구의 부활 시도였다. 이들은 경찰행정을 위원회제도로 하고 위원장을 노주봉으로 하였는데 김의택은 위원으로 활동했다. 그리고 이들은 광주치안대, 화랑단, 청년단을 해산시키기 위하여 이들이 치안유지라는 이름으로 일본인이나 경찰들을 폭행하고 있으며, 일본인 재산을 점탈하고 있다고 미군정청에 보고하기도 했다. 그후 김의택은 1945년 10월 20일자로 전남 경찰청의 초대 총무과장으로 임명되어 해방 후 전남도경의 조직 편성을 주도했다. 그 결과 1945년 11월 7일에는 전남 경찰부의 간판을 내걸게 되었으며, 조직 편성(초대 경찰청장 박명제)을 완료할 수 있었다.[2)]

초대 경찰청장 박명제는 11월 중순경 긴급 간부회의를 소집했다. 총무과장 주태규, 감찰과장 김의택, 수사과장 박몽실, 보안과장 김광섭, 기동대장 장홍염 등이 참석했다. 그들은 작전을 펴서 진주 형식으로 하루빨리 경찰서를 되찾아 치안을 확보할 것을 결정했다. 이날 회의 이후 진주 형식으로 영광을 시작해 목포 경찰서를 끝으로 모든 경찰서를 점령했다. 이렇게 해서 도내 치안은 완전히 경찰로 넘어가게 되었다.

해방 정국의 좌우갈등을 어렵사리 넘긴 김의택은 1950년 충북 경찰국장으로 승진 발령을 받아 전남 지역을 떠났다. 그후 전북 경찰국장을 지내기도 하였는데 그는 치안확보와 민심수습에 탁월한 솜씨를 보였다고 한다. 그러다가 돌연 경찰직을 그만두게 된다. 정확한 이유는 밝혀지지 않았지만 일설에는 그가 한민당계의 야당인사, 즉 미군정 때 경무부장을 지낸 조병옥과 가까이 지냈기 때문이라고 한다. 이때쯤에는 공통의 이해 속에서 출발한 이승만과 한민당세력 간에는 갈등이 커져 있었다. 한민당세력은 야당인 민주당으로 결집해 이승만의 독재를 반대하고 있었다.

경찰을 그만둔 김의택은 광주시 광산동에 주소를 두고서 1952년부터 2년간을 전남여객자동차(주) 이사와 전라남도 메리야스공업협회 이사장, (주)일광염업 부사장을 역임하면서 사업에 몰두했다. 그러다가 우리 나라 선거사상 최초로 입후보자 공천제를 실시한 1954년 3대 민의원 선거에서 전남 함평에서 무소속으로 출마해 자유당의 윤인식을 제압하고 국회의원으로 당선되었다. 그의 인생의 반전이었다.

국회의원이 된 그는 사사오입 개헌 때의 반대토론을 비롯해 매우 활발한 의정활동을 했다. 특히 그는 신익희, 조병옥 등과 함께 60인 호헌동지회에 참가해 반정부투쟁을 벌였다. 그는 야당의 계보로는 조병옥계에 가담했는데, 이때 조병옥계에 가담한 같은 초선 의원인 전북의 유진산과 가까이 지냈기 때문이다. 그는 1958년에 실시된 제4대 국회의원 선거에서 재선되었으며, 민주당의 원내부총무로 활동했다.

그러나 그의 의정활동은 4·19로 인하여 민주당정권이 등장하면서 더욱 활발해졌다. 그는 5대 국회의원 선거에서도 당선되었다. 당시 김의택은 한독당 중앙위원을 지냈고 광주치안대와 청년대장을 지낸 김석[3]과 대결했다. 한 사람은 일제시대 때 일본 경찰을 했고, 한 사람은 상해에서 독립운동을 했다. 그들은 해방 직후 치안권을 두고 1차 대결하여 미군정의 지원을 얻은 김의택이 승리한 바 있었는데, 이 선거에서도 혁신세력인 김 석을 누르고 김의택은 승리한 것이다. 양자의 대결은 한국의 정치사를 응축하고 있는 듯하다.

선거에서 승리한 김의택은 원내총무를 담당했다. 당시 민주당은 대통령과 국무총리 자리를 두고서 구파와 신파로 분열되어 경쟁을 했다. 구파에 속했음에도 불구하고 그는 구파와 신파의 싸움의 틈바구니에서 "긴 것은 자르고 짧은 것은 이으면 된다"는 그의 대화정치론에 바탕한 정치협상을 통해 민주당을 이끌어 갔다. 그는 전남이 지역구지만 구파 중에서도 유진산그룹에 속했다. 그 당시 구파 안에는 두 개의 파벌이 있었다. 하나는 조병옥의 막료진을 형성한 유진산그룹이고 다른 하나는 인촌 김성수를 잇고 있는 소선규, 조영규그룹이다. 이들은 상산 김도연을 정점으로 했으며 장면의 신파와는 가장 상극적인 가장 구파적인 사람들이었다.

5·16쿠데타의 발발로 김의택은 국회의원을 그만두게 된다. 그는 5·16 이후 정치적으로 좌절만을 거듭한다. 이후 그는 모든 선거에서 낙선했으며, 다만 8대 국회에서 전국구로 의회에 진출했지만 '유신체제'의 등장으로 말미암아 그마저도 중단해야 했다. 그러나 그의 정당활동은 원외임에도 불구하고 매우 활발했다. 그것은 그가 윤보선에서 유진산으로 이어지는 당권의 언저리에서 유진산계의 관리자로서 활동했기 때문이었다.

한편 김의택은 긍정 속의 부정이라는 논리로 유신체제에 참여했다. 그는 현실적이고 매우 타협적인 사람이었다. 그는 참여하의 점진적 개혁이라는 진산노선을 충실하게 계승했다. 그는 1974년 4월 유진산 총재가 숨지며 야당의 진산시대가 막을 내리자 총재 권한대행의 역할을 하면서 당권에 도전했다. 그러나 조직과 자금 등 여러 측면에서 우위를 점했음에도 불구하고 그의 유신체제에 대한 현실 참여적인 시국관은 당권경쟁에서 김영삼에게 패배한 주요한 원인이 되고 말았다. 새로운 대여자세(對與姿勢), 나아가 유신체제에 대한 도전과 대결을 요청하는 국민의 흐름을 김의택이 놓쳐 버린 결과였다.

그후 그는 정당활동의 일선에서 물러나 10년간의 정치활동 공백기를 갖는다. 그러다가 정치공백을 떨치고 제5공화국 출범과 함께 보수야당의 전통을 잇겠다고 주위의 차가운 눈길에도 불구하고 나섰다. 그러나 그는 광주민중항쟁 이후 실시된 제12대 대통령 선거에서 민권당 대통령후보로 나서 전두환, 유치송 등과 경쟁하기도 했지만 패배했다. 그리고 그가 총재로 있는 민권당 또한 3·25총선거(11대)에 참여했지만 단 두 명의 당선자를 내 야당의 법통을 민한당에 넘겨주어야만 했다. 그후 군소정당인 민권당의 총재로 있다가 1983년 노정객은 그의 긴 인생의 여정을 마쳤다.

그는 일본 경찰 출신이라는 경력에도 불구하고 여타의 친일 경력자와 다르게 그의 반평생을 줄곧 '사막의 길, 고난의 길'이라는 야당의 길을 걸어왔다. 그렇지만 그는 '현실적인 시국관'을 바탕으로 항상 강경과 극단보다는 대화와 협상을 택했고, 최선보다는 차선의 실리를 추구하는 정치스타일을 보여주었다. 그래서 한편으로는 '협상의 명수'라는 별명이 붙기도 했지만, 다른 한편으로 그의 정치노선은 선명야당노선을 내세운 사람들에게는 공격의 표적이 되기도 했다.

1) 그는 이렇게 말했다. "무엇 때문에 헌법을 개정하는지 우리 국민 앞에 대의명분을 뚜렷이 밝혀야 한다. 내각책임제적 요소를 버리고 대통령중심제를 채택하게 되는 이유를 우리 나라가 정당제도가 아직 발전되지 못하여 내각이 빈번하게 교체되어 행정의 불안정을 초래하고 정책의 일관성을 유지할 수 없기 때문이라고들 말한다. 그렇다면 우리 민의원의 ⅔라는 절대 다수를 점령하고 있는 자유당은 정당이 아닌가? 자유당 자체가 정당정치를 부인하는 것이 아닌가? 아니면 자유당은 아직 정당다운 정당이 아니라는 말인가?"

2) 김석학, 임종명, 『광복30년』, 전남일보사, 1975, 48~53쪽.

3) 김석학 외, 같은 책, 40~49쪽.

김우평

근대적 경제평론가

1898년 전남 여수 출생, 컬럼비아대학원 경제학 전공
1927년 동아일보 입사, 경제부장, 조사부장
1934년 만몽일보 편집국장
1949년 초대 외자구매청장
1960년 여천 지역 민의원 당선
1961년 장면내각에서 부흥부장관

여수는 1920년대 말 일본의 군소자본들이 들어서면서 목포 다음가는 상권이 형성되어 '돈 많은 고장'으로 알려져 왔다. 하지만 정작 일제시대와 해방 전후에 걸쳐서 여수인들 가운데 내노라 하는 거부를 찾기는 어려운 실정이다. 그런 가운데서도 여수 사람들에게 당시 여수 갑부가 누구였냐고 물어 보면, 대부분은 서슴없이 '영광 김씨들'을 꼽는다. 전통적인 지주로 부를 형성한 영광 김씨는 그에 걸맞게 일제시대와 해방 정국을 거치면서 수많은 인물을 배출했다. 이중 우익인사로는 김문평(金汶枰, 제헌국회의원), 김인평(金寅枰, 일제시대 읍장), 김우평(金佑枰, 미국 유학, 부흥부장관), 김백평(金栢枰, 독일 유학), 김준평(일본 유학, 판사) 등이 있으며, 좌익인사로는 여수 건준에 깊숙이 간여했으며 초대 여수 경찰서장을 지낸 김수평(金守枰) 등이 있다. 여수에서는 이들을 가리켜 '영광 김씨 18평'이라 부른다. 이들 가운데 대표적인 인물은 '여수 3재(才)' 중의 하나로 알려졌으며,

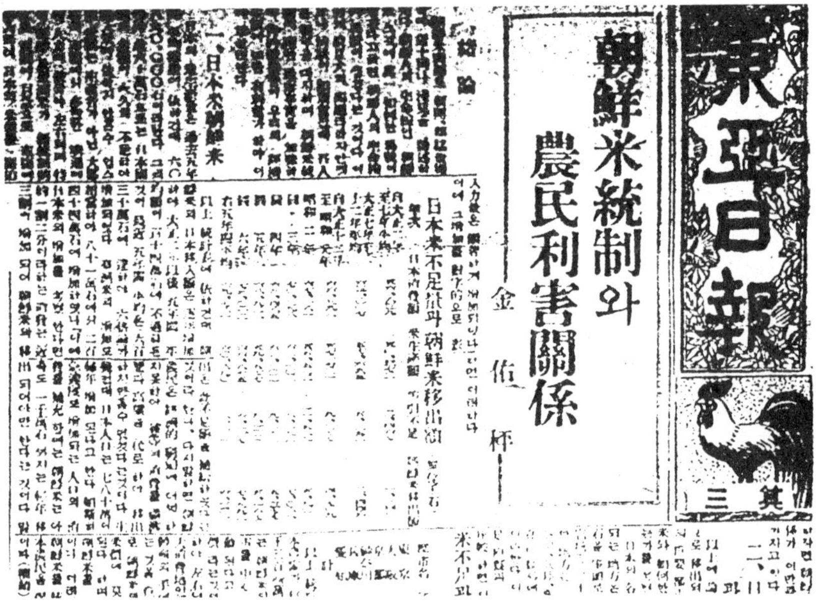
東亞日報

朝鮮米統制와 農民利害關係

金佑枰

동아일보 1933년 1월 1일자에 실린 기명기사.

국회의원과 부흥부장관을 역임한 김우평을 들 수 있다.

그는 1898년 여수군 서정(현 충무동) 720번지에서 김한승과 심씨 부인의 둘째 아들로 태어났다. 김한승은 여수우편취급소 주사, 여수 군수서리, 여수소방부 조두, 여수어업조합장, 여수지방금융조합장(1911, 초대), 여수도시금융조합장, 전남도평의회 의원, 중추원 참의 등을 거친 지방유지였으며, 여수기업(1928, 이사, 자본금 10만 원), 순천직물(1929, 감사, 자본금 3만 2000원), 여수자동차(1937, 이사, 자본금 5만 원) 등의 기업을 운영한 기업가였다. 또한 1930년도 당시 133정보의 땅을 소유하고 있는 지주이기도 했는데, 303정보를 소유한 고뢰농장을 제외하고 개인으로는 여수에서 가장 많은 땅을 가진 사람이었다. 그 밖에 여수 지역 50정보 이상을 소유한 지주로는 김우평의 백부 김한영, 숙부 김한성, 그리고 박치일 등을 들 수 있다.[1)]

이러한 경제적 기반과 일찍부터 개화문물을 받아들인 아버지의 도움으로 김우평은 근대 교육을 받을 수 있었으며, 그의 형제들도 일본과 독일 등으로 유학을 갈 수 있었다. 그는 1912년 여수공립보통학교를 1회로 졸업하고, 중앙고보에 입학했다. 그후 일본 센다이에 있는 학교에서 6~7년 동안 경제학을 공부한 후, 1921년 미국으로 건너가 오하이오주립대학을 거쳐 컬럼비아대학 대학원에서 경제학을 전공했다.

귀국한 후 그는 1927년 4월 동아일보에 입사했으며, 1928년 정치부 기자를 비롯하여 조사부, 경제부, 정치부의 부장을 지낸 뒤, 1933년 8월 퇴사하여 만몽일보(후에 만선일보로 바뀜)로 옮기게 된다. 특히 그는 동아일보 시절에 최근 친일문제로 자주 거론되고 있는 서춘과 함께 경제부장과 조사부장을 번갈아 하며 경제평론가로 자리를 굳히고 있었다.

당시 그의 활동 상황을 잠시 살펴보자. 그는 1933년 3월 13일 동아일보가 주최한 '연사강연'에서 고재욱(미국공황의 원인), 함상훈(미국공황의 영향), 서춘(환문제와 금의 운명) 등과 함께 '일본 인플레이션의 장래와 조선의 물가'라는 주제로 강연했다. 당시 동아일보는 '연사강연'에 대해 보도하면서 "세계 금보유고의 약 4할을 보유하고, 세계경제계의 중추신경을 장악하고 있는 황금 미국은 방금 금융공황의 대화(大禍) 중에서 헤매고 있다. 대체 미국 공황은 왜 일어났으며 어떻게 될 것이며, 특히 조선경제계에 미치는 영향은 어떠한가? 본사는 이 중차대한 문제를 독자들에게 알리기 위해 다음과 같이 강연회를 개최한다"라고 소개하고 있다. 이 무렵 그는 세계공황과 조선의 경제문제를 주제로 여러 지역을 다니며 강연활동을 했다. 또한 당시 금융조합 설립과 관련해 '조선인과 금융조합' 등의 내용을 다룬 『금융조합론』이라는 책을 저술하기도 했다.

한편 그가 만주에서 벌였던 활동의 편린은 1934년판 『신문총람』에서 찾을 수 있다. 거기에는 김우평이 만몽일보의 편집국장이었다고 적혀 있어 그가 만주 지역에서도 언론인으로 활동했음을 보여 주고 있다.[2] 만몽일보는 1933년 8월 자본금 30만 원으로 일본의 정책적 지원 아래, 매일신보의 사장(1917)과 편집국 차석(1919)을 지냈던 민태원과 최윤주, 홍순범 등이 중심이 되어 창간한 신문이었다. 일본은 만주사변을 일으킨 이듬해인 1932년 일본, 조선, 만주, 몽고, 중국의 오족화합(五族和合)과 왕도낙토(王道樂

土)를 슬로건으로 만주국이라는 괴뢰정권을 심어 놓았다. 당시 만주에는 200만이나 되는 동포들이 거주하고 있었으며, 독립운동의 터전이기도 했다. 따라서 이곳은 일본인에게는 안정적인 지배력이 필요했던 지역이었다. 그리고 그 일환으로 '황민화 이데올로기'를 주입할 매체가 필요해 조선에서 내노라는 신문사의 인재들을 동원하여 만몽일보를 만들었던 것이다. 그후 만몽일보는 1937년 10월 만선일보로 제호를 바꿨으며, 최남선과 염상섭이 각각 고문과 편집국장을 맡기도 했다.

그러나 김우평에 대한 평가는 이러한 활동 경력보다는 경제평론가라는 점에 초점이 맞추어져야 한다. 사실 그가 동아일보에 기고한 글들은 그 대부분이 경제평론이었다. 즉 동아일보 색인목록에 나타난 그가 쓴 300여 개에 이르는 기사들을 일별해 보면, 거의 모든 기사가 정치와 경제문제를 주 내용으로 하고 있다.[3] 그 내용을 시기별로 분류해 보면 당시의 시대상이 반영되고 있음을 알 수 있다. 즉 사회주의문제, 국제경제문제 등을 다룬 1920년대 중반, 공황과 국제경제 및 조선경제를 다룬 1920년대 말부터 1930년대 초반, 그리고 새로운 국가건설과 전후 복구문제를 주로 다루었던 해방 이후로 구분할 수 있다. 1930년대 후반부터 1940년 초반까지의 글이 보이지 않는 것은 이때 그가 만주에서 활동했기 때문이다.

1920년대 중반까지의 글을 보면 「사회주의의 의의(3회)」, 「민주 교육을 논하야 창조 교육에 급(及)함(4회)」과, 「농업자인 조선인과 빈(貧)」, 「세계를 좌우하는 독일의 화학공업」, 「승리는 공화? 민주? 미국정계의 장래, 총선거를 앞두고 양당의 쟁패(爭覇)(2회)」, 「국제 카텔 연구(3회)」, 「농창(農倉) 및 미곡법 실시와 조선 농민의 이해(3회)」 등 총 30여 편의 글을 발표했다. 특히 그가 미국으로 유학가기 전인 1920년에 기고한 「사회주의의 의의」에서는 사회주의에 대한 그의 입장을 소개하는 것이 아니라 미국 위스콘신대학 엘리의 『사회주의』라는 글을 소개하면서, 그 특징을 생산기구 및 생산의 공유, 소득의 평등한 분배문제 등으로 지적하고 있다.

한편 1920년대 후반과 1930년대 초반은 그의 전공이 유감 없이 발휘되던 시기였다. 당시는 대공황으로 인해 세계경제가 침체하면서, 국제경제에 대한 이해가 어느 때보다도 요구되었고, 그 자신이 동아일보 조사부장과 경제부장을 역임하던 때라 국제정세의 변화와 경제동향에 대한 강연과 글을 많이 발표한 시기였다. 대표적인 것으로는, 전후 처리를 둘러싼 문제를 다룬 기사로 「독일의 전채배상문제 해결 재검토의 원인 및 시안(4회)」, 「전채 연기문제와 현상과 장래」 등을 들 수 있으며, 공황을 둘러싼 문제를 다룬 기사로는 「금본위제 동요와 국제경제의 정세(6회)」, 「경제강화(講話) : 유통 중심의 물가론 연구, 화폐수량설에 비판함(4회)」, 「미국 공황과 그 영향(2회)」, 「공황과 원인」, 「미국 공황과 그 영향, 금본위폐지」, 「금은 돈인가(전 30회)」, 「인플레이션과 관련된 문제들, 유통화의 증가와 물가의 장래(5회)」, 「인플레이션과 관련된 문제들, 오픈 마케트 오퍼레이션(2회)」 등을 들 수 있다.

또한 조선의 경제문제를 내용으로 하는 것은 「농촌자력갱생안」, 「차별받는 조선미」, 「금납제도에서 물납으로 시대 역행의 신기록」 등 농촌문제에 주안점을 맞추고 있다. 그 외에도 「금융조합의 과거, 현재, 장래, 조선서민금융의 해부(48회)」, 「중소업자 전문 금고를 설치하라」 등이 있다. 이와 같이 그가 쓴 글의 대부분은 기획물이었으며, 그러한 글이 이 시기만 해도 무려 200여 편에 이르고 있다.

특히 1933년 1월 1일자의 「조선미 통제와 농민이해관계」라는 글 서두에서 그는 "조선인의 생명선인 조선미에 이상이 생긴다면 이는 중차대한 문제라 아니할 수 없다. 신년을 맞이하여 조선미 통제에 대한 최근 사실을 고려하여 재검토해 줄 것"을 지적하고 있다.

그후 해방이 되면서 그의 글도 국제정세 속에서 한국의 장래문제와 국제정세에 초점이 맞춰지며, 한국전쟁을 겪고 나서는 원조와 경제개발의 중요성을 역설하게 된다. 국제정세와 한국문제를 제기한 글로는 「유엔결의와 우리의 진로(4회)」, 「국제연합 — 한국문제」, 「소련의 세계침략정책(9회)」 등이 있으며, 전쟁 후 경제문제를 지적한 글로는 「마샬부흥계획은 민주진영 방비력강화」, 「서구의 재건계획을 본받아 한국에도 비상체제 긴요」 등 원조와 케인즈학파가 주장한 국가의 정책적인 개입에 의한 경제문제

해결을 대안으로 제시하고 있다.

1947년 9월 그는 영국에서 전후 복구를 주제로 열린 태평양문제연구회에 조선 대표로 참석했다. 당시 그는 귀국하여 가진 기자회견에서 영국의 모범적인 재건노력과 프랑스의 어지러운 사회상, 그리고 패전 독일의 참상을 소개하면서 우리 민족도 전후 복구에 헌신의 노력을 기울여야 한다고 지적했다. 그후 그는 1949년 11월 미국의 원조를 통한 경제재건이 요구되는 시점에서 초대 외자구매청장으로 임명되어 1952년 2월까지 그 직책을 수행했다.

한편 그는 자신의 이상을 실현하기 위하여 정치계에도 뛰어들었다. 그가 처음 정치와 인연을 맺은 것은 해방 직후였던 것으로 보인다. 해방 정국의 한국정치를 연구한 안종철(전남대학교 강사)은 그의 학위논문에서 김우평이 직책은 알 수 없지만 건준에 참여했다고 기록하고 있다.[4] 그러나 그가 본격적으로 정계에 뛰어든 것은 1953년 부산 피난 시절이었다. 당시 그는 3대 국회의원 선거에 출마하여 낙선한다. 이후 그는 1958년 민의원 선거에도 입후보했지만 정치와는 인연이 없었는지 또다시 고배를 들고 말았다. 당시 여수 지역의 국회의원 선거는 김문평(제헌의원), 정재완(2~5대), 이우헌(6~7대) 등 건준에 관여했던 인물들이 대거 당선되었는데, 당시 여수·여천의 건준은 김수평을 제외하고는 참여한 사람들이 모두 우익인사였다.[5]

그가 낙선의 아픈 기억을 떨치고 일어설 수 있는 계기가 되었던 것은 1960년에 일어난 4·19였다. 그는 4·19 이후 1960년 7월 29일에 실시된 민의원과 참의원 선거에서 여천 지역 민의원에 당선되었다. 그후 장면내각이 등장하면서 김우평은 부흥부장관을 맡아 비로소 평소의 소신을 펼칠 무대에 서게 되었다. 그러나 그는 자신의 뜻을 펼쳐 보기도 전에 4개월 만에 장관직을 물러나야만 했으며, 그후 얼마 안 되어 유명을 달리하고 말았다.

미국에서 경제학을 전공하고 돌아와 동아일보 경제부장, 만주국 경제부 등에서 근무했으며, 초대 외자구매청장, 부흥부장관을 역임한 김우평은 당시 전남에서 배출한 탁월한 경제전문가였다. 경제전문가로서 그가 갖고 있는 역량은 현재까지도 인정받을 수 있을 것으로 보인다. 그러나 역사적인 평가는 전문적인 역량과 함께 역사적 정당성을 확보해야만 한다. 따라서 그에 대한 정당한 평가는 만주에서의 행적이 밝혀진 뒤로 미룰 수밖에 없을 것이다.

1) 농촌경제연구원, 『농지개혁시 피분배지주 및 일제 대지주 명부』, 1985.
2) 언론사연구.
3) 동아일보에 기고한 그의 글을 「동아일보 색인집」에서 정리했음.
4) 안종철, 「해방 직후 건국준비위원회 지방 조직과 지방 인민위원회에 관한 연구」, 전남대 정치학과 박사학위논문, 1990, 44쪽.
5) 무등일보 「선거 43년사」 여수편, 1992. 1. 15.

정광호

미군정시대의 광주시장

1895년 전남 화순 출생
1919년 2·8독립선언 참가, 광주에서 만세시위 주도
1920~1927년 임시정부 교통부 참사, 임시의정원 전라도 대표, 국민대표대회 대의원, 상해에서 청년회활동
1945년 한국민주당 조직부장
1948년 제헌의원
1950년 납북
1956년 사망

1948년 8월 19일 제44차 제헌의회 본회의에서 "특별위원회를 구성해 구체적인 사실을 조사하고 확실한 증거를 수집해서 개별적으로 특정인을 친일파로 지정해서 숙청을 건의하자"[1]라는 긴급동의를 하며, 친일파 척결에 대한 강경한 입장을 보인 의원이 있었다. 그 의원은 놀랍게도 친일파 척결에 가장 소극적이라고 인식되던 한민당 의원이었다. 그가 바로 광주 출신의 제헌의원인 청교(靑郊) 정광호(鄭光好)다. 결국 정부는 이러한 동의안에 따라 친일파 숙청에 관한 특별위원회(반민특위)를 구성했다.

정광호는 1895년 8월 화순군 능주면 읍내리에서 온양 정씨 정대교의 2남 3녀중 장남으로 태어났다. 그의 가정형편은 그렇게 넉넉지 못했기 때문에 경성고보 부설 임시교원양성소를 다니면서 교육을 받았다. 이때 그는 '조선산직장려계(朝鮮産織獎勵契)'에 가입하면서 애국계몽운동에 뛰어들었다. 이 단체는 국채보상운동의 일환으로 양성소 생도와 각종 중등학교 교사들이 조선혼을 고취하고 조선인의 사업을 부흥하자는 목적하에 1915년 3월에 조직한 것이다.[2] 양성소를 졸업하고 능주보통학교 교사로 재직하던 그는 「독립찬가」 등의 노래를 가르치는 등 학생들의 배일사상을 고취시키다가 결국 1916년에 해임되었다.

해임 후 일본으로 유학을 간 그는 메이지대학 정치경제학과를 다니면서 열성적으로 항일운동에 참여했다. 당시 일본에는 조선인 유학생들이 800명 가량 되었고, 이들 중 다수가 조직적인 항일운동에 가담하고 있었다. 그러던 1919년 백관수, 김도연 등이 중심이 되어 유학생들이 2·8독립선언을 준비할 때, 그는 실행위원급에는 들지 않았으나 막후에서 이를 위해 헌신했다.[3] 당시 그가 했던 일은 선언문의 등사, 동지규합, 장소물색, 국내와의 연락 등이었다.

그는 선언문을 가지고 2월 2일 국내에 들어와 광주 출신 서울 유학생인 김범수, 김기형 등을 만나 이를 국내에 배포하기로 결의했다. 그리고 2월 4일 전남 장성군 북이면 백암리에 있는 김기형의 집에서 선언문을 인쇄한 후, 최남선을 찾아가 동경의 2·8독립선언과 때를 맞추어 국내에서도 거사해 줄 것을 요청했다. 그 과정에서 3·1운동 계획을 알게 된 그는 다시 광주에 내려와 한길상, 최한영, 강석봉 등[4]과 접촉하면서 광주거사를 준비하여 결국 3월 10일 만세운동을 일으켰다.

그후 3·1운동 주모자에 대한 수배령이 내리자 그는 유학을 포기하고 일경의 감시를 피해 3월 말 인천에서 밀항선을 타고 중국 상해로 탈출했다. 당시 그는 광주지방법원의 궐석재판에서 3년 형을 선고받았다.

정광호는 상해에서도 임시정부와 관련을 맺고 민족독립을 위해 활동했다. 그는 임시정부에서 1920년 2월 13일부터 1921년 2월 14일까지 국내외의 비밀결사 조직들과 연락을 담당하는 교통부 참사[5]로 근무했다. 또한 그는 1921년 3월 18일 소집된 임시정부 제8회 임시의정원에 전라도를 대표하는 대의원으로 참가했으며, 1921년 9월 1일에는 상해에 유학 온 44명의 학생을 중심으로 유화(留華)학생회[6]를 조직하고 회장을 맡기도 했다.

그러나 상해 임시정부는 점차 독립운동가들로부터 지지를 상실하기 시작했다. 이런 상황을 타개하고자 1923년 1월 3일부터 6월 7일까지 국민대표회의가 개최되었는데, 그는 김철 등과 함께 전라도를 대표하는 대의원으로 참석했다. 국민대표회의는 임시정부를 둘러싸고 일어난 독립운동가들의 분열을 방지하고 해외독립운동자의 대동단합을 전제로 개최되었는데, 각지에서 100여 단체 120여 명의 대표가 모였다. 여기서 그는 '대표자격심사위원'으로 당선되었고, 과거문제 조사위원회에 참여했으며, 국민대표자대회의 선서 및 선언문[7]을 기초할 위원으로 선출되기도 했다.

국민대표회의는 대동결속이라는 당초 목적과는 달리 임시정부를 해체하고 다시 재조직하자는 창조파[8]와 임시정부를 그대로 둔 상태에서 서서히 개조해 나가자는 개조파[9]로 갈렸다. 결국 국민대표회의는 회의 63일째에 결국 개조파가 퇴장하고, 창조파가 새로운 조선공화국을 수립함으로써 결렬되고 말았다. 이현희의 『대한민국임시정부사』에 의하면 당시 정광호는 개조파 57명 중 한 사람으로 창조파가 세운 조선공화국[10]을 성토했다고 한다.[11]

임시정부가 독립운동의 구심력을 상실한 후 그는 상해에서 청년회를 중심으로 여러 가지 활동을 벌이고 있었다. 1924년 2월경에는 상해 교민단 학무위원회 대표로 김두봉과 함께 활동했으며, 그해 9월경에는 화동 한국유학생회 집행위원장을 역임했고, 1925년 2월 21일에는 여운형과 함께 신한청년회 이사로 선임되어 활동하기도 했다. 또한 1927년 7월경에는 상해에서 안창호 등 10여 명과 함께 임시정부 경제후원회를 조직해 그 위원으로 활동하기도 했다.

그러나 결국 그는 중국생활을 청산하고 1920년대 말 조선으로 귀국했다.[12] 그후 그는 해방되는 날까지 별다른 활동 없이 광주 사동에 주소를 둔 채, 일경의 감시를 피해 경기도 양주군의 천측사에 칩거하면서 여러 지역을 오가며 생활했다.[13] 이 시기 그는 백관수, 송진우, 김병로 등 일본 유학 시절의 동료들과 절친했다고 한다.

해방이 되자 정광호는 평소 친교를 맺어 왔던 김성수, 송진우, 김병로 등과 한국민주당에 참여해 중앙집행위원 겸 조직부장으로 일했다. 그러다가 1947년 6월 27일 미군정 당국의 발령으로 그는 광주부윤(현 광주시장)으로 부임했다. 이는 그가 제헌의회에 출마하기 위한 사전 포석이었다. 당시 미군정측은 '좌익세력 진출방지'에 최대의 역점을 두었던 터라 한민당 인사들이 제헌의원에 많이 당선될 수 있도록 인사배려를 했던 것이다. 그후 1948년 좌익과 남북협상파들이 불참한 가운데 이루어진 5·10선거에서 그는 한민당의 공천으로 광주에서 단독 출마하여 무투표로 당선되었다.

당시 그의 무투표 당선에는 우여곡절이 있었다. 한민당 후보인 그의 단독 출마에 한독당계열을 포함한 여러 정치세력들이 크게 반발한 것이다. 이들은 그의 당선을 좌절시키고자 당시 전남도청 부녀계장이던 조아라를 후보로 등록시키려고까지 했다. 그렇지만 한민당측은 일단 서류미비를 빌미로 등록을 반려하면서, 조아라를 설득하고 위협하여 단독 출마를 관철시킨 것이다.[14)]

1948년 5월 31일 열린 개원국회에서 그는 윤치영 등과 함께 15명의 '국회법 기초위원'으로 선정되었다. 그러나 그의 국회활동 가운데 가장 두드러진 것은 '정부 내 친일파 숙청에 관한 특별위원회' 구성 및 반민특위활동과 관련한 것이었다. 임시정부에서 활동했던 때의 그의 사상이 한민당 의원인 상태에서도 바뀌지 않았던 것이다.

그후 1950년 5월 30일에 치러진 2대 국회의원 선거에서 그는 광주 대신 경기도 양주군에서 출마했으나 낙선하고 만다. 그가 원래 출마지였던 광주에서 출마하지 않은 까닭에 대해 당시 한민당 광주 지구당책이었던 고광표(대창석유 회장)는 자신과의 묵계 때문이었다고 이야기한다. 즉, 제헌국회 때는 정광호가 출마하되 그 대신 2대째는 고광표가 출마하기로 서로 약속했었다[15)]는 것이다.

2대 국회의원 선거가 끝난 지 한 달도 지나지 않아 한국전쟁이 발발했다. 당시 서울에 있던 그는 미처 피난하지 못하고 고모 아들인 이영찬의 집에 몸을 숨겼다가 결국 인민군에게 체포되고 말았다. 그후 그는 노동당 중앙위원회 정치국과 군사위원회의 합동으로 추진한 일명 '모시기 공작(군사위원회 8호 결정)'에 따라 납북되었다.

납북 이후 그는 남한 지역에서는 '잊혀진 인물'로 오랫동안 세인들의 관심 속에서 사라져 버렸지만, 납북인사의 행적을 기록한 『압록강변의 겨울』에 그가 사망하기 전까지의 행적이 단편적이나마 실려 있다.

연행·체포된 인사들은 북한으로 세 가지 경로[16]를 통해 납북되었다. 그는 임정요인들이 중심이 된 조소앙 팀 25명과 함께 3차 경로를 통해 납북되었다. 한민당이었지만, 임시정부에서 활동한 경력이 인정되어 이들과 합류하게 한 것으로 생각된다. 납북된 인사들과 함께 만포에서 감금생활을 하던 그는 38선을 중심으로 전쟁이 소강 상태에 접어들자 다시 평양 교외인 대동군 시족면 성문리로 이동했다. 그곳에서는 조소앙, 안재홍, 원세훈, 엄항섭, 윤기섭 등 임정요인들과 함께 생활했다. 1953년 휴전이 되자 납북인사들은 서울로 환향시켜 줄 것을 요구하는 환향론자와 이승만정권의 신변불보장에 따른 비환향론자로 나누어졌다. 당시 정광호는 백관수, 김용무 등과 함께 환향론자였다.

그후 납북인사들은 또다시 평양 부근 동북마을로 이사를 했다. 여기서도 납북인사들은 북한 당국의 정치적 공세와 협조요청에 대한 엇갈린 대응으로 서로 대립하면서 소외그룹이 등장하는데, 정광호도 여기에 속했다. 그는 1956년 7월 '재북평화통일촉진협의회' 결성 때 25명의 준비위원으로 추천되기도 했지만, 이에 불참했다. 그리고 재북평화통일촉진협의회 축하연이 진행되는 자리에서 정광호는 소외그룹 인사들과 함께 협상파 인사 및 국회프락치사건 관련 인사들을 향해 '반역자', '배신자'라는 극단적인 용어를 쓰며 비판했다. 이에 최성환, 박열 등이 정광호 등 비판자를 구타하여 입원하기도 했다. 그후 그는 1956년 11월 사망했다.

정광호, 그는 일제시대에는 독립운동가로서, 해방 정국에서는 광주시장으로, 그리고 제헌의원으로 굵직굵직한 족적을 남겼다. 그런데 "속박의 생보다는 자유의 죽음을 택하라!"라고 외치던 그의 독립운동 행적은 지금껏 이념의 빗장에 갇혀 있다가 1989년 3·1절이 되어서야 복원되었다. 그가 건국훈장 애국장을 달고 40여 년의 세월을 건너뛰어 다시 우리 앞에 나타난 것이다.

1) 국회사무처, 『국회사』, 1971, 69쪽.

2) 국가보훈처, 『독립운동사료집』, 14권, 285쪽.

3) 이현희, 『대한민국임시정부사』, 집문당, 1982, 35~36쪽.

4) 이들은 '신문잡지종람소'라는 간판을 내걸고 민족의식 배양에 노력하고 있었다.

5) 교통부는 임정에서 주로 비밀연락업무를 담당하는 부서였다. 국내외의 비밀결사 조직들과 연락을 유지하면서 국내로부터 군자금, 모병 등을 원활히 하기 위한 통로였다. 국가보훈처, 『독립운동사자료집』, 9집, 626쪽.

6) 『독립운동사 자료집』, 13집, 1021쪽.

7) 이 선서문과 선언문은 1923년 2월 21일에 발표되었는데 선서문에서는 독립정신하에서 국민의 대동일치와 희생정신으로 국민대표회의의 공결에 절대 복종할 것을 서약했다. 그리고 선언문에서는 독립운동을 향한 국민적 대동결속과 통일적 기관계획하에 대업을 완성한다는 목표를 제시했다. 이현희, 같은책, 181~182쪽.

8) 창조파는 원세훈, 윤해, 오창환, 박응칠, 김진규, 유시언과 북경군사통일회 관계자들이었다. 창조파는 통일적 분위기 형성을 강조하여 통일파라고도 했다. 이현희, 같은책, 183쪽.

9) 개조파는 외교론을 주장하는 안창호, 문시환, 이무언, 윤경일 등이었는데 문시환은 "독립운동은 외세적 조류에 의존하지 말고 자력적 조류에 따를 것을 주장하고 통일 방법으로는 기성정부를 믿고 집중할 때에 이룩되는 것이니 중의에 맞도록 개조하자"는 의견을 제시 했다. 이현의, 같은책, 183쪽.

10) 결국 창조파는 상해 임시정부를 부인하고 새로운 공화국인 '조선공화국'을 수립하기 위해 헌법 초안을 만들고 국민위원회를 조직했다. 이 국민위원에는 윤해, 김규식, 원세훈, 김창수, 박용만 등 33인을 선정하고 고문으로 박은식, 문창범, 신채호, 이동휘 등 30인이 추천되었다. 이현희, 같은책, 187~188쪽.

11) 그런데 『예향』 1992년 2월호에서는 정광호가 이 창조파의 입장에 서서 임정의 해산과 재조직을 열렬히 주장했다고 적고 있다. 그러나 정광호는 개조파로서 "임시정부는 독립운동의 결정체인데 출석의원의 ⅔수나 되는 개조안을 무시하고 45인이 퇴석 통고를 하고 부착한 대로 국호를 따로 정하여 새 국가를 만든 것을 성토한다"고 창조파의 조선공화국 수립에 대해 성토했다. 동아일보, 1923. 6. 25., 이현희, 같은책, 188쪽.

12) 정광호의 둘째 아들 정도영의 증언.

13) 정광호의 형인 정재호의 아들인 정성영의 증언.

14) 『광주시사』.

15) 고광표의 증언, 『예향』, 1992. 2., 108쪽.

16) 1차 납북경로는 김약수 팀으로 참여파와 협상파들로서 서울→평양→회천→만포로 이동했다. 2차 납북경로는 반동으로 지목된 최린, 정인보, 백관수, 명제세, 김용무 등의 저명인사이었다. 이들은 서울→평양→운산→적유령산맥→만포로 이동했는데 심한 차별을 받았다. 3차 납북경로는 임정요인 중심인 조소앙팀 이었다. 김규식, 조소앙, 조완구, 안재홍, 원세훈, 권태희 등 25명이 서울→평양→희천→만포로 이동했다.

정재완

한독당의 외로운 섬

1990년 전남 여수 출생
1927년 일본 동양대학교 철학과 졸업
1945년 여수 건국준비위원회 위원장, 전남 동부 미군정청 고문위원장, 여수 군수
1947년 한독당 전남 부위원장
1948년 여수일보 사장
1950년 2대 국회의원
1967년 사망

해방 정국에서 전남 지역의 정치세력은 일제하 민중운동에 토대를 두고 결성된 조선공산당과 지주세력을 기반으로 막강한 재력을 앞세운 한민당이 그 중심으로 이루고 있다. 이러한 상황에서 유독 여수 지역만은 동장까지도 대부분 한독당 당원일 정도로 한독당의 기반이 강했다고 알려져 있다. 이러한 여수 한독당의 중심 인물로 단연 정재완(鄭在浣)을 손꼽을 수 있다.

그는 1900년 여수시 동정(東町, 현 관문동)에서 정관영(鄭寬榮)과 장성녀(張姓女)의 아들로 태어났다. 그의 집안은 주위에서 천석꾼으로 불릴 정도로 부유했으며, 그의 아버지는 관직에 몸담기도 한 한학자였다. 그러나 그의 성장기가 개화의 물결이 밀려들던 때인지라 그는 처음부터 신식 교육을 받았다. 그는 여수공립보통학교를 졸업한 후 상경하여, 한성고보를 다니다가 1919년 3월에는 중앙고보에 다시 입학했다.

그러나 그는 3·1운동 당시 학교 책임자로 거사에 참여한 후 일제의 검거망을 피해 만주로 건너가면서 자연스럽게 학업이 중단되었다. 또한 1922년에는 3·1운동과 관련해 궐석재판에서 2년 형을 언도받기도 했다. 만주에서 그는 김좌진 장군을 돕기도 하다가, 그후 1920년대 초에 일본으로 건너가 1927년 3월 일본 동양대학교 철학과를 졸업하고 같은 해 4월 고향으로 내려온다.

여수에 내려온 그는 주로 여수청년회를 무대로 활동했다. 여수청년회는 1920년 7월 최석수와 정태훈이 중심이 되어 조직했는데, 초기에는 지역 유지들의 친목을 도모하는 단체였다. 그러던 청년회가 여수 지역의 여론을 주도하는 단체로 성장한 것은 1928년 철도부설 반대운동이 계기가 되었다. 당시 남선철도(주)는 철도부설을 이유로 30만 평에 달하는 땅을 헐값으로 사서 땅 투기를 하려고 했다. 이에 정재완은 당시 청년회의 핵심 멤버이던 김홍식, 장용태 등과 함께 반대운동을 펼쳐 이를 제지했던 것이다.[1)]

이 무렵 여수청년회 회장을 맡고 있던 정재완은 여수청년회관을 건립하기 위해 공사를 시작했는데, 이 공사는 400~500평의 연못을 매립해야 하기 때문에 막대한 자금이 소요되었다. 정재완은 자신의 전답을 팔아 부족한 공사비를 충당했고, 회원들이 직접 지게를 지고 공사판에 뛰어들었지만 공사비는 턱없이 부족했다. 결국 1930년 말 김영준의 지원을 받고서야 건물을 완공하게 된다. 그후 청년회관은 상공회의소와 신문구락부로 사용되다가 해방 후에는 대한노총회관, 여수신문기자구락부, 시립도서관, 최근에는 여수시문화원, 여수지역발전협의회, 진남제 준비위원회 등으로 사용되고 있다.

그후 그는 1938년에는 김영준이 일본인 갑부로부터 3300여 평을 사들여 만든 '진영농장'을 관리하기도 하였으며, 1940년 초부터 해방 때까지 천일고무공장에서 김영준의 사업을 돕기도 했다. 아무튼 이 무렵 그는 김영준과 밀접한 관련을 맺었다.

해방 직후 여수 지역은 매우 특이한 성격을 띠게 된다. 원래부터 여수는 일본으로 여객선이 출발하는 항구로 일본인이 많이 거주하고 있었으며,

고사포 부대와 기마대까지 주둔하고 있던 지역이었다. 그런 데다가 해방이 되면서 본국으로 돌아가려는 다른 지역의 일본인들과 군 부대까지 몰려들어 여수는 그야말로 북새통을 이루고 있었다. 그 와중에서 조선인들은 치안유지와 적산관리를 목적으로 1945년 8월 20일 건국준비위원회를 조직했다. 양자 사이에는 불만 붙으면 폭발할 수 있는 위험성이 상존하고 있었다.

이러한 시기에 정재완은 건준의 위원장을 맡아서 일본인들이 완전히 철수할 때까지 아무런 불상사도 일어나지 않도록 힘썼다. 이것은 한편으로는 여수 건준의 원만한 일처리에 기인하는 것이지만, 다른 한편으로는 여수 건준이 우익 중심의 조직이었기 때문이기도 했다. 사실 여수 건준은 부장급 이상의 구성원 중 이창수와 김수평을 제외하고는 모두가 우익인사로 구성되어 있었다. 이는 여수 지역의 정치적 역관계가 좌익과 우익 어느 쪽도 압도적인 위치를 확보하지 못하고 균형을 이루고 있기 때문이기도 했다. 이러한 점은 후일 좌익 중심의 인민위원회가 결성되어 우익 중심의 건준과 일시적이나마 공존하는 것에서도 확인할 수 있다.[2)]

한편 미군이 여수 신월리에 상륙한 것은 1945년 10월 20일이었다. 여느 지역과 마찬가지로 미군이 처음 벌인 사업은 지역 사정에 밝고 통역이 가능한 인물을 찾는 일이었다. 그리고 그 적임자가 바로 정재완이었다. 그는 학력이 높을 뿐만 아니라 여수청년회장과 건준위원장 등을 역임한 명망가이며, 무엇보다도 미군정에 협조할 수 있는 우익인사였다. 결국 그는 전남동부 지방 미군정청 고문위원장에 추대되었으며, 1945년 12월에는 여수 군수에 임명되어 전남사회교육과장으로 옮겨 간 1947년 4월까지 재직했다. 당시의 그에 대해 여수의 향토사학자 김계유는 "대폿집에서 피문어에 소주를 즐겨 들던 소탈한 기분파이며, 5척 단구에 까까머리로 회색 세루두루마기를 즐겨 입었던 서민을 이해하는 군수"로 기억하고 있다.[3)]

관직에서 물러난 정재완은 이후 언론인과 정치인의 두 길을 걷게 된다. 여수 지역에 신문이 등장한 것은 1946년 11월 1일 천진에서 몽강일보(蒙疆日報)에 근무한 경험이 있는 박병호에 의해 대중보가 미군정청에 정식등록을 하면서 부터다. 그후 정재완 등이 대중보를 인수하여 1947년 8월 1일 대중신문(大衆新聞)을 창간했다. 당시 사장에는 정재완, 편집국장에는 조종응, 총무국장에 김운배, 기획국장에 박병호, 업무국장에 김채수가 취임했다. 이후 1948년 1월 1일 대중신문은 여수일보로 제호를 바꾸었다.[4)]

1948년 10월 20일 10시 여수신문사 사장 정재완은 남로당 여수군당에서 나왔다는 한 젊은이로부터 한 통의 공문을 전달받았다. "여수일보를 당에서 접수하여 인민보를 발간할 계획이니 시설을 잘 보존하라"는 내용이었다. 여순사건이 발생했던 것이다. 이에 정재완 사장과 사원들은 곧바로 몸을 피해 버렸는데, 일 주일 후 이들이 돌아왔을 때 사옥은 불에 타 버리고 인쇄기만 몰골 사납게 자리를 지키고 있었다. 그러나 그는 한가하게 신문사만 지키고 있을 수는 없었다. 그를 비롯한 여수 지역의 인사들은 '여순사건'으로 인한 행정공백과 막대한 피해를 수습하기 위해 여수부흥기성회를 결성했다. 당시 회장은 문균이었으며, 정재완은 부회장을 맡고 있었다. 기성회의 목적은 진압군을 도와 되도록 사태를 부드럽게 수습하고, 중앙 당국을 움직여 되도록 많은 구호자금을 타 오자는 것이었다.[5)]

한편 정재완이 정당에 몸을 담기 시작한 것은 1947년 한독당과 관련을 맺기 시작하면서부터다. 한독당은 김구를 비롯한 임정요인들에 의해 주도된 정당으로 첫째, 국가의 독립을 보위하며 민족문화를 발양할 것, 둘째, 계획경제제도를 확립하여 균등사회의 행복생활을 보장할 것, 셋째, 전민정치기구를 건립해 민주공화의 국가체제를 완성할 것 넷째, 국비교육 실시를 완비해 기본 지식과 필수기능을 보급할 것, 다섯째, 평등호조를 원칙으로 한 세계일가를 실현하도록 노력할 것 등 5대 강령을 제시했다.[6)]

한독당 전남도당은 해방 초기 전남 건준 조직부장을 지낸 신순언과 국민당을 결성했던 정두범의 노력으로 1946년 10월 12일 시군 대표 146명이 참가한 가운데 광주극장에서 결성되었다. 당시 위원장에는 이은상, 부위원장에는 신순언, 정두범이 맡았다. 정재완은 1947년에 이루어진 한독당의 조직개편 때부터 참여했다. 당시 신순언이 위원장이 되면서 정재완과 주형옥이 부위원장을 맡게 된 것이다. 정재완은 여수·여천 지역구 위원장도 겸하고 있었다. 『전남도지』(1993)에는 "당시 한민당이 정치권력을 장악하고 있었기 때문에 당원 확보가 어려웠던 상황이었지만 간부만 해도 1000여 명이 넘었고, 비밀당원도 상당수 있었으며, 정재완으로 인해 여수지역은 한독당의 기반이 탄탄했다"라고 적고 있다. 하지만 그가 어떤 경로로 한독당과 관련을 맺었는가 하는 점은 여전히 의문으로 남는다. 다만 그가 평소 김구의 독립노선을 지지했다는 것만 알려질 뿐이다.

이후 그는 2~5대에 걸쳐 여수 지역 국회의원 선거에 출마했다. 여수 지역의 국회의원 선거는 건준에 참여했던 인물들이 대거 당선되는 특징을 갖고 있다. 제헌의원은 건준 당시 문화부장을 지냈으며 지주였던 김문평이 당선되었고, 2~5대까지는 건준위원장을 지낸 정재완이, 6대와 7대는 건준 부위원장을 지냈으며 정미소(공성정미소)를 경영했던 이우헌이 당선되었다. 이들은 모두 우익적인 성향을 지닌 인사들로 해방 후 관직에 몸담았던 인물이다.

정재완은 이미 제헌의원 선거 때부터 정치가로서의 야심을 갖고 있었다. 하지만 김구의 한독당계열이 선거를 보이콧함에 따라 한독당원이던 그도 출마를 보류했다. 이후 1950년 2대 국회의원 선거에 무소속으로 출마해 제헌국회의원이었던 김문평을, 1954년 3대 국회의원 선거에서는 상공부 장관을 지낸 김우평을 누르고 당선되었다. 그후 1956년 정·부통령 선거를 앞두고, 1955년 한국 야당사에 큰 맥을 형성하는 민주당이 민주국민당이 중심이 된 가운데 자유당 탈당의원과 흥사단원들이 가세해 창당되었다. 이때 정재완은 여수시당위원장을 맡게 된다. 민주당 소속으로 출마한 그는 1958년 4대 국회의원 선거와 4·19 이후 1960년 7월 29일에 실시된 민의원 선거에서 계속 당선되었다.

그러나 5·16쿠데타로 그의 모든 공직생활은 뒨서리를 맞았다. 그가 해방 이후 심혈을 기울여 운영해 왔던 여수일보는 군사정부의 언론사 통폐합정책으로 폐간되었으며, 정치에서도 손을 떼고 야인으로 물러나야만 했다. 그 충격이 컸던지 이후 그는 별다른 활동을 전개하지 못하고 지내다가 1967년 68세의 나이로 생을 마감하여 여수시 둔덕동 가족묘지에 묻혔다.

일제하에서는 항일운동가로, 좌우익이 갈등을 일으키던 해방 공간에서는 건준위원장으로 존경을 받았던 정재완은 미군정하에서는 군수로, 그리고 정부수립 후에는 국회의원으로 자신의 사회적 지위를 이어 나갔다. 그 후 1970년 5월 여수시는 그에게 시민상을 추서했다.

1) 김계유 편, 『여수·여천발전사』, 522쪽.
2) 안종철, 「해방 직후 건국준비위원회 지방 조직과 지방 인민위원회에 관한 연구」, 전남대 정치학과 박사학위논문, 1990, 43~44쪽.
3) 김계유는 정재완이 여수 군수로 재직하던 군에서 근무했으며, 지금은 향토사학자로 활동하고 있다.
4) 광주언론인동우회, 『광주·전남언론사』, 여수편.
5) 김계유, 앞의 글, 323쪽.
6) 전남일보, 『광주전남현대사』, 실천문학사, 1991, 302~309쪽.

김용무

초대 대법원장

1890년 전남 무안 출생
1910년대 후반 일본 중앙대학교 법과 졸업
1920년 무렵 일본 고등문관시험 합격, 변호사 개업
1935년 보성전문학교 교장
1945년 미군정 대법원장
1950년 2대 국회의원
1950년 대한변호사협회 초대 회장
1957년 납북 후 사망

우리 나라의 근대적인 사법제도 형성은 1894년 7월 갑오개혁에서 비롯되지만, 본격적으로 체계를 갖추게 된 것은 일제시기였다. 이때부터 사법부가 행정으로부터 독립했고, 실정법에 근거한 법 적용이 이루어지게 된 것이다. 바로 이 시기에 법률을 공부하여 1920년대 이후에는 변호사로, 미군정기에는 대법원장으로 활약했던 이 지역의 대표적인 법조인이 추강(秋江) 김용무(金用茂)다.

그는 1890년 9월 13일 전남 무안군 몽탄면 다산리에서 김기환의 장남으로 태어났다. 그의 집은 오랫동안 무안에 뿌리를 내리고 살던 양반가였지만, 그의 할아버지가 필묵(筆墨)장사를 할 정도로 경제적으로는 몰락한 집안이었다. 그러나 그의 아버지는 어려운 형편에도 불구하고 학업에 정진하여 인근에서 인정받는 유학자로 알려졌다.

김용무 역시 21세 때인 1910년까지 고향 서당에서 한문을 공부하고 있었다. 그러다가 신문명의 도입 및 한일합방이라는 시대 상황 속에서 그는 신학문을 배우기로 결심했다. 즉시 상경한 그는 보성전문학교(보전) 법률과에 입학하여 법률을 연구하기 시작했다. 당시의 생활에 대해 후일 그는 "학교에서 항상 1등을 하고 급장 노릇을 하는 것이 재미있었다"고 회상한다.[1)]

1915년 보전을 8회로 졸업한 그는 유학을 가고 싶었지만, 그러기에는 집안이 너무 가난했다. 1년 가까이 방황하던 그는 후덕한 대지주로 소문난 영암의 현기봉(현준호의 부친)을 찾아가 사정을 이야기하고 도움을 청했다. 그리고 현진사의 도움으로 그는 일본에 건너가 중앙대학교 법과에서 본격적인 교육을 받을 수 있었다. 이때의 노력이 헛되지 않아 그는 대학을 졸업한 직후 응시한 일본 고등문관시험 사법과에 합격했고, 조선으로 돌아와 변호사로 활동하기 시작했다.

당시 변호사가 되는 길은 첫째, 재판소의 판사 및 검사직에 있는 자, 둘째, 변호사시험에 합격한 자, 셋째, 일본 고등문관시험 합격자, 넷째, 일본 제국대학 법학과 졸업자 등이 있었다. 이 중 가장 권위가 있는 경우는 고등문관시험 합격자들이었다. 아무튼 1909년 말 조선인 변호사 수는 복심원(현 고등법원)이 있는 경성에 29명, 평양에 9명, 대구에 13명이 있었는데, 1923년 3월경에는 경성에만 42명의 조선인 변호사가 있을 정도로 그 수가 늘어나고 있었다.

일제시대 김용무의 사회활동은 대략 두 가지 유형으로 구별된다. 하나는 변호사라는 법률 전문가로서의 사회활동이었고, 다른 하나는 그의 모교인 보전에서의 교육활동이었다. 당시 국내 민족주의운동이 동아일보사를 중심으로 한 실력양성론과 조선일보사를 중심으로 한 신간회운동으로 대별된다면, 그가 벌였던 모든 활동은 실력양성론의 연장선상에 있다고 볼 수 있다.

법조인으로서 그의 사회활동은 우선 악법개정운동으로 나타난다. 그는 1923년 3월 17일 '신문지법, 출판법개정 기성회'에 실행위원으로 참여해 이들 법의 개정을 위해 노력했다. 이어 1924년 5월 평북 희천 경찰서의 고문사건을 계기로 조선변호사협회가 조선형사령의 개정운동을 벌일 때, 그는 박승빈 등과 함께 조사위원으로 활동하기도 했다. 당시 이들은 고문이 자행된 원인을 특별법인 조선형사령이 법률 원안에도 없는 경찰의 청취서를 유일하고 확실한 증거로 채택한 데 있다고 보고하고 있다. 또한 그는 1925년 5월 동아일보에 게재한 기사에서는 조선에 실시될 치안유지법에 대한 우려를 표명하기도 했다.

한편 그는 귀국 직후인 1923년부터 김병로, 이인, 허헌 등과 함께 형사공동연구회를 발족해 독립운동사건의 무료 변론을 하고 있었다. 이 연구회에서 맡은 첫 사건이 의열단원 '김상옥의사사건'인데, 김용무는 1923년 8월 11일 경성지방법원에서 열린 제2차 의열단사건 공판에서 처음 변호사로 참여했다. 당시 그는 변론 마지막 순서로 사건의 주모자급인 김시현을 비롯한 4명의 변론을 담당했다.

이후 그는 이 연구회를 중심으로 김병로 등과 함께 좌익과 우익을 망라하여 무료 변론을 전개했다. 그 중 중요한 사건들만 나열해 보면 1923년 11월 신천지 잡지사 필화사건, 1925년 8월 무정부주의자들의 모임인 흑기연맹사건, 1926년 3월 동아일보 필화사건, 5월 조선일보 신문지법 위반사건, 1927년 11월 휘문고보 맹휴사건, 1930년 7월 대구 폭발물사건의 주범으로 사형을 선고받은 공산주의자 장진홍의 변론 등 헤아릴 수조차 없을 정도다.

이러한 변론활동과 함께 이들은 조선인변호사회에서도 중추적인 역할을 맡고 있는데, 김용무 역시 이들 단체에서 상의원(常議員)이나 이사 등을 역임하면서 지도적인 위치를 확보하고 있다.

한편 그는 민족의 독립을 위해서는 먼저 민족의 실력을 길러야 한다는 생각을 갖고 있었다. 이러한 생각은 1931년 신년특집으로 동아일보에 실린 그의 주장에서도 잘 드러나고 있다. 여기서 그는 우리 민족의 생활개선을 위하여 가장 필요한 것으로 "만고불변의 3육(知, 德, 體)이나 빈혈군(貧血群) 구축이 첫째이다. 따라서 오늘날의 현실에서는 체육이 더 필요하다"고 쓰고 있다.

이러한 평소의 지론을 실천하기 위하여 그는 1925년경부터 모교인 보전에서 강의를 하는 한편, 학교운영에도 적극 참여했다. 그가 보전운영에 개입하게 된 것은 교우회를 통해서였다. 보전은 설립 이후 그 운영을 둘러싸고 분규가 끊이지 않았는데, 1925년 7월 또다시 학교장의 사직과 이사진의 총사퇴가 발생하자, 사태수습을 위해 교우회 대표로 김용무를 비롯한 10명이 평의원회에 참여한 것이다. 이와 동시에 그는 기부행위와 관련된 정관개정 기초위원으로도 활약했다.

그러나 그가 본격적으로 학교운영에 개입한 것은 1930년 초였다. 1932년 3월 김성수가 보전을 인수하려 할 때, 그는 이사회의 감사를 맡고 있었다. 그리고 평의원회의 결의에 따라 김성수에게 학교의 운영권을 넘기게 되었을 때, 그는 김병로, 허헌과 함께 이사회 대표로 김성수를 방문하기도 했다. 이러한 인연 때문인지 그는 이후 새롭게 선정된 보전의 재단이사에 선임되었고, 1932년 3월부터는 대표이사를 맡고 있다.

그러던 1935년 6월 4일 그는 김성수에 이어 보전의 교장직까지 맡게 된다. 당시 학생 정원을 초과했다 하여 보전과 총독부 사이에는 갈등이 있었는데, 사태해결을 위해 김성수가 교장에서 물러나고 김용무가 그 후임이 된 것이다. 당시 그는 보전의 대표이사 겸 교우회장이었으며, 보전학회 회원으로 학회장까지 겸임하고 있었다. 이때부터 1937년 5월 메이지천황의 교육칙어를 불경스럽게 읽었다고 교장직을 사임할 때까지 2년간에 걸쳐 그는 보전의 운영을 책임지고 있었다.

이후 해방되는 날까지 그는 자신의 집이자 변호사 사무실이었던 경성부 광화문통 98번지에서 기거했다. 일제 말 국내 민족주의 인사들을 일제에 동조하는 적극적인 친일파와 그것이 싫어서 은둔하는 소극적인 저항자로 분류할 수 있다면, 그는 그 어느 쪽에도 속하지 않고 자신의 일만 했던 특이한 유형이라 할 수 있다. 물론 그 역시 동아일보에 일제의 정책과 유사한 색복(色服) 착용을 주장하는 글을 게재하기도 하지만, 대체로 그는 친우들과 어울리면서 자신의 직업에만 충실했던 것으로 보인다.

해방이 되자 그는 다시금 사회활동의 최전선으로 복귀했다. 먼저 그는 자신과 가까운 김병로, 백관수, 조병옥 등과 함께 정당 결성을 주도해, 조선민족당 발기인회를 구성했다. 이어서 조선민족당, 한국국민당(장덕수 등), 국민대회 준비회(김성수, 송진우 등)의 통합정당인 한국민주당(한민당) 발기회에도 심사부장으로 참여했고, 이후 문교부장을 맡기도 했다. 그후 그는 한민당과 보조를 함께 하면서 1945년 10월 5일에는 미군정 고문회의(의장: 김성수)의 일원이 되기도 했다.

결국 1945년 10월 11일 김용무는 미군정 대법원장에 임명되었고, 그후 한민당을 탈당했다. 당시 미군정의 대법원장 자격 기준은 10년 이상 판·검사로 재직한 자, 혹은 15년 이상 변호사나 인정받는 대학교수로 있던 자로 그 근무연수가 통산 15년 이상 된 자였다. 그는 이러한 기준에 합당했을 뿐만 아니라, 인선에 큰 힘을 발휘했던 한민당과 조선변호사회의 지원을 받아 대법원장이 될 수 있었다.

미군정기 사법체계의 재편을 주도한 것은 초대 법무국장 우달(E. Woodall)과 그의 법률고문인 서광설, 김영희였다. 미군정의 재판제도는 크게 군사재판소와 군정 사법부 예하로 일제하 모든 재판소를 망라해 구성된 '한국인 재판소'였는데, 후자는 전자에 예속되어 있었다. 한편 이러한 사법체계를 담당할 인적자원은 충분치 못했다. 『미군정사』에 따르면 당시 사법관료로서 자질 있는 한국인 법률가들은 대략 140명 정도였다고 하며, 『한국변호사사』에는 해방 무렵 등록된 조선인 변호사가 모두 285명이었다고 한다. 미군정기 사법체계의 주역은 대법원장 김용무, 검사총장 이인, 민정 사법부장 김병로 세 사람이었다.

이 시절이 그의 절정기였다. 미군정 때 그가 맡은 직함을 보면 1945년 12월 1일 미군정이 새로 조직한 조선변호사회의 당연직 회장, 1948년 6월 선거심사위원회의 의장 등이었다. 당시 그는 좌우익의 갈등 속에서 한민당과 미군정의 주장을 사법부에서 관철시키는 역할을 하고 있었다. 이러한 그의 역할은 1946년 6월 18일자 동아일보에 게재된 「좌익은 건국을 방해하지 말라」는 담화문에서도 드러나고 있다.

법조인으로서, 그리고 우익정치인으로서 성공적인 삶을 살고 있던 그에게 좌절이 찾아온 것은 아이러니컬하게도 단독정부의 수립이 계기가 되었다. 그는 아무래도 김성수측과 가까웠고, 이승만과는 사이가 좋지 않았다. 정부수립을 계기로 양자가 갈등을 일으키면서, 그는 대법원장에서 물러나 재야변호사로 남게 되었다.

이후 그는 무소속으로 목포 지역의 보궐선거에 출마했지만, 여기서도 30여 표 차이로 낙선하고 말았다. 그러나 1950년 5월 30일에 거행된 2대 국회의원 선거에서는 민국당후보로 전남 무안에서 출마해 당선되었고, 같은 해 6월 17일에는 새로운 변호사법에 따라 창설된 대한변호사협회의 초대 회장에도 당선되어 재기에 성공했다. 그러나 한국전쟁으로 인해 이 모든 것이 물거품이 되어 버렸다.

전쟁이 발발하자 그는 서울을 지키겠다는 정부 발표를 믿고 서울 만리동 집에 머물러 있었다. 그래서 그는 갑작스럽게 피난하게 되었고, 결국 중도에 인민군에게 체포되었다. 인민군은 당시 체포된 사람들 중 국회의원들과 같은 지도급 인사들은 성남호텔에 감금했고, 후퇴시에는 이들을 모두 북으로 끌고 갔다. 김용무도 이 대열에 끼어, 이른바 납북인사가 되었다. 원래 자신의 의지와는 달리 끌려간 것이었고, 공산주의에 반대하는 입장을 갖고 있었던 김용무는 북에서도 저항을 계속하다가 1957년 5월 18일 아무런 유언도 남기지 않고 세상을 떠나고 말았다.

1) 1930년대 초반 『신동아』와의 인터뷰에서 이와 같이 학창생활을 회고했다.

이덕우

인권옹호 씨 뿌린 민족주의 변호사

1911년 전남 광주 출생
1929년 광주학생운동으로 투옥
1937년 변호사시험 합격
1945년 전남 건준 치안부장
1950년 사망

가물가물 멀어져 가고 있는 의식 속에서 이미 세상을 떠나 버린 이덕우(李德宇) 변호사의 모습을 보고 있었다. 이덕우 변호사는 좌익도, 공산주의자도, 빨갱이도 아니었다. 그는 양심적인 민족주의자일 뿐이다. 그는 일제시대부터 농민들 편에 서서 변호를 했고 해방이 되자 그 태도는 더욱 확실해졌다. 제주도에서 4·3사건이 일어나자 그는 광주고법으로 넘어오는 사람들의 변호를 도맡다시피 했다. 검찰이 뒤집어씌운 좌익혐의를 벗기 위한 그의 외로운 싸움은 지칠 줄을 몰랐다. 그는 제주도 사람들을 꽤나 죽음으로부터 건져 내기는 했지만 그가 얻은 것은 좌익·용공혐의였다. 그는 보도연맹에 강제로 밀려 들어가지 않을 수 없었고, 끝내는 예비 검속의 총탄을 맞고 세상을 떠나갔던 것이다.[1]

이상은 조정래의 『태백산맥』에 나오는 내용을 옮겨 놓은 것이다. 광주학생운동의 주역으로, 인권변호사로, 해방 후에는 건준, 인민위원회에서 활동하다 끝내는 보도연맹사건으로 목숨을 거둔 이덕우, 그는 누구인가. 양심적인 인생을 살다, 어려운 처지의 사람들의 무료 변호를 도맡다시피 한 그는 결국 정치적 갈등의 와중에서 민족의 희생양이 되어 버린 당시 한국인의 삶의 지표였다.

이덕우는 1911년 11월 6일 광주의 내남동 남계리에서 이회갑(李回甲)과 충주 박씨의 독자로 출생했다. 이덕우가 3세 때 갑작스럽게 아버지가 24세의 나이로 사망하자 어머니의 친척들이 많이 살고 있던 화순군 동면 대포리로 이사를 하게 되었다. 가난한 농부였던 아버지가 사망함으로써 홀어머니 밑에서 갖은 고생을 겪으면서 성장했다. 여느 조선인도 마찬가지겠지만 그의 성장환경은 더욱 어려운 처지였다. 어려서부터 동네의 서당에서 한학을 배우던 그는 늦깎이로 화순보통학교에 입학했고 학교까지 10리가 넘는 길을 걸어다니면서 공부를 하기 시작했다. 한문을 배울 때부터 영특한 재능을 갖고 있었기 때문인지 광주사범학교에 쉽게 입학할 수 있었다.

사범학교 2학년 때인 1929년 7월 송동식 등이 사범학교에서 조직한 독서회에 가입하여 활동하다 1929년 11월의 광주학생운동에 적극 가담해 경찰에 투옥되었다. 이 사건은 성진회, 독서회, 소녀회 관계자 260여 명이 대거 투옥되는 한국 민족운동사상 대단한 획을 긋는 사건이었다. 그는 예심을 받기까지 1년여를 투옥되어 있으면서도 1930년 3월 1일 3·1절 기념식을 맞아 통방 등의 방법으로 옥내투쟁을 감행하기도 했다. 결국 1년 후인 1930년 10월에 열린 예심에서 2년 6개월의 구형과 선고를 받았다. 다른 학생운동 관련자들이 대구복심법원에 상고를 했지만 그는 포기하고 말았다. 그는 감옥생활을 하면서 법 공부를 시작했다. 그가 어떤 이유로 법 공부를 시작했는지는 알 수 없다. 아마 일본인 판·검사로부터 재판을 받으면서 한국인으로서 받았던 민족적 비애 때문이었는지 또는 화순 동면 같은 고향 출신이었던 여철현 변호사의 영향이 아니었을까 싶다.

하여간 어머니는 감옥소 앞에서 풀빵장사를 하면서 그의 뒷바라지를 했

왼쪽부터 주재학, 김용규, 이덕우, 조규선. 이들은 모두 이름을 떨친 운동가였다.

고 이덕우가 적어 주는 책들을 사서 차입해 주는 것이 어머니의 유일한 즐거움이었다. 1933년 3월에 만기 출옥한 후 대포리 집으로 돌아와 계속해서 독학을 했다. 그러면서도 한편으로는 생계를 유지하기 위해 옥과면장, 진도면장 집에서 가정교사로 일했다. 이때에도 그는 면학에 힘을 기울이면서 24세 때인 1934년경에 결혼을 하게 된다. 결혼 후에도 공부를 열심히 했다. 처가인 능주 온지리에서 공부를 하기도 하고 여름에는 대밭에서 더위를 피해 공부를 하는 등 자신의 삶에 충실한 인간이었다. 그렇지만 광주학생운동사건으로 인해 일경의 감시가 계속되고 있었다.

이러한 노력의 결과가 있었던지 서울에서 1937년 8월에 있었던 변호사시험에 단 한 번에 합격하게 된 것이다.[2] 변호사시험에 합격하자 그때까지 그를 감시하던 화순 경찰서장은 물론, 군수까지 집에 찾아와 합격을 축하해 주었고 도지사는 이덕우와 함께 기념사진까지 찍기도 했다. 그후 명치정(현 금남로 5가)에 있던 최선진의 사랑채를 빌려 변호사업무를 시작했다. 그렇지만 변호사활동도 일상적인 변호업무를 담당하기보다는 사상범 등 돈 안 되는 일에만 전념하다시피 했기 때문에 생활이 윤택해지지는 않았다.

해방이 되자 그는 활동을 개시하기 시작했다. 그가 법을 잘 아는 변호사였기 때문이었는지 건준의 보안부장(치안부장)을 담당했다.[3] 중앙의 정세와 함께 명망가적인 한시적 조직이었던 전남 건준은 실무적 조직이었던 인민위원회로 개편되었다. 이에 따라 주요 부서의 인사들이 상당히 바뀌었는데 이덕우는 후속 조직으로 재건된 인민위원회에서도 보안부장으로 유임되었다. 광주극장에서 열렸던 인민위원회대표자회의에서 보안부장으로 각군 대표들이 수행해야 할 임무를 카랑카랑한 목소리로 토해 내던 장면을 지금도 많은 사람들은 기억하고 있다.

실제로 건준과 인민위원회의 업무는 실행부서였던 보안부에서 전담할 정도로 보안부의 활약은 대단했다. 당시 우리 민족의 가장 큰 당면과제는 치안문제의 확보와 적산의 관리였다. 해방 직후 일본인들은 자신들이 소유하고 있던 재산들을 방매한다든지 또는 본국으로 빼돌리는 간교한 행위들을 자행하고 있었다. 이러한 불법 재산방출을 방지하기 위해 보안부는 대화여고(현 광주여고 자리)에 본부를 두고 치안을 어지럽히는 자와 불법 재산방출자, 방매자를 구속하고 수사하는 기동성까지 발휘한 것이다.

그러나 이상과 같은 인민위원회의 자율적인 신국가건설운동은 미군정의 점령정책과 정면으로 배치되는 것이었다. 광주극장에서 있었던 인민위원회 집회를 기마경찰이 포위해 위협하면서 주요 간부들이 체포되는 등 어려움이 계속되다가 결국 10월 말경 인민위원회를 해산하는 명령을 받게 된다. 그러나 이러한 조치에도 불구하고 인민위원회가 활동을 계속하자 1945년 10월 31일 보안부에 다수의 미군과 광주 경찰서원 수십 명이 들이닥쳐 수사와 검색을 시작했다. 11월 1일 이덕우는 보안부 책임자로 광주경찰서에 출두하여 2층 고등계사무실에서 미군 헌병에게 취조를 받은 후 경찰서 유치장에 구금되었다. 구금 이유는 대화여고에 본부를 두고 있던 보안대에서 재산을 빼돌리려는 일본인 세이토(齊藤) 외 5인을 감금하고 구타했다는 죄목이었다.[4] 그러나 이러한 행위는 우리 민족에게는 당연히 인정되고 있었으며 이 지역민들로부터 정당성을 인정받고 있었다.

결국 11월 7일 재판정에 서게 된 그는 법정진술을 통해 미군정과 해방의 허구성을 통렬히 설파한 다음과 같은 일화는 유명하다.

나는 확실히 조선의 자손이며 이 법정은 틀림없이 조선 땅에 있지만 나는 이 법정에서 전일에는 일본인 재판관의 재판을 받고 조선이 해방되었다는 오늘 다시 미국인 재판관의 재판을 받게 되었다.[5)]

그때까지 대부분의 한국인들은 미국을 진보적 민주주의 국가로 인정하고 있었듯이 이덕우 역시 이러한 범주에서 벗어나지 못하고 있었던 듯하다. 그는 유치장에서도 '미국은 조선민족을 해방시켜 준 은인이며 세계의 평화를 위하여, 조선의 독립을 위하여 이 땅에 왔는데, 미미하게나마 조선을 사랑하고 민족의 완전 독립을 희구하는 청년으로서 가장 혼란기에 힘을 다하고 마음을 다해 질서를 유지하려고 애쓴 나는 왜 미군에 의해 자유를 구속당했을까?' 하는 생각을 하고 있었다. 인민위원장, 법원장의 석방탄원에 의해 석방될 때까지 한 달여를 교도소에서 보내야 했다.

이처럼 이덕우가 신국가건설의 건국운동에서 혼신의 힘을 다하고 있을 때 법조계에서는 미군정기가 시작되자 이에 발 맞추어 법원 조직의 재편을 서두르고 있었다. 일제하에 법원 구성원들은 대부분 일본인 판사, 검사였기 때문에 이들은 일제가 패망하자 누구보다 먼저 귀국해 버림으로써 광주지방법원과 광주지방법원 검사국은 공백 상태로 있을 수밖에 없었다. 광주지방법원의 한국인 판사는 이천상, 김영연, 강동진 3명뿐이었고 검사는 김장섭 한 사람뿐이었다.

이처럼 이 지역에 적법한 판검사, 변호사 자격을 갖고 있던 자가 많지 않을 때였기 때문에 일제하에서 법원에서 서기로 근무했던 인사들까지 변호사 자격증을 주던 때였다. 이러한 상황에서 이덕우도 대구고법 판사로 발령이 났다. 평소에 친분이 좋았던 이규정 검사장의 강력한 부임 권유에도 아랑곳하지 않고 그는 부임을 거절하고 계속 광주에서 변호사로 활동을 하고 있었다. 그가 왜 대구행을 거절했는지 아직 알려지 않지만 당시의 건국운동의 첨병으로서 자신이 해야 할 일이 산적해 있는 상태에서 자신의 안일만을 위해 이곳을 떠난다는 생각을 하기가 어려웠을 것이고, 또한 당시 사회운동과 연계가 되어 있지 않은가 하는 추측도 가능하다.

1946년에 접어들면서 국내 정국은 신탁통치문제로 좌우진영이 첨예하게 대립하고 있었다. 점차로 좌익세력은 미군정의 탄압과 우익세력의 득세로 힘을 잃어 가고 있는 형세였다. 이에 따라 우익세력들은 서북청년단 등의 청년 단체를 중심으로 좌익인사에 대한 테러를 자행하고 있었다. 당시 경찰청장이었던 홍○○는 우익학생들을 동원해 15명 정도의 테러 대상자를 선정해 두고 그들을 제거할 때마다 우익학생들에게 100만 원씩의 포상금을 내리곤 했다. 이러한 사례로 테러를 당해 목숨을 잃은 자가 3명이나 있었고 그 중에는 명치정 동장이었던 김병택이 첫 케이스였다. 이덕우도 테러 대상자 15명에 끼어 있었다. 다행히도 당시 검사장이었던 이규정 변호사의 귀띔으로 테러 대상자였다는 사실을 알고는 있었지만 직접 자신에게 위해가 가해질 것이라는 사실을 상상도 하지 않고 있었다. 어느 날 저녁 문소리에 사무장으로 있던 처남 고진석이 방문을 열자 한 학생이 신발을 끌면서 이 변호사 계시냐는 말을 걸자 직감으로 "테러구나!" 하는 판단으로 이변호사와 사무장은 잽싸게 몸을 피했다. 8명의 테러단원들이 이덕우의 방에 들이닥쳐 그 방에 와 있던 형무소 간수장과 부인에게 테러를 가하고 돌아가 버렸다. 이렇게 우익의 테러위협에 간신히 목숨을 부지해 오던 그는 끝내 한국전쟁의 회오리에 휘말려 인생을 마감하고 말았다.

일설에 따르면 그는 1949년 말 전국적으로 일제히 조직된 보도연맹에 가입하라는 걸 피해 다니다 어쩔 수 없이 가입하고 말았다 한다. 결국 1950년 전쟁이 발발하자 경찰서장이 좀 만나자는 말을 전해 올 때 주위에서는 피하라고 했지만 나는 아무 죄가 없는 사람이라고 하면서 유유히 경찰서에 출두했고 그 길로 광주형무소에 수감되고 말았다. 인민군의 광주 입성이 임박함에 따라 경찰은 광주형무소의 수인들과 보도연맹원들을 집단으로 장성 비아 쪽으로 끌고 가 학살하고 말았다. 당시 120여 명이 끌려

나갈 때 그는 죽음을 예감했는지 "이덕우 죽으러 가요"라는 비명은 지금도 살아 있는 사람의 귀에 들려 오고 있다.

일제하 광주학생운동의 주역으로, 인권변호사로, 해방 후 보안부장으로 활발한 활동을 벌이다 끝내 한국전쟁이라는 민족의 비극으로 목숨을 잃은 이덕우. 그는 아직도 복권되지 않고 있다. 1977년 자손들이 독립유공자 신청을 했지만 신원 특이자라는 불충분한 이유로 탈락되었고 문민정부가 들어선 1993년에도 신청했지만 아직도 묵묵부답이다.

1) 조정래, 『태백산맥』 8권, 263쪽.
2) 동아일보, 1937. 8. 28.
3) 안종철, 「해방 직후 건국준비위원회 지방 조직과 지방 인민위원회에 관한 연구」, 전남대 정치학과 박사학위논문, 1990, 35쪽.
4) 광주민보, 1945. 11. 5.
5) 광주민보, 1945. 12. 2.

현해롤드
전남 천주교 개척한 미국인 신부

1909년 미국 미네소타주 모드필드 출생
1932년 중국 골롬반 선교회 소속
1933년 조선입국, 이후 전남 나주를 중심으로 선교활동
1950년 말 천주교 광주교구 교구장서리
1962년 광주대교구 대주교
1976년 제주도에서 사망

조선이 처음으로 천주교와 접촉한 것은 17세기 초로 당시 중국에서 선교활동을 하던 예수회 선교사들과 조선의 사신들이 만나면서였다. 그후 전라도에 처음으로 천주교가 들어온 것은 18세기께로 전주 지방에 살던 유항검에 의해서였다. 그후 전라도의 천주교 교세는 전북을 중심으로 발전했고, 전남은 상대적으로 교세가 약한 지역이었다. 19세기 말 전남의 전교회장(傳敎會長, 신자들이 지도자)은 43명으로 대구의 305명, 전북의 201명에 비해 매우 미약한 실정이다. 또한 성당도 전북에는 이미 몇 개의 본당이 설립되어 있던 반면, 전남은 1897년 드에 신부가 세운 목포 산정동 성당이 최초였다. 이렇게 교세가 미약했던 전남 천주교가 오늘날의 수준으로 성장하게 된 데에는 해롤드 헨리(Harold Henry)라는 한 미국인 신부의 역할이 지대했다.

해롤드 헨리는 1909년 7월 11일 미국 미네소타주 모드필드에서 태어났다. 그는 원래 개신교신자였으나 천주교에서 운영하는 학교를 다니게 되면서 천주교로 개종했다고 한다. 학창 시절 그는 중국에 가고 싶다는 생각으로 성 골롬반 선교회에 가입했다. 아일랜드 선교수사인 성 골롬반을 기려 명명된 골롬반 수도회는 1918년 아일랜드의 메이노드에서 설립되었으며, 중국에서의 선교를 목적으로 조직된 단체였다. 현 신부는 이 수도회에서 선교사들의 모집과 선교자금의 모금을 선전하기 위해 발행했던 『동방』이라는 잡지를 보고 중국에 가기 위하여 선교사가 되기를 결심했다고 전해진다. 그는 선교사업을 위대한 모험으로 인식하고 있었다. 그는 선교사가 되기 위해 미국 오마하에 있는 신학교를 졸업하고 아일랜드에 있는 성 세넌대학과 성 골롬반대학을 졸업한 뒤, 1932년 12월 21일 마침내 성직에 임명되었다. 그리고 1933년 8월 꿈에도 그리던 중국의 골롬반 선교회로 발령을 받고 그곳을 향하여 출발하게 된다. 그러나 당시 중국은 한창 공산주의혁명이 진행되던 때였다. 더욱이 신부들은 혁명군의 적이었고 아주 빈번하게 공격을 받았다. 그런 연유로 현 신부는 중국으로 가던 도중 일본 고베(神戶)에서 조선으로 임지가 변경되었음을 통보받았다. 당시 그의 첫마디는 "도대체 조선이 어디에 있습니까?"였다고 한다. 어렸을 때부터의 꿈이 무너진 허탈한 심정을 삼키면서 그는 한국에 첫발을 내딛었다. 그는 골롬반 선교회에서 조선에 최초로 파견된 선교사 9명 중 한 사람이었다. 그때까지만 해도 조선은 프랑스 외방 선교회에서 주로 관장하고 있었는데, 외방 선교회는 대구를 중심으로 하고 있어 새로운 개척지인 전라도를 골롬반 선교회에 양도한 것이다.[1]

당시 조선의 천주교는 겨우 명맥만을 이어 가는 실정이었다. 네 차례에 걸친 박해를 거치면서 천주교 신자는 양반 중심에서 중인 및 천민 중심으로 옮겨 가게 되었고, 이마저도 커다란 세력을 이루지 못하고 있었다. 그러한 실정을 표상해 당시의 한국 천주교회를 '옹기장이들의 교회'라고 칭하기도 한다. 이 말은 신자들이 대다수 옹기를 굽는 일, 즉 천한 일로 생계를 유지하였음을 말해 준다. 한편 옹기를 굽는 일은 단순한 생활방편만은 아니었다. 옹기가마는 기도하고 집회하는 장소로 사용되었으며, 이 마을 저 마을로 돌아다니는 옹기장사는 그 자체가 선교활동이었고, 신자들 간의 연락 수단이었다.

그 원인은 알 수 없지만 이런 상황은 전남에서 특히 심한 편이었다. 전남은 1897년 최초의 성당이 세워진 후 1909년 나주군 노안면 양천리 계량 마을에 세워진 계량본당이 두번째 성당이었다. 1930년대에 발행된 『전라남도사정지』에 따르면 천주교는 교당 수 4개, 포교자 수 4명, 신자 수 770명인데 반하여 개신교는 교당 수 219개, 포교자 수 219명(이 중 5명이 외국인), 신자 수 1만 2412명으로 엄청난 격차를 보여 주고 있다. 이러한 사정을 반영하듯 전남 지역은 그때까지 대구 교구에 속해 있다가 1931년 3월 10일 전남 감목대리구로 설정되면서 독립된 교구가 되었고, 1937년 4월 13일에야 교구장이 파견되는 지목구가 되었다. 당시 초대 교구장은 맥플린 신부였다.[2)]

현 신부를 비롯한 9명의 골롬반 선교회 신부들은 대구의 성 유스티노신학대에서 6개월 동안 한국어 교육을 받은 뒤 1934년 봄, 그들에게 할당된 전남을 향하여 출발했다. 현 신부가 처음으로 배치된 곳은 나주 노안으로 이미 그곳에 배치되어 있던 한국인 박재수(요한) 신부를 도와 주라는 임무를 부여받았다. 박재수 신부는 1899년 경북 경주에서 태어나 대구 성 유스티노신학교를 나온 사람으로 전남 지역의 카톨릭 역사를 설명하는 데 빼놓을 수 없는 인물이다. 그는 1926년 나주 계량성당에 부임해 그곳의 교세를 크게 신장시켰고, 1933년 광주 북동에 새로운 본당을 건립하는 데 주도적인 역할을 했던 인물이었다.

나주에서 이루어진 현 신부의 선교활동은 매우 성공적이라는 평을 받았다. 그는 나주에 새로운 성당을 지었는데, 그곳은 처음 17명에 불과했던 신자 수가 2년 후에는 100명을 넘어서게 되었으며, 국민학교까지 경영할 정도로 발전했다. 또한 성당의 관할구역도 넓어져 함평 지역에까지 선교활동을 벌이게 되었다. 그러나 경찰의 사찰은 당시 그가 겪었던 가장 큰 고통이었다. 당시의 상황을 알 수 있는 일화가 있다. 당시 중국의 선교사들은 먼 곳에서 동료가 찾아왔을 때 비적들을 만나지 않았느냐고 묻지만,

조선에서는 경찰을 만나지 않았느냐고 묻는다는 것이다.

그러던 중인 1941년 12월 8일 마침내 태평양전쟁이 일어났다. 현 신부는 목포성당을 방문하던 중 미국인이라는 죄 아닌 죄로 체포되었다. 그의 죄명은 간첩행위를 했다는 것이다. 1933년 조선에 처음 발을 들여놓았던 9명의 사제 중 남아 있던 7명이 체포되었다. 또한 초대 광주 교구장이었던 맥플린 신부는 일본의 압력으로 물러나고 일본의 와키다 신부가 빈 자리를 메웠다. 1942년 봄, 아일랜드인 골롬반 신부들은 연금 상태에서 풀려나고 미국인인 현 신부와 칸 신부, 그리고 호주인인 캐빈 신부는 계속 사제관에 갇혀 있었다. 결국 5월 말께 이들 3명은 미국에 있는 일본인 수감자들과 교환하는 조건으로 조선에서의 추방이 결정되었다. 같은 해 6월 1일 현 신부는 부산항을 출발하여 일본 요코하마에 도착했고, 그곳에 있던 900여 명의 개신교 선교사, 150여 명의 사제, 200여 명의 수녀, 200여 명의 외교종사자들과 함께 포로의 신분으로 교환되었다.

이후 현 신부는 군종 신부로 전쟁에 참여해 유럽전선에서 복무하다가 전쟁이 끝나자 임지로 한국을 지원하여 1947년 7월 하순께 인천항으로 입국했다. 그후 그는 맥플린의 후임으로 목포성당에 부임했다. 당시의 한국은 매우 혼란스러운 상황이었고 물자가 매우 부족한 실정이었다. 게다가 농촌으로 갈수록 공산주의자들이 강한 세력을 형성하고 있었다. 이러한 상황에서 사제들은 한국이 중국처럼 공산화되는 것을 막기 위하여 매우 활발한 선교활동을 준비하고 있었다. 이미 전남 22개 군에 모두 성당을 세우려는 야심찬 계획이 제4대 광주 교구장인 브레넌 신부에 의해 입안되기도 했다. 그러나 정국의 불안은 그런 모든 계획을 수포로 돌아가게 했다.

그러던 1950년 6월 한국전쟁이 일어나게 된다. 당시 한국에는 총 41명의 골롬반 신부들이 광주 관구와 춘천 관구로 나누어 일하고 있었는데, 현 신부와 그의 동료들은 미국 대사관 직원의 안내를 받으며 급히 부산으로 철수했다. 당시 그 행렬에 동행하기를 거부한 브레넌 신부를 비롯한 3명의 사제들은 한국전쟁의 와중에서 인민군에게 끌려 가다가 대전에서 처형당한 것으로 알려지고 있다. 현 신부 일행은 부산에서 통역, 의료 등을 통해 미군들을 도왔다. 그후 국군이 전남에 진주하자 그들은 다시 자신들의 임지로 귀환했다. 현 신부도 목포성당으로 돌아왔다.

이후 현 신부는 1950년 말 광주 교구의 교구장 서리로 임명되었다. 이때부터 광주, 전남의 천주교는 비약적인 발전을 하게 된다. 그가 처음 교구를 맡을 때에는 단지 3개의 본당과 미미한 교회지원활동이[2] 전부였으며, 현존하는 본당조차도 두 번의 전쟁으로 재건이 절실하게 요청되는 실정이었다. 물론 한국전쟁 전까지 9개의 성당이 있었지만, 그 기능을 발휘하지 못하는 성당이 대부분이었다. 그러나 그가 교구를 맡은 뒤 1971년 물러날 때까지 광주 교구는 42개의 성당과 수십 개의 공소, 병원 1개 소, 신학교 1개 소, 피정센터 1개 소, 여러 개의 학교와 유치원을 포괄하는 대교구로 발전하게 된 것이다. 그에 따라 지목구로 설정된 이후 정체되어 있던 광주 교구는 1957년 1월 21일 광주 대목구로 승격되었고, 1962년 3월 10일에는 대교구로 성장했다. 한편 현 신부의 직책도 상승해 1954년 12월 3일에는 교구장으로, 1957년 5월 11일에는 주교로, 1962년 3월 23일에는 대주교가 되었다. 이때의 활발한 선교활동을 가리켜 그 동료 중 한 명은 "우리가 동양에 가서 영혼을 구하고자 했을때 해롤드 헨리를 제외한 모든 사람이 낫과 갈퀴를 사용했지만 헨리는 트렉터와 자동수확기를 사용했다"고 술회하고 있다.

이후 그는 "선교사들은 지역 사제를 양성한 후 물러서는 사람들"이라고 하면서 광주 대교구를 한국인인 한공렬 대주교에게 물려주고, 제주 교구장으로 가게 된다. 1976년 3월 1일 66세를 일기로 그는 선종했다. 그의 장례식은 3월 4일 정오에 1명의 추기경과 2명의 대주교, 6명의 주교를 포함한 100여 명의 사제들이 공동집전하였고, 1만 5000여 명의 조문객이 몰려들었다. 그는 제주도에 있는 천주교 공동묘지에 묻혔다.

1) 이에 관해서는 광주대건신학교에 소장되어 있는 그의 개인 전기를 참고했다.
2) 천주교 광주 대교구에서 발행한 『광주 대교구 50년사』에서 해당 내용을 발췌 · 정리했다.

송만암

격동기 한국 불교를 지킨 고승

1876년 전북 고창 출생
1886년 출가
1929년 중앙불교전문학교 교장
1947년 정광중고 설립
1957년 열반

우선 중이 되라. 중이 되기 전에 부처를 말하지 말라.

이것은 대한불교조계종 초대 종정을 지낸 백양사 출신 송만암(宋曼庵)스님의 말씀이다. 이 얼마나 무서운 말인가. 머리를 깎았다고 다 스님이 아니요, 먹물 옷을 입었다고 모두 승려일 수 없다. 겉껍데기만의 승려는 아무런 가치가 없다는 의미일 것이다. 완전한 인격을 갖추어 속알맹이가 승려가 되어야 비로소 명실상부한 스님이라는 것이다.[1)]

송만암은 일제시대와 해방, 한국전쟁과 불교분규사태의 격동기에 한국불교 최고 지도자의 한 사람이었다. 그는 숨막히게 돌아가는 현실 속에서 수행 위주의 산중 불교 본래의 면모를 되찾으려는 노력과 함께 대중 속으로 뛰어들어 그들을 계몽하려는 교육사상을 지닌 참다운 보살정신의 실천가였다.

송만암은 법휘가 종헌(宗憲), 호가 만암으로 고종 13년(1876) 1월 17일 전북 고창군 고창읍 중거리에서 아버지 송의환(宋義煥)과 어머니 김씨 사이에서 3남으로 태어났다.[2] 그가 태어나 성장한 시기는 나라가 안팎으로 소용돌이에 휩싸여 가던 어려운 때였다. 이러한 시대적 격동기에 만암은 개인적으로도 커다란 어려움을 당하게 되었다. 그는 4세 때 아버지를 여의고 홀어머니 밑에서 자라게 되었는데 어머니마저 11세 때 돌아가셔서 고아의 신세가 된 것이다.

그가 절에 들어간 것은 11세 때였다. 그의 허약한 몸과 수명이 짧을 것이라는 어느 스님의 관상담에 걱정이 된 어머니가 그를 백양사에 맡긴 것이다. 그는 백양사 취운도진선사(翠雲道珍禪師)를 은사로 머리를 깎게 되었다. 16세에 이르러 순창 구암사의 불교전문강원에 들어가 당대의 대강백 석전(石顚) 박한영(朴漢永) 스님 문하에서 경문을 배우기 시작했다. 그후 백양사에 돌아와 운문강원에서 환응(幻應) 강백에게도 수학해 일대 교학을 두루 섭렵했다. 이러한 이력으로 25세에 환응 스님으로부터 강석을 물려받아 이로부터 강사에 종사하게 되었다. 특히 합천 해인사에서의 특강은 그 이름이 전국에 널리 알려져 많은 학인 스님들이 일부러 해인사를 찾기도 했다. 1910년 8월 29일 한일합방이 단행되어 조선왕조가 역사의 막을 내리게 되자, 낙심한 만암은 음울한 심정으로 다시 백양사로 돌아와 서찰에서 대중 교육을 실시했다.

일제하의 한국 불교는 크게 두 흐름으로 나누어진다.[3] 그 중 하나는 일본 불교를 적극적으로 수용함으로써 현실에 적응하자는 것이었고, 다른 하나는 전통 불교를 수호하기 위한 호법투쟁과 함께 항일민족운동을 전개하려는 것이었다. 한일합방이 이루어지던 무렵 시세를 재빠르게 간파한 이해광(李晦光, 당시 해인사 주지)과 그의 일파들은 조선 불교의 장래를 위해서는 일본 불교와 연합해야 된다고 주장했다. 더욱이 당시는 왜색 불교의 영향이 이미 침투하여 승려들 중에는 긴 머리에 양복을 입고 개화장(開化杖)을 짚으며 여자와 동거하는 등의 행동을 하는 사람이 나오기 시작했다. 이에 일부 승려들이 이해광의 주장은 조선 불교를 일본에 팔아 넘기는 행위이며, 태고보우(太古普愚) 이래 임제계통의 법맥을 뒤바꾸는 반종교적 행위라고 하면서 반대하게 된다. 당시 호법을 주장하는 세력에는 선암사의 장금봉, 김학산과 화엄사의 진진응, 범어사의 오성월, 한용운 등과 함께 만암의 스승인 백양사의 박한영이 포함되어 있었다.

한편 조선총독부는 1911년 6월 3일 조선사찰령 7개 조를 제정하고 같은 해 7월 8일 사찰령시행규칙 8조를 반포했다. 이리하여 조선 불교는 선·교 양종 30본산제로 바뀌게 되었다. 전남에서는 최초 장성 백양사, 순천 송광사, 선암사, 해남의 대흥사에 본산이 설치되었고, 그 뒤 구례의 화엄사가 추가되어 5본산이 설치되었다.

이러한 시기에 만암은 불교가 시대적 조류에 부응하기 위해서는 교학진흥과 교육이 중요하다는 신념을 갖고 백양사 내 청류암에 광성의숙을 설립했다. 청류암은 1894년 갑오농민전쟁시기에 전봉준이 하룻밤 묵어 가기도 했고, 구한말 항일의병활동기에는 의병들이 드나들기도 하는 등 백양사 내 사회운동의 거점이 되었던 곳이다. 이곳에 의숙을 개설한 송만암은 50~100명 단위로 학인 스님을 모아 선(禪)·교(敎)·율(律)의 겸수와 함께 외전도 가르쳤다. 이때 외전으로는 구한말의 역사와 지리, 측량법 등을 가르쳤는데, 이것이 민족주의적이라고 일제 관헌의 감시를 받기도 했다.

이러한 교육에 대한 열정은 이후 그의 전 생애에 걸쳐서 일관되게 나타난다. 그는 승가 교육에 대한 원력으로 1929~1932년까지 4년간 불교계에서 세워 운영하는 중앙불교전문학교(현 동국대학교 전신)의 교장을 맡았으며, 1947~1955년까지 9년간 송정리에 정광중·고등학교를 설립, 운영하기도 했다.

이와 함께 만암은 중창불사의 가람수호에도 지대한 공헌을 했다. 일제치하에서 퇴락한 백양사의 중건에 주도적인 역할을 담당했던 것이다. 그는 1917년에 백양사 중건모연에 들어가, 그 이후 40여 년간 이곳에 주석하면서 무려 6차례의 중건불사를 일으켰다. 그의 사찰 중건불사는 당시 다른 사찰의 불사와 사뭇 달랐다고 한다. 그는 늘 사찰의 자급자족을 주장했는데 그 방편으로 양봉을 강습하여 꿀을 제조했고, 짚신을 만들었으며,

죽기를 제작하기도 했다. 그리고 그 수익을 모두 중창불사에 보태게 했던 것이다. 뒷날 문도들이 이것을 '반선반농(半禪半農)'이라고 불렀다.[4)]

사찰의 도량불사나 대중생활을 통해 보여 준 만암의 수행하는 자세는 오늘날까지 백양사에 이어져 내려온다. 그는 늘 운력이나 공양은 대중과 더불어 했다. '반선반농'으로 표현된 대중노동은 그에게는 수행의 한 부분이었던 것이다. 또한 조석예불과 함께 뒤이어 참선을 하도록 한 백양사의 전통도 그로부터 비롯된 것이다. 그 외에도 일반적으로 새벽에만 하는 도량석을 저녁까지 하도록 한 것도 그에게서 비롯된 백양사의 전통으로 오늘에까지 이어지고 있다.

한편 만암은 1947년 부처님 성도일에 호남 일대 20여 개의 사찰, 암자, 포교당을 규합하여 백양사에 한국 불교 최초로 호남고불총림이라는 종합적인 수행도량을 결성했다.[5)] 그는 엄격한 계율과 법식을 되찾아 변질된 한국 불교를 바로 회복하여 불타의 위대한 광명과 고승들의 행적을 계승하고자 하는 취지에서 고불회(古佛會)를 조직했는데 호남권을 중심으로 광범위한 호응을 얻었다.

8·15해방 이후 한국 불교계도 새로운 사회변화의 추세 속에서 좌우익의 대립으로 점차 복잡한 양상으로 전개되고 있었다. 이런 분위기에서 1948년 당시 교정(敎正)이던 박한영 스님이 입적하자 뒤를 이어 만암이 교정에 취임하게 되었다. 당시 한국 불교는 왜색 불교의 잔재로 말미암아 많은 문제와 과제를 안은 채 개혁의 손길을 기다리고 있었다. 그는 우선 종명을 조계종으로 환원하고 '교정'을 '종헌(宗憲)'으로 바꾸었다. 종헌의 내용도 대폭적으로 개정했다. 그의 평소의 소신대로 승가를 교화승(대처승)과 수행승(비구승)으로 구별하는 과감한 조치를 취한 것이다. 이러한 조치는 비구측의 다소의 긍정적인 반응이 있었으나 대처측의 반발은 거셌다. 그리하여 양측이 모인 가운데 1952년 통도사에서 이 문제를 가지고 회의를 갖게 되었다.

만암은 이 회의에서 "그 동안 사찰에서 소외되었던 수행승에게 일부 사찰의 운영을 맡기자"고 제의하며 "적어도 3대 사찰(해인사, 통도사, 송광사)

만이라도 비구측에 넘겨주자"고 주장했다. 그러나 이러한 제의는 비구측의 환영과 대처측의 거부로 합의점에 이르지는 못했다. 그 뒤 불국사에서 또 한 차례 회의를 가졌으나 결과는 마찬가지였다. 이런 와중인 1954년 5월 당시 이승만 대통령의 '불교정화' 유시(諭示)는 비구승측에게 결정적인 계기를 마련해 주었다. 비구측은 이를 계기로 '불교정화'의 기치를 높이 들고 연일 대회를 갖게 되었다.

그리하여 선학원에서 같은 해 9월 28~29일 전국비구승대표자회의가 열려 종정에 송만암, 부종정에 하동산, 도총섭에 이청담, 총무원장에 박성하를 선출했다. 그런데 당시 이들은 '정화 방법'을 둘러싸고 다소간 갈등을 일으키고 있었다. 즉 만암과 효봉(曉峰) 스님 등은 '정화'는 비구승들이 수도할 수 있는 수행도량을 얻는 데 그 목적이 있으므로 점진적으로 이 일을 추진해야 한다고 주장한 반면, 청담 스님 등은 이와 같은 좋은 기회는 다시 없으므로 강경하게 이끌고 나가야 한다는 주장을 폈다.

양측은 점차 극단적인 대립양상을 보이기 시작했다. 이러한 시기에 조계종의 종조(宗祖)문제가 제기되었는데, 이것은 불 속에 기름을 부은 셈이 되어 버렸다. 이불화(李佛化), 이종익(李鍾益)을 앞세운 비구측이 조계종 종조를 보조국사(普照國師)로 해야 된다고 주장한 것이다. 이들의 주장에 의하면 정화운동은 단순히 대처측의 절 몇 개를 할애받거나 또 이들을 절에서 물러나도록 하는 것에 그칠 것이 아니라 잘못된 종통을 바로잡아야 한다는 것이었다. 이 주장은 조계종조는 고려의 보조국사 지눌(知訥)이며 태고보우 법통은 조선 중기의 중관해안이 위조했다는 것이다. 이에 이효봉(李曉峰), 하동산(河東山), 이청담(李青潭) 스님 등이 보조국사 종조설을 지지하고 나섰다. 당시 총무원장 이청담 스님은 이에 대해 성명까지 발표하여 보조 종조설을 강력하게 주장했다.

전통적인 태고보우 법통을 따르는 만암 스님은 "이것은 환부역조(換父易祖)"라면서 정화운동에서 손을 떼겠다고 선언하고 백양사로 내려와 버렸다. 그리하여 같은 해 11월 비구승측은 스님의 반대에도 불구하고 하동산 스님을 종정으로 선출했다. 비구승측과 결별한 만암 스님은 그후 백양

사에 주석하면서 후학들을 가르쳤다.[6)]

그러던 1957년 1월 10일(음력 1956년 12월 15일) 세수 81세, 법랍 71세로 만암은 열반에 들었다. 떠나시기 7일 전에 문도에게 후사를 당부했다. 입적하던 날 작설차를 마시고 손발을 씻고 새 옷을 갈아입고 11시 30분 "눈이 많이 내려 올해는 풍년이다"라는 마지막 말을 남기고 떠나 가셨다. 다비 후에 사리 8과가 출현하자 이를 거두어 백양사와 제주에 봉안했다.[7)]

조선시대에는 국가의 억불책 속에서 민간에서만 전파되던 불교, 조선왕조의 멸망과 함께 닥쳐온 이민족의 지배 속에서 스스로를 재정립해야만 했던 불교, 해방 직후 혼란의 와중에서 스스로도 혼란과 대립에 빠져들었던 불교, 그 모든 시기에 만암은 소용돌이의 중심에 있었으며 수행승의 자세를 견지하고 있었다. "불교가 발전하려면 이판(理判, 수행승)과 사판(事判, 교화승)을 분명히 하고 이판은 선리(禪理)를 탐구하고 사판은 교화활동에 힘써야 한다"고 한 그의 말은 오늘날의 불교계에서도 되새겨 볼 만한 말이다.

1) 백양사 편, 『만암문집』, 대성출판사, 1967, 34쪽.
2) 退耕相老, 「대종정 만암대종사비」, 만암문집, 18쪽.
3) 채상식, 「한말 일제시기 범어사의 사회운동」, 한국문화연구 제4집, 부산대한국문화연구소, 1991, 37쪽.
4) 선원빈, 『호남불교의 거목 만암』, 『한국근대불교의 산맥 17인 큰 스님』, 법보출판사, 1992, 73쪽.
5) 만암, 「호남고불총림결성성명」, 만암문집, 100~101쪽.
6) 선원빈, 『호남불교의 거목 만암』, 『한국근대불교의 산맥 17인 큰 스님』, 법보출판사, 1992, 73~75쪽.
7) 백양사 편, 『만암문집』, 31쪽.

이기풍

전남 최초의 한국인 목사

1865년 평남 평양 출생
1903년 대한예수교장로회신학교(평양신학교) 제1기
1908년 제주도에 목사로 파송
1918년 광주 북문안교회에 전남 최초의 한국인 목사로 초빙
1921년 제10회 전국노회장
1940년 신사참배에 반대하는 운동에 연루되어 구속
1942년 우학리교회에서 사망

조선에서 개신교의 포교가 허용된 것은 중국에서 활동중이던 미국 북장로교 선교사 알렌(H. N. Allen)이 1884년 9월 20일 제물포로 입국하면서부터다. 한편 전남의 경우에는 호남 지방의 전도 기지였던 전주로부터 나주에 선교부가 설치되었던 1896년을 포교가 시작된 해로 볼 수 있다. 그러나 당시 선교사로 활약하던 벨(Eugene Bell, 배유지)과 해리슨(William Butler Harrison, 하위렴)이 나주 지역민들에게 쫓겨났기 때문에 개신교가 본격적으로 들어온 것은 2년 후였다. 당시의 민중들은 예수교가 들어오는 것을 외세의 침략과 동일하게 여기고 있었다.

그후 1898년 가을 벨, 레이놀즈(W. D. Reynolds, 이눌서) 그리고 오웬(Clement C. Owen, 오기원) 등이 또다시 개신교의 포교를 위해 파견되었다. 이들은 목포에 정착하는 데 성공했고, 비로소 선교활동에 매진할 수 있었다. 그해에 전남 최초의 교회인 목포 양동교회가 설립된 이래 1906년에 이르기까지 전남 지역에는 모두 49개의 교회가 생겨날 정도로 선교활동은 성공적이었다.

이처럼 개신교가 급속하게 자리를 잡아가던 시기에 전남 최초의 한국인 목사로 부임하여 교회의 토대를 굳건히 한 이가 바로 이기풍(李基豊)이다. 그는 1865년 12월 23일 평양성 동대문 밖에서 거주하던 농부의 아들로 태어났다. 그의 교육 정도는 어린 시절 한학을 공부한 것이 전부였다. 오히려 그는 평안의 명물인 석전의 용사요, 박치기의 명수로 악명 높은 깡패로 알려져 있었다. 이 시절 그는 선교사들을 "나라를 뺏으러 온 양코배기들"이라고 하면서 매우 증오했다고 한다. 심지어 그는 1892년 11월 제물포로 입국한 마펫(S. A. Moffet, 마포삼열) 선교사와 장대현(章臺峴)교회 건축 문제로 충돌해 그에게 상처를 입히기까지 했다.

그러던 그가 어떻게 하여 개신교 신자가 되었는지는 분명치 않다. 다만 그가 신자가 된 시기가 청일전쟁을 피해 원산에서 피난생활을 하던 시절이었으며, 당시 그는 담뱃대에 그림을 새겨서 파는 장사를 하고 있었고, 그를 인도한 사람은 스왈렌(Swallen) 선교사라는 사실만 알려져 있을 뿐이다.

아무튼 그는 그후 각지를 돌아다니며 장사와 전도를 병행했다. 그리고 평양으로 돌아온 후에는 마펫 선교사를 찾아가 그간의 잘못을 사죄하고 가르침을 받기 시작했으며, 1896년에는 마펫을 비롯한 여러 외국인 선교사들을 도와 함경도 지방으로 긴 전도여행을 하기도 했다.

당시 조선에 파견된 선교사들은 효율적인 선교활동을 위해 교파를 초월한 '선교사 연합공의회'(1893~1900)를 결성하고, 이른바 네비우스 선교 방법을 결정했다. 그것은 교파별로 선교활동 지역을 분할한 것[1]으로, 전남은 제주도, 전북, 충남의 일부 지역과 함께 미국 남장로교의 선교 지역이 되었다. 연합공의회는 이후 조선인까지 참여하는 '선교사 합동공의회'(1901~1906)로 개편되었다가 1907년에는 '조선예수교장로회(獨老會, 이하 독노회)'로 이어지게 된다. 당시는 일제의 침략이 노골화되던 시기였는데, 그로 인해 포교활동이 움츠러들 것을 우려한 독노회는 정치화될 가능성이 있는 교회들을 배제시키고, 정치와 무관한 교회를 만들기 위해 죄의 고백과 회개의 기도를 중심으로 하는 대부흥운동을 전개하던 시절이었다.

이러한 시기에 조선인 목회자를 양성할 필요성을 절감한 선교사 합동공의회는 1901년 신학교 설립을 결의했고, 그 책임을 맡은 마펫은 '대한예수교장로회신학교(평양신학교)'를 설립 1903년에는 제1기 학생을 받아들이게 되었다. 당시 평양신학교의 교육 기간은 5년으로, 1년에 3개월만 수업을 받고 나머지 9개월은 집에서 과제물로 학습했다. 교과 과정은 정식과목과 열람과목으로 구분되며 목회사역이 중심이었는데, 외국인 선교사들의 안정적인 지위를 위해 학생들에게는 초등 교육만 행해졌다. 초창기 교수진은 교장인 마펫을 비롯해 전부가 미국 북장로교회 선교사들이었으나, 이후 지역적인 안배를 고려하여 미국 남장로교회 선교사들과 호주 장로교회 선교사 등도 교수로 초빙되었다.[2] 그 전부터 본격적인 신학 공부를 갈망하던 이기풍은 즉시 이 학교에 들어가 학업에 열중했다. 그 결과 그는 한석진, 서경조, 양전백, 송린서, 길선주, 방기창 등과 함께 1907년 6월 20일 평양신학교를 1회로 졸업하고 같은 해 9월에 목사 안수를 받아 최초의 한국인 목사 7명 중의 한명이 되었다.

졸업 후 이기풍은 1908년 봄 독노회의 지시로 개신교의 손길이 전혀 미치지 않았던 제주도(제주도는 일제부터 해방된 이후까지도 행정구역상 전남에 속했음)에 목사로 파송되었다. 이미 독노회는 하부에 여러 개의 지역 조직을 거느리고 있었다. 이들 지역 조직은 1911년 이후에 결성되었는데, 그 과정을 보면 평양북노회(1912. 2), 평양남노회(1912. 1), 함경노회(1912. 1), 경기, 강원, 충청을 합한 노회(1911), 황해노회(1911. 12), 경상노회(1911. 12), 전라노회(1911. 10) 등 7개 노회로 분할되었다. 한편 전라노회는 1917년에 전북과 전남노회로 분리되었고, 1922년에는 순천노회가, 1930년에는 제주노회가 각각 전남노회로부터 분리되었다.

제주도 시절 그는 '사교장이'로 몰려 관가에 끌려가기도 했고, 노상에서 밤을 지새우는 일도 다반사였다. 그러던 어느 날 그는 결국 굶주림에 지쳐 서귀포 바닷가에 쓰러지고 만다. 그러나 해녀들의 도움으로 죽을 고비를 넘긴 그는, 이를 계기로 힘을 얻어 해녀들을 상대로 한 본격적인 선교활동을 시작했다. 이로부터 이기풍은 제주도에서의 1차 선교활동에 종사하던 10년 동안에 제주읍뿐만 아니라, 남제주와 북제주 간을 오고가면서 9개의 교회 설립에 관여했다. 1925년 4월 기록된 『제주기독교사』에 따르면, 그가 모슬포, 법환, 중문, 용수, 한림, 조천, 삼양, 세화, 성읍 등의 교회설립에 직접 관여했거나, 아니면 그로부터 전도받아 신자가 된 이들에 의해서 교회가 설립되었다고 적고 있다.[3)]

1917년 봄 몸이 극도로 쇠약해진 이기풍은 육지에서 휴양하고 싶다는 청원을 했고, 그에 따라 그는 10여 년간의 피와 땀이 배인 제주도를 떠나게 되었다. 1918년 3월 그는 그간의 성공적인 목회활동을 인정받아 광주 북문내교회에 초빙되었고, 전남 최초의 한국인 목사로 부임하게 된다. 1917년 당시 광주에는 교회가 15개, 포교자가 13명, 조선인 신자가 1220명, 일본인 신자가 30명, 외국인 신자가 20명이었다.[4)]

한편 광주 지역 최초의 선교사는 1904년 12월 20일 효천면 양림리에 자리 잡은 벨과 오웬으로, 이들은 같은 해 12월 25일 벨의 사랑방에서 최초의 예배를 보았다. 그후 1905년 1월 5일에는 고종으로부터 하사받은 북문안 터에 교회설립예배가 행해지는데, 이것이 후일 광주 북문안교회로 발전한다. 이기풍이 부임할 당시에도 그 위치는 동일했으나, 3·1운동에 최흥종, 남궁혁 등이 연루되어 1919년 10월 교회터를 총독부에 몰수당하자, 남문 밖 금정 10번지(전 협화병원 터)로 옮기게 되었고, 이후 금정교회라 부르게 되었다.

개신교는 일반적으로 의료와 교육사업이라는 두 가지의 경로를 이용해 급속히 확산되었으며, 전남 지역도 예외는 아니었다. 의료사업의 경우에는 목포의 오웬과 광주의 놀란(Joseph Nolan)과 윌슨(R. M. Wilson) 등이 주로 활동했다. 교육사업은 호남 지역을 맡은 남장로교가 교육을 적극적인 선교 수단으로 여기지 않아 비교적 관심이 적었으나, 목포의 정명여학교(1903)와 광주의 숭일학교(1908) 및 수피아여학교(1908) 등이 설립되었다.

광주 북문안교회에서 목회활동중이던 이기풍은 목사의 생명이라고 할 수 있는 성대에 이상이 생기고, 관절염까지 앓게 되어 1918년 7월 제3회 노회에 전임목사 휴직을 청원했다. 노회는 목사 가족 구조부에 위탁해 휴양하도록 결정하고, 광주 북문안교회 임시회장은 벨 목사로 선정했다. 그 후 그는 1918년에 고흥군 옥하리 교회로 요양을 겸해서 내려갔으며, 1920년 3월에는 제5회 전남노회의 결정에 따라 순천읍교회로, 또한 보성 벌교리교회 등으로 옮겨 다녔다. 1924년에는 고흥교회로 목회지를 옮겨, 부흥사경회를 인도했다.

그러던 그는 1929년에는 제주도의 선교 부활을 임무로 하여 재파견되었다. 당시 제주도에는 17개의 교회가 있었다. 그러나 1933년에는 다시 육지로 나온 그는 벌교읍교회에서 목회활동을 하다가 다음해인 1934년 그의 삶에서 마지막 목회지가 되었던 여수 앞바다 금호도의 우학리교회로 옮겨갔다.

일제 말의 극심한 탄압기는 교회들의 수난기이기도 했다. 일제의 신사참배 강요에 상당수의 목회자와 신자들은 목숨을 걸고 항쟁했지만, 대부분의 교회들은 굴복하고 말았다. 1938년 평북노회가 신사참배를 결의한 이래 전국 23개 노회 중 17개 노회가 신사참배에 동조했고, 결국은 조선예수교장로회에서도 같은 해 9월 9일 평양 서문밖교회에서 열린 제27회 총노회에서 신사참배를 결의하기에 이르고 만다. 이에 외국인 선교사들은 노회탈퇴를 선언했고, 일체의 재정지원을 중단했다. 1942년 봄 호남 지방의 외국인 선교사들은 본국으로 철수했다.

그러한 상황에서 이기풍은 신사참배에 반대하는 운동에 연루되어 1940년 여수 경찰서에 구금되었다가, 광주형무소로 이전 감금되었다. 그는 1942년 그 동안의 투옥생활로 지병이 악화되어 병보석으로 풀려 났으나, 결국 같은 해년 6월 20일 아침 그의 마지막 목회지인 우학리교회에서 세상을 떠나고 만다.

1942년 조선의 개신교는 제31회 총회록을 일본어로 기록해야 했으며, 이것을 마지막으로 노회는 해체되었고, '일본기독교조선장로교단' 지부를 15개 교구로 재편했다.

젊은 시절 한때 깡패로 사람들의 지탄의 대상이었던 이기풍. 그는 전남에 최초로 부임한 한국인 목사였으며, 반평생의 선교활동 기간 동안 제10회 전국노회장(1921)을 역임하는 등 조선 개신교의 인정받는 지도자였다. 그러나 우리가 그를 기억하는 것은 무엇보다도 일제의 신사참배 강요에 맞서 꿋꿋이 지조를 지킨 실천하는 목사였다는 점이다.

1) 초창기 한국 선교활동 지역은 다음과 같이 분할되어 있었다. 미국 북장로교회 선교부는 평안남북도, 황해도, 경기도, 충북, 경북을, 미국 남장로교회 선교부는 제주도, 전라남북도, 충청남북도 일부를, 호주 장로교회 선교부는 경상남도를, 캐나다 선교부는 함경남북도와 만주의 간도 지방을 각각 포교 대상으로 했다.
2) 김수진, 『호남선교 100년과 그 사역자들』, 고려글방, 1992, 78~79쪽.
3) 강문호·문태선 편저, 『제주선교 70년사』, 대한예수교장로회 제주노회, 1977, 32쪽.
4) 北村友一郎 편, 『광주지방사정지』, 1917, 41쪽.

김재계

멸멸해 가는 천도교

1888년 전남 장흥 출생
1905년 손병희에게 사사
1919년 장흥 3·1운동 주도
1928년 천도교 금융관장
1938년 멸왜기도문사건으로 투옥
1938년 사망

지금은 교세가 위축되어 세인의 관심에서 벗어나 별다른 활동을 벌이지 못하고 있지만, 일제하 민족독립운동의 중추적인 역할을 담당했던 것이 천도교다. 1905년 동학정신을 이어받아 손병희에 의해 천도교로 선포된 후 각 지방에 조직을 결성하고 한때는 신도 수도 100만에 이르렀다 한다.

천도교는 1919년의 3·1운동에서 주도적 활동을 전개했고 지방의 조직을 이용하여 전국적인 운동을 벌이는 기폭제가 되기도 했다. 이 지역에서 동학의 자취가 가장 많이 남아 있는 곳은 장흥을 들 수 있다. 성암(聲庵) 김재계(金在桂)는 장흥 출신으로서 고향은 물론 중앙 무대에서까지도 활동한 인물로 항일운동과 교육운동을 전개했던 민족주의자였다.

김재계는 장흥군 회진면 신상리 205번지의 조그마한 초가에서 농민 김규현의 장남으로 1888년 4월 25일 태어났다. 그의 아버지는 동학농민군으로 참전하여 활동했던 인사였다. 장흥은 동학농민군과 관군 간에 치열한 전투가 벌어졌던 지역으로 농민군과 관군의 후손들 간에 아직까지도 미묘한 관계가 존재하는 곳이다. 고향에서 한문 수학을 하던 그는 1902년 천도교에 입교하게 된다. 1930년에 일제가 발간한 『전라남도사정지』에 따르면 전남 지방에 38개의 포교소가 개설되어 있었으며 신도 2759명으로 기록되어 있다.[1] 하지만 항일적이었던 천도교를 고려한다면 그 수는 일제에 의해 축소되었을 것으로 생각된다.

장흥에서 천도교활동을 하면서 김재계는 더욱더 넓은 세계를 알기 위해 17세 되던 해인 1905년 4월 5일 상경하여 천도교 제3대 교주였던 손병희에게 사사한다. 1905년은 을사보호조약으로 강토를 일제에 침탈당하는 국운이 끝나는 시기였다. 이러한 비보에 많은 우국지사들이 할복, 망명하는 등의 방법으로 비운을 달랠 수밖에 없었다. 특히 민 충정공의 비보를 접하고 김재계는 3일간의 단식으로 울분을 달랠 수밖에 없었다.

서울에서의 손병희와의 만남은 많은 것을 배울 수 있는 계기가 되었고, 김재계는 자금을 전달하는 등 궂은 일을 도맡게 되었다. 1907년 이준, 이상설 등이 네덜란드 헤이그에서 열리는 만국평화회의에 참여하게 될 때 그는 대표단들의 뒷바라지와 여비를 조달하는 등의 일을 담당했다.

천도교는 초기에 진보적이었던 일진회가 친일적 성향을 띠자 이와 결별한다. 경리를 담당한 인사가 일진회로 빠져 나가자 재정문제가 발생했고 이를 타개하기 위해 성미운동(誠米運動)을 전개하기 시작했다. 이에 따라 전국 각지의 천도교인들이 쌀을 모으기 시작했고, 장흥에서도 수십 명의 천도교인들이 성미운동의 한 방편으로 금, 은, 동의 귀중품을 기증했다.[2] 이러한 자금모집운동으로 축적된 물적토대가 그후 3·1운동 자금으로 사용된 것은 익히 알려진 사실이다.

의암 손병희는 천도교를 창설하면서 조직을 정비하기 시작했다. 조직을 정신지도기관과 행정교화기관으로 나누어 정신지도기관에는 5000호 이상에 두는 도령(道領), 도훈(道訓), 교훈(敎訓), 봉훈(奉訓) 등을 두었고 행정교화기관에는 중앙에 중앙 총부를 두고 총부 내에 대종사(大宗司), 현기관(玄機觀), 공선관(共宣觀), 금융관(金融觀), 전제관(典制觀), 감사원(監査院) 등이

김재계의 묘소. 장흥 회진의 생가는 없어지고 후손들은 보성으로 옮겨 살아 묘소만이 유일한 흔적이다.

있고 지방에는 군에 교구(教區), 면에 전교실(傳教室)이 있었다. 손병희의 1909년 4월 호남 지방 순회는 장흥, 강진 등의 전남 지방에 천도교의 활성화를 가져오는 계기가 되었다.

1919년 3·1 운동이 일어나자 김재계는 김재반, 황생주, 황업주 등과 함께 선언서를 등사하고 태극기를 나누어 주어 3월 15일 장흥장에 모인 군민들과 만세운동을 벌였다. 또한 그는 3·1운동에 필요한 자금을 모아 서울로 올려 보낼 정도로 활동이 동분서주했다고 『장흥군지』는 기록하고 있다. 그러나 장흥 지방에서는 3·1운동이 발생하지 않았다는 의견도 있다. 그 이유는 갑오농민전쟁 때 활동가들이 거의 대부분 소멸되어 버렸기 때문이며, 3·1운동과 관련하여 강진 청년들로부터 조롱을 당했다고 장흥의 여러 사람들은 증언하고 있다. 그러나 이것의 사실 여부는 좀더 검토되어야 할 것이다.

천도교 내부에서는 1922년 손병희가 사망한 후 박인호가 그를 이어 승통을 계승하자 이를 정당시하는 구파와 이것에 문제를 제기하는 신파로 나누어져 주도권 다툼이 계속되고 있었다. 이것의 배후에는 일제의 침탈을 놓고 이를 보는 입장에 따라 그것을 인정하는 최린 등 신파와 이에 대항하여 손병희의 노선을 따르는 구파 간에 갈등이 내재하고 있었다. 최린은 민족 대표 33인 중의 한 사람이었지만 자치파, 개량주의자로 선회하면서 중추원 참의를 지내는 등 친일파로 변신했다. 천도교의 간부들도 1930년대까지 신·구파로 양분되어 대립투쟁하고 있는 상황에서 김재계는 구파에 속하면서 일제에 반기를 든 인사였다.

이러한 상황에서 김재계는 1928년에 천도교의 모든 자산을 운영하는 천도교중앙총회 금융관장을 맡게 되었고, 1930년에는 중앙감사원장을 역임하는 중책을 담당한다. 이와 더불어 『천도교월보』의 편집위원으로 있으면서 홍보활동과 집필활동까지도 전개했다. 특히 이때 『천도교월보』에 여러 의미 있는 작품들을 실어 명실공히 뛰어난 잡지가 되는 데 일조했다.

그렇지만 1930년대로 접어들면서 일제의 탄압이 극심해지자 조선의 사회운동은 침체기에 접어들게 되었다. 이러한 정세에도 불구하고 김재계는 서울과 고향을 왕래하면서 활동을 왕성하게 전개했다. 그가 사는 고향 장흥 회진에는 공립보통학교가 있었지만 일본인이 교장으로 있었기 때문에 민족 교육을 바랄 수 없었다. 그는 민족 교육을 실시하기 위해 자기 논밭을 팔아 사립육영학교(현 관산면 명덕국교 전신)를 설립했다.[3] 1931년에는 학교 안에 교풍회를 조직해 온건적인 항일운동을 전개하기도 했다. 하지만 전국적으로 조직되어 있던 교풍회는 일반적으로 유림을 비롯한 지역 유지들이 중심이 된 단체로 이들을 체제내화시키기 위해 만들었던 것으로 알려져 있다.

한편으로 천도교 간부들은 1937년 상해 임시정부의 주요 간부들과 연락하면서 독립운동 자금을 조달하기 위한 운동을 은밀히 진행하고 있었다. 김재계는 최준모, 한순회, 홍순의 등과 합의해 자금모집 계획을 세웠다.

이들은 "중국과 일본의 전쟁은 예측할 수가 없다. 우리 온 국민이 열망하던 국가회복의 좋은 기회가 올 것 같다. 국권회복을 위해 독립자금을 모금하자"고 결의했다. 이들은 전국을 4개 영역으로 나누고 4명이 각각 한 구역씩을 맡아 모금활동을 전개했다.

이러한 모금활동과 멸왜기도문(滅倭祈禱文)사건이 빌미가 되어 1938년 2월 17일 김재계 등 중앙 간부들은 서울에서 체포되어 사리원 경찰서로 압송되었다. 문제가 된 기도문은 1933년부터 일본을 저주하는 내용을 신도들이 조석으로 암송하게 한 것으로 그것의 내용은 "무궁한 내 조화로 개 같은 왜적놈을 일야간(一夜間)에 멸하고서 전지(傳之) 무궁하여 대보단(大報壇)에 맹서하고 한(汗)의 원수까지 갚아 보자"는 것이었다. 이때 연행된 사람은 김재계(51, 금융관장), 최준모(64, 장로), 한순회(54, 봉도), 김경감(53, 감사원장), 홍순의(49, 천도교 황해도 연원 대표) 등이었다. 이들의 죄목은 불온주문, 특별 희사금, 특별 기도 등이라는 죄명이었다.[4)]

이 사건은 1938년 5월 1일자로 동아일보, 조선일보, 경성신문 등에 대대적으로 보도되었다. 조선일보는 2면에 "천도교 구파 일부의 불온계획사건 송국 …… 금일 기사 해금내용 일체 발표"라는 기사를 5단 크기로 발표했다. 내용은 다음과 같다.

수년 전부터 박인호를 교주로 하는 천도교 구파의 일부가 불온한 계획을 극비리에 행하고 있다는 것을 황해도 경찰부에서 탐지하고 주의중이었던 바 드디어 그 확증을 얻었으므로 금년 2월 17일 이래 동경찰부에서 관계자를 검거취조중이던 바 최근 이를 종료했으므로 금일 김재계 이하 중앙 간부 4명, 지방 간부 1명 합 5명을 치안유지법 급 대정 7년 제령 7호 위반으로서 송국 …….[5)]

구속된 사람들은 일경의 전기고문과 가죽혁대로 맞는 등 가혹한 심문을 받고 반송장이 되어 같은 해 5월 12일에 병보석되었다. 이때 김재계는 갈비뼈 3개가 부러지는 참혹한 고문을 받았다. 일경이 이들을 병보석으로 내보내면서 전쟁수행중이므로 특별 석방한다는 미하시(三橋) 경무국장의 담화까지 있었다.

김재계는 고향으로 돌아와 휴양하던 차에 천도교 교주 박인호로부터 상경하라는 전갈을 받고 서울로 올라와 있었으나 고문의 후유증이 발병하여 1938년 6월 27일 서울 종로구 옥인동 조그마한 골방에서 한 많은 인생을 마쳤다.

그가 사망한 후 부친 김규현 등 가족들은 일제의 탄압으로 어려운 생활 때문에 장흥을 등지고 보성에서 살아갈 수밖에 없었다. 40여 년이 흐른 후 그의 행적이 알려짐에 따라 1976년 독립유공자로 인정받게 되었고, 국가에서는 1991년 건국훈장 애국장을 그의 후손에게 내림으로써 그의 독립운동을 높이 평가했다.

1) 『전라남도사정지』, 49쪽.
2) 천도교 장흥군 교구 역사.
3) 장흥 신학술 강습회 인가안.
4) 동아일보, 1938. 5. 1.
5) 조선일보, 1938. 5. 1.

송홍

광주고보의 영원한 스승

1872년 전남 화순 출생
1908년 광주보통학교 교사
1919년 3·1운동 때 체포령으로 미국 망명
1930년 광주학생운동 관련 광주고보에서 파면
1945년 광주서중학교 복직. 광주의대 한국사 강의
1949년 사망

광주학생운동의 진원지이자 광주·전남 지역 교육의 맥을 이어 온 광주일고 교정에 들어서면 왼쪽으로 우뚝 솟은 광주학생운동 기념탑과 함께 동상이 보인다. 이 동상의 주인공이 바로 암울한 식민지시대에 이 지역에서 민족교육의 맥을 잇고, 민족운동의 싹을 키웠던 운인(雲人) 송홍(宋鴻) 선생이다.

송홍은 개항 4년 전인 1872년 화순군 도암면 운월리에서 송용진(宋容鎭)의 2남 4녀 중 장남으로 태어났다. 그는 을사조약의 폐기와 오적(五敵)처단을 요구하다가 자결했던 구한말의 거유(巨儒) 연재(淵齋) 송병선(宋秉璿)에게 글을 배웠다. 1905년 을사보호조약이 체결되자 전 승지 윤병, 이범창 등과 함께 5차에 걸쳐 왕에게 조약에 반대하는 상소문을 올렸다. 1906년 5월과 7월 사이에는 또다시 전 참판 홍종영 등 5인과 함께 대한문 앞 광장에서 복합상소(伏閤上疏)하다가 일본 헌병대에 끌려가 갖은 고초를 당하기도 했다. 그는 상소문을 통해 "위기에 처한 나라를 구하기 위해서는 조정을 바로잡고, 외국에 아부한 자, 국권을 조롱한 자, 가렴주구한 자, 인민들에게 잔악한 행위를 한 자 들을 처벌하는 등 내정을 개혁해 공명정대한 정치를 만민에게 보여 주어야 한다"고 읍고했다.

일본 헌병대에서 풀려 난 송홍은 일제의 감시와 망국의 서러움을 참지 못하고 조국을 떠나게 된다. 그는 중국의 천진, 북경, 상해 등을 돌아다니면서 국제정세를 파악하고 해외의 독립운동가들과 정객들을 만나 구국의 방도를 논했다. 그가 중국 여행에서 얻은 결론은 열강들의 각축과 일제의 침략에서 나라를 구하는 길은 힘을 쌓는 길뿐이며, 그러기 위해서는 후세에게 새로운 학문과 문물을 교육하고 민족의식을 심어 주어야 한다는 것이었다.

제국주의의 침략에서 자신이 할 바를 깨달은 송홍은 1908년 귀국해 교육개혁 방안을 구상하고, 그것을 실천에 옮기고자 하였다. 그가 제기한 교육개혁 방안의 주요 내용은 향교재단을 기금화하여 향교를 신식학교로 개편하고, 신교육을 담당할 교육자들을 양성하기 위해 각 도에 하나의 사범학교를 설치하며, 거기에 소요되는 경비는 관민 균담으로 한다는 것 등이었다. 그의 이러한 교육개혁안은 향교를 존속시키고자 했던 유림들의 반발과 재정적 어려움으로 실현되지 못했다.

그러나 송홍은 이에 좌절하지 않고 그 자신만이라도 교육에 헌신하겠다는 결심을 굳히고 1908년에 개교한 광주보통학교(현 광주서석국민학교)에서 교직생활을 시작했다. 그후 광주농업학교가 설립되자 그곳으로 가게 되었으며, 사범학교가 개교하자 다시 사범학교 교단으로 옮겼다. 그는 일생 동안 자신의 가르침을 필요로 하는 곳이면 지위와 보수를 고려치 않고 어디든지 달려나갔다.

1919년 3월 1일 시위가 전국적으로 확산되자 송홍은 '동포에게 보내는 격문'을 지어 모든 조선인들이 분기하여 독립을 쟁취할 것을 호소했다. 이로 인하여 일제 헌병의 체포령이 내려지자 송홍은 미국으로 망명했다. 일제가 3·1운동 후 문화정책이라는 미명하에 학교 설립을 확대하면서, 이

광주일고 교정에 세워진 송홍의 동상. 그는 광주학생운동을 직접 지도하지는 않았지만 평소의 교육이념에 비추어 '광주학생운동의 아버지'로 불린다.

지역에도 광주고등보통학교가 설립된다. 이에 송홍은 귀국해 다시 광주고보 교단에 서게 되었다. 광주고보 설립을 주도한 이는 창평현감을 지낸 김형옥으로 송홍보다 아랫사람이었는데, 한말의 거유로 일컬어진 송홍이 하잘것없는 평교사의 신분으로 거기에 참여한 것이다.

광주고보의 교단에 서게 된 송홍은 광주학생운동이 발생할 무렵까지 그곳에서 한문과 국어(조선어)를 가르쳤다. 1920년대까지는 조선어 과목이 교과목에 포함되어 있었다. 그러나 한국사 교육만은 철저히 금지된 상태였다. 광주학생운동이 발생할 당시에 광주고보에 재학중이던 이기홍 옹은 "당시 전체 교사 30여 명 중 조선인 교사는 단 두 명뿐이었으며, 조선어 시간도 일 주일에 2시간뿐이었다"고 회고했다.

송홍은 공식적으로는 한문 과목을 담당하는 것으로 되어 있었지만, 한문 시간에 비밀리에 한국 역사에 대해 강의를 했다. 광주고보 제1회 졸업생인 변진복 옹은 "선생은 교장, 교감을 비롯한 학교 당국의 감시의 눈을 피해 수업 시간이면 칠판에 강의 제목만 써 놓고 한국 역사에 대해 강의를 했으며, 세계정세 및 민족의 진로를 가르치면서 학생들에게 미래의 지표는 조국광복이라는 점을 힘 주어 말씀하셨다"고 회고했다.

당시는 총독부에 의해 민족말살정책이 진행되는 중이었기 때문에 한국역사를 복원하고 가르치는 것 자체가 민족운동이 되었다. 더욱이 송홍이 제자들에게 일깨워 준 민족의식과 한국사 교육은 광주학생운동의 밑거름이 되었다. 1929년의 광주학생운동을 주도하고 참여했던 많은 학생들이 그가 민족의식을 일깨워 준 제자들이었던 것이다. 그가 광주학생운동을 배후에서 조직하거나 지도한 것은 아니지만, 그를 민족의 스승이자 광주학생운동의 아버지로 부르는 것은 그의 이러한 교육이념과 실천 때문일 것이다. 결국 그는 광주학생운동이 일어난 직후 학교 당국에 이 사실이 탄로나 쫓겨나게 된다.

전국적으로 확산되었던 광주학생운동은 일제 관헌의 무자비한 탄압을 받아 260여 명이 구속되었고, 수많은 학생이 퇴학당하는 지경에 이르게 된다. 당시 학생들에 대한 일제의 검거와 탄압은 인간의 상상을 초월할 정도로 무자비했다. 일제가 항상적으로 사용하는 고문 방법은 철봉을 팔이나 다리에 끼워 주리를 트는 것, 불에 달군 쇠꼬챙이로 허리나 손톱 등을 마구 지지는 것, 두 손과 두 발을 묶은 채 코와 입을 젖은 솜으로 틀어막고 그 솜 위에다 큰 주전자로 고춧가루 물을 퍼붓는 방법, 심지어는 야심한 자정 무렵에 경양방죽으로 끌고 가서 팔다리에 수갑을 채우고 무거운 추를 달아매어 방죽으로 처박는 등의 가혹행위를 자행했다. 그럼에도 불구하고 그에 의해 씨가 뿌려진 학생들의 항일의식과 민족의식은 그후로도 면면히 계승되어 1942년의 무등회사건과 동맹휴학사건으로 분출되었다.

제자들이 이렇듯 처참하게 학대당하는 것을 목도해야 했던 송홍은 더할 수 없이 괴로웠다. 일본 경찰들은 주모 학생들을 체포한다는 명분으로 학교에 상주하다시피 하면서 학생들을 포승줄로 묶어 교장실로 끌고가 폭행했으며, 일본인 교사들은 개처럼 얻어맞는 학생들을 통쾌한 듯 지켜 보았다. 그는 이런 괴로움을 견디기 어려웠다. 더욱이 그는 당시 학교 당국의 제재로 학교직원회의에도 참석하지 못하는 상태였으며, 그 자신이 심한 감시를 당하고 있었다. 날이 갈수록 건강이 악화되어 갔다. 학생운동 주모자에 대한 공판정에서 몇 차례씩 쓰러지고 학교를 못 나가는 동안, 학교측은 그를 강제로 퇴직시켰다. 그가 학교를 그만둔 것이 학교 당국의 조치였다고는 하지만, 어쩌면 사랑하는 제자들이 대부분 감옥에 갇혀 버린 상황에서 더이상 교단을 지키기 어려웠던 그의 심적인 고통도 작용했으리라고 보여진다.

송홍은 1930년 2월 8일 광주고보를 떠나면서 제자들에게 고별시를 썼는데, 그 시에서도 교육혁신의 중요성과 민족교육에 대한 자신의 열정을 부디 잊지 말라고 당부했다. 그가 민족의식을 강조하고 올바르게 배울 것을 당부했던 것은 오늘날에도 여전히 절실하게 들린다.

일찍이 내가 교육혁신을 부르짖어 (敎育吾曾叫革新)
한마음으로 22년을 보냈는데 (一心二十二年春)
오늘 아침 제군들과 이별하게 되니 (今朝設與諸君別)
강호에 묻히게 되는 늙고 병든 이를 저버리지 말라 (無負江湖老病人).

송홍은 광주고보를 떠난 후 광주시 서동에 소재하고 있었던 초라한 자택을 스스로 고분당이라 이름짓고, 해방이 될 때까지 칩거하면서 독서와 서예에 전념했다. 1945년 8월 15일 일제가 패망하자 송홍은 광주서중학교(전 광주고보) 교단에 다시 서게 되었고, 광주 의대에서 한국사를 강의하기도 했다. 1946년에 광주서중에서 함께 교직생활을 했던 동료교사 김문상(현 변호사)은 그를 "온화하면서도 강직한 분이셨다"고 회고하고 있다. 74세의 노구를 이끌고 다시 교단에 나섰던 그는 해방 정국의 혼탁한 정치상을 지켜 보면서 1949년 6월 18일 78세의 나이로 세상을 떠났다.

그의 제자들은 1967년 광주일고 교정에 그의 가르침을 기념하기 위해 동상을 건립했고, 1972년에는 제자 임선호(작고, 전 임피부비뇨기과 원장)가 주축이 되어 그의 유고집 2권을 발간했다. 1986년 봄에는 나주군 남평면 우산리 뒷산에 그의 묘비가 세워졌고 추모제가 열렸다. 송홍에 대해 연구한 민두기(서울대 교수)는 그는 이론가라기보다는 실천가였으며, 애국애족으로 점철된 민족정신의 화신이자 위대한 스승이었으며, 민족사관에 입각하여 한국사를 재정립한 사학자였다고 평한다. 그의 유일한 후손인 손녀 송정자 여사(함평 월야의원 원장)는 어릴 적 그녀의 조부가 "머지않아 제사 지내는 풍습과 한문은 사라지게 될 것"이라고 말했던 것을 상기하면서 무척 진취적인 생각를 하셨던 분이었던 것 같다고 회고하고 있다.

송홍의 생애는 진보적인 지식인의 끊임없는 자기 개조의 모습과 식민지 사회에서의 참스승 상을 압축적으로 보여 준다. 그는 역사의 요구에 따라 자신의 기득권과 전통적 세계관을 벗어 버리고 역사발전에 맞게 스스로를 개조하면서 그 속에서 자신이 행해야 할 바를 결정했던 인물이다. 그는 멀게는 이조 말 실학사상의 맥을 잇고, 가깝게는 구한말 개화기 지식인의 장점을 계승하고 있는 것이다.

최 상 채

의사에서 전남대 총장으로

1903년 전남 장흥 출생
1924년 경성의전 졸업
1934년 경도제대 의학박사
1952년 전남대 초대 총장
1973년 사망

일제하에서는 유명한 한국인 의사로, 해방 후에는 전남의 고등교육의 터전을 닦은, 그래서 지금도 전남대 교정에 동상으로 우뚝 서 있는 인물이 남강(南崗) 최상채다. 그는 해방 직후 광주의전의 교장으로, 그리고 전남대학교의 설립 과정에서 초대 총장으로 매우 중요한 역할을 담당했다.

최상채는 1903년 장흥군 장흥면 동동리에서 태어났다. 그의 부친은 최치영(崔致永)으로 중농에 해당할 정도의 생활을 했다고 한다. 최상채의 어린 시절은 장흥보통학교에서 시작된다. 당시 이 학교는 4년제였는데, 학교장을 비롯하여 일본인 교사 3명, 한국인 교사 2명으로 교사진이 구성되었다. 그는 1914년 3월 이 학교를 졸업했으나, 그 1년 후인 1915년 4월에 4학년으로 편입해 1916년 3월에 다시 졸업했다. 이처럼 보통학교를 다시 다닌 것은 상급학교 진학을 위한 것이었다. 현재까지 남아 있는 그의 학적부에 따르면 두번째 졸업 때 함께 졸업한 사람은 27명이었고, 그의 성적은 중상 정도에 속했다. 이때 같이 졸업했던 사람으로 해방 직후 서울대 교수와 전북대, 숙명여대 총장을 역임했던 김두헌이 있다.

최상채는 학적부상에 나타난 성적과는 달리 실제 학업능력은 매우 우수했던 것으로 생각된다. 그가 진학한 학교는 가장 명문으로 알려진 경성고보였기 때문이다. 당시 똑똑하지만 가난한 학생들은 사립학교보다는 학비가 싸거나 장학금 혜택이 많았던 공립학교에 진학하는 경향이 있었다. 그가 서울로 진학할 수밖에 없었던 것은, 이 시기만 하더라도 호남에는 고등보통학교가 없었다는 사정도 작용했다. 당시 고등보통학교는 전국적으로 경성고보, 평양고보, 대구고보뿐이었다.

경성제일고보 시절의 생활에 관해서는 알려진 것이 별로 없지만, 경제사정이 매우 어려워 고생을 많이 했다는 일화가 전해진다. 이때 의사가 되는 꿈을 키웠던 것으로 보인다. 그는 1920년 3월 이 학교를 졸업하고, 이어서 경성의전에 입학했다. 일제시대 조선에서의 의사양성기관으로는 경성의전이 최초였고, 이어서 평양의전, 대구의전이 설립되었다. 당시 전문학교는 고보 4년 졸업 후 입학해 4년간 수학하는 것이었다. 대학으로는 1926년부터 학생을 모집한 경성제대 의학부가 있었다. 사립학교로는 세브란스의전이 있었고, 1937년 순천 출신의 대지주 김종익이 설립한 경성여의전이 있었다. 경성의전은 경성제대가 설립되기 전까지 조선의 최고 의학교육기관이었던 셈이다. 이 시기에 그는 장흥의 부호였던 길행식의 도움을 많이 받았으며 동기였던 이종륜도 큰 힘이 되어 주었다고 한다.

최상채는 1924년 3월 경성의전을 졸업하고 곧바로 광주의 자혜병원 외과에 근무하게 되었다. 그는 여기에서 10년간 근무하게 된다. 광주의 서양식 병원은 1906년 선교목적으로 설립된 제중원, 1910년에 일제에 의해 설치된 자혜의원, 1930년대 중반에 설치된 종방병원 등이었다. 전남 자혜의원은 1910년 8월 한일합방과 더불어 각 도에 자혜의원을 설치한다는 제도에 따라 9월 26일 광주에 설치되었다. 최초에는 관찰도 서기청의 일부 건물을 개조하여 사용하는 소규모의 빈민의료기관이었다. 설립 당시에 자혜병원의 의료진은 의원 3명에 간호부 2명이었다. 초대원장은 3등 군의였던

전남대 총장 재직 당시 미국방문을 기념하기 위해 찍은 사진. 앞줄 가운데가 최상채 총장이다.

아키야마(秋山)였다. 1925년 4월 관제개정에 따라 이 병원은 총독부 직할에서 도로 이관되고 명칭도 도립광주의원으로 바뀌었다. 1927년 발행된『전라남도 직원록』에 따르면 이 당시 의료진은 원장과 의관 4인, 의원 4인, 서기 2인, 약제수 1인, 조제 조수와 시험 조수 각 1인, 간호부 16인, 고원 4인으로 구성되었다. 의관과 의원은 모두 일본인이었고 한국인은 최상채 혼자였다. 간호부 16인 중에 5명이 한국인이었던 것도 특기할 만한 사실이다. 진료과목은 내과, 외과, 안과, 산부인과, 소아과, 이비인후과였다. 위급한 경우를 제외하고는 오전에만 외래진료를 했다.

최상채는 도립광주의원에 근무하면서 연구생활을 병행했다. 그가 광주로 내려올 무렵 경성제국대학이 설립되었는데, 그는 이 대학의 의학부 병리학 교실에서 연구를 하게 된 것이다. 이런 연구의 결과, 1934년 9월 경도제국대학에서 의학박사학위를 받았다. 당시 박사학위는 주논문 외에 몇 편의 추가적인 논문을 해당 학교의 교수회에서 심사하여 수여했는데, 그의 주논문은 「백혈구의 분핵의 본태에 관한 연구」였다. 박사학위 수여와 때를 같이해 한국인에게 좀처럼 주어지지 않던 병원 책임자 지위가 그에게 주어졌다. 즉 1934년 7월 제주의원장 겸 외과장에 취임한 것이다. 이 시기의 최상채의 신상에 관해서는 1935년 1월의 『신동아』에 「우리의 의학박사 제씨들의 활동」란에 언급되어 있다. 이 무렵 한국인으로 의학박사학위를 받은 사람은 약 30명 정도였다. 그 중에는 조선의 주요 사회문제로 대두한 나병 및 성병에 관심을 가졌던 이영준, 결핵에 많은 관심을 가졌던 정구충과 김동익, 백인제 등이 있었다.

최상채의 제주생활은 오래가지 못했다. 어떤 이유인지는 분명하지 않으나, 1935년 9월 광주에서 개업을 했던 것이다. 그의 개업의 활동은 4년간 지속되었다. 여기서 잠깐 1930년대의 광주의 의사 현황을 살펴보자. 1931년 광주읍 요람에 나타난 것을 보면, 도립광주의원에 의사 9명(이 중 1명만 한국인), 제중원에 4명(2명이 한국인), 개업의로 14명(이 중 7명이 한국인) 등 총 27명의 의사가 있었다. 당시 치과의사는 9명(이 중 한국인이 5명)이었다. 1939년 말에 이르면 광주의 각종 의료시설에서 활동하는 의사는 43명, 치과의사는 12명이 된다.

최상채는 1939년 10월, 개업의로서의 생활을 그만두고, 일본 규슈(九州)대학 의학부 고토(後藤) 외과학 교실에서의 연구를 위해 도일했다. 규슈대에서의 1년 6개월간의 연구 후에 그는 1941년 4월 경성여의전 외과 교수 및 외과장으로 2년간 근무하게 되었다. 이것이 교육자로서 인연을 맺는 최초의 계기가 되었다. 경성여의전은 해방 후 김종익의 호를 따 우석대로 되었으며, 후일 고려대로 흡수되었다. 태평양전쟁이 막바지에 이른 1943년 10월 그는 다시 낙향해 광주에서 개업을 했다.

한편 광주에도 본격적인 의료인양성기관으로 1944년 4월 의학전문학교가 세워졌다. 이것이 오늘날 전남대 의대가 된 광주의전이다. 일설에 의하면 상해 교포 손창식이 100만 원, 천일고무 김영준이 10만 원 등의 기금을 내놓았다고 하나 분명치 않다. 이때는 태평양전쟁이 막바지에 이른 시기였고, 늘어나는 부상병의 치료가 매우 시급한 문제였다. 군의의 수도 매우 부족한 실정이었다. 결국 광주의전의 개교 배경에는 군의의 속성양성이라는 측면이 있었다는 뜻이 된다. 이와 같은 맥락에서 동일한 시기에 함흥의전도 개교했다. 광주의전의 교장에는 도립순천병원장이었던 오하시 히로이치(大橋宏一)가 취임했지만, 사실 설립 준비가 별로 안 되었던 까닭에 당시 폐교 상태에 있던 수피아학교 건물을 임시로 사용할 수밖에 없었다. 당시 조선인 청년들 입장에서 보면 의전으로의 진학은 훨씬 위험이 많은 전선배치를 피할 수 있는 기회를 제공받는다는 의미도 있었다. 최초의 입학생은 102명, 이 중 한국인 학생은 42명이었다.

해방이 되고 일본인 의사들이 물러가면서 광주의전과 도립광주의원의 유지가 큰 문제로 대두했다. 광주의전의 재건에는 미군정하 도지사였던 최영욱과 도 보사국장이었던 민병기, 변호사 송화식, 그리고 한민당 간부였던 고광표 등이 많은 역할을 했다. 최상채는 1945년 10월 광주의전 교장에 취임했다. 초창기에는 학교 건물이 없어서 일본인 학교였던 중앙국민학교와 광주여고 건물로 전전하는 어려움을 겪어야 했다. 더 어려운 문제는 교수진의 확보였다. 이 문제의 해결을 위하여 최상채는 백방으로 뛰었는데, 이때 결정적인 도움을 준 사람이 경성의전 동기이자 경성대학 교수였던 이종륜이었다. 도립광주병원을 광주의전 부속병원으로 개편하면서 원장에 경성여의전 교수였던 김덕성을 초빙했다. 이런 고난 속에서도 광주의전은 1946년 9월 광주의대로 승격되었고, 최상채는 광주의대 학장이 되었다. 교수진의 확보에는 이른바 '국대안 파동'이 도움이 된 측면도 있었다. 경성의전의 유망한 소장급 학자들을 데려오는 데 유리한 환경이 조성되었기 때문이다. 비교적 우수한 예과 교수들도 확보해 갔다. 예과 교수들은 당시 시급했던 중등교원 확보를 위해 설립된 중등교원양성소의 교육도 담당했다.

한국전쟁이 발발하고 광주가 인민군에 점령되면서 광주의대 부속병원은 제1인민병원이 되었고, 최상채 외과는 제2인민병원이 되었다. 최상채는 장홍으로 피신했다가 광주로 되돌아왔으나 인민군에 체포되어 광주의대 부속병원으로 끌려왔다. 광주의대 학장에서 조수로 부상병들을 치료하는 신세가 되었던 것이다. 그러나 수복 후 다시 복귀했으며 전시연합대학장으로 임명되었다.

광주의대와 광주농대, 목포상대, 대성대학 등이 통합되어 전남대가 발족하자, 최상채는 1952년 9월 전남대 초대 총장에 임명되었다. 그의 다방면에 걸친 노력과 기여로 인해, 짧은 기간에 전남대는 대학다운 대학의 면모를 갖출 수 있었다. 그러나 1959년 2대 총장 선거에 나서게 되자 그에 반대하는 세력이 뚜렷하게 부상하면서 극심한 파벌을 조성되는 부작용이 발생했다. 결국 2대 총장에 취임했지만 곧이어 발생한 4·19의 와중에서 총장에서 물러나지 않으면 안 되었다. 그후 실시된 참의원 선거에 출마해 당선되었는데, 5·16으로 의원직을 상실하는 우여곡절도 겪었다. 결국 1962년 본연의 자리인 의사로 돌아와 외과를 개업했지만 그의 혈기왕성한 활동욕구는 수그러질 줄 몰랐다. 한 증언에 따르면 이 시기의 그의 꿈은 문교장관이 되어 한국의 교육정책을 담당하고 집행하는 것이었다고 한다. 그러나 그 꿈은 실현되지 않았고 1973년 타계했다.

김현준

근대 사회학의 태두

1899년 전남 나주 출생
1922년 일본 동양대학 졸업
1928년 독일에서 사회학박사학위 취득
1930년 『근대 사회학』 출간
1948년 조선대 문리학부장
1949년 사망

한국의 근대적 사회과학은 한말에 수입되기 시작해 일제지배하에서 그 뿌리를 내렸다. 따라서 근대적인 사회과학의 발전사를 더듬어 보면 일제가 끼친 영향이 곳곳에 자리 잡고 있음을 볼 수 있다. 즉 사회과학이 사회현실에 조응하면서 균형적으로 발전하지 못하고, 일제지배를 합리화하는 학문이 기형적으로 발전하면서, 일제지배를 비판하거나 그러한 뜻을 지닌 학문은 제도권 외부에 있거나 지하로 내려갔다. 지배의 문제 자체를 학문의 본령으로 하는 정치학이나 사회학은 발전하기 어려웠다. 법학이나 행정학은 그런 대로 발전할 수 있었지만 그것도 법 현상에 관한 본질적 질문을 다루기보다는 실증주의적 해석과 적용의 문제 일변도였다. 이런 어려운 상황에서도 이 지역에서 본격적인 사회과학자를 배출했으니 그가 김현준이다. 그는 나주 출신으로 사회학으로 박사학위를 받은 최초의 한국인이었다.

김현준은 1899년 2월 나주의 유지였던 김병두의 큰아들로 태어났다. 김병두는 1920년대 초 민립대학 설립운동에 참여했고, 1920년대 후반에는 그의 사돈이었던 남홍칠, 그리고 백남선 등과 더불어 나주의 민족계 자본을 대표하는 흥농주식회사의 발기인으로 활동했다. 당시 나주에는 신간회 나주지회에서 주축이 되어 운영한 나주협동상회도 있었다. 그러나 1930년대에는 도평의회 의원이 되어 친일적 성향을 띠기도 했다.

김현준은 1912년 나주공립보통학교를 졸업하고 서울로 가서 1918년까지 휘문학교를 다녔다. 서울로 가기 전인 1911년 그는 나주의 부호였던 남홍칠의 딸 남상일과 결혼했다. 1913년경에는 민족운동의 일환으로 국어 연구와 조선어 강습에 정열을 바치던 주시경에게서 국어국문을 배우기도 했다. 주시경은 1910년 식민지로 떨어지자 보성학교에다 조선어 강습원을 차리고 일요일마다 서울의 여러 학교에 다니는 청년학생들에게 국어국문교육을 실시했는데 김현준도 여기에 참여한 것으로 보인다.

그는 휘문학교를 마친 후 일본으로 건너가 정칙예비학교를 거쳐 동양대학에 진학했다. 이 시기는 국내적으로는 일제의 식민지지배를 위한 토지조사사업이 완료되는 시점이었고, 세계적으로는 제1차 세계대전이 종결되면서 전후질서의 수립에 열강들이 부산하던 때였다. 정확한 것은 알 수 없으나 동경 유학 때 그는 광주 출신 부호의 자제였던 정광호와 함께 3·1운동의 본격적 전개를 알리는 2·8독립선언을 촉구했다고 한다. 1920년 하기방학 때 귀국했던 그는 고향인 나주에서 7월 11일 열린 나주청년수양회 주최의 강연회에서 '현대사상'이라는 주제로 강연을 하기도 했다(동아일보, 1920. 7. 23). 그러나 그는 민족운동에 본격적으로 뛰어들기보다는 학문적 길을 갔으며 1922년 3월 동양대학 제1과를 무사히 끝마칠 수 있었다. 대학을 마치자 그는 본격적인 학문연마를 결심하고 독일로 건너갔다. 그의 독일 유학경로는 자신이 쓴 기행문 「독일 가는 길에」(신생활 제9호, 1922. 9)에 자세하게 실려 있다. 그는 이해에 이미 「문화적 생활과 철학」이라는 글을 『신생활』에 기고한 바가 있었다.

독일 도착 후에 그는 뷔르츠부르크(Wurzburg)대학을 거쳐 라이프치히

(Leipzig)대학에서 경제학, 신문학, 국가학, 사회학 등을 연구했다. 결국 1928년 「동아시아에서의 근대 신문의 형성(Die Aufmachung der modernen Zeitung in Ostasien, Japan, China und Korea)」이라는 논문으로 박사학위를 받았다. 최재석 교수는 박사학위논문 제목을 「1925년 아일렌부르크에서 실시된 국세, 직업, 경영조사에서 사용된 표본추출 방법」이라고 밝히고 있으나 이는 오류인 것으로 생각된다. 이 학위는 이 분야에서는 한국인 최초였다.

우리 사회에서 '사회'라는 용어는 1896년 처음으로 사용된 것으로 알려져 있는데, 보다 본격적인 사회에 관한 이론들은 1906년 친일파였던 이인직이 월간 잡지 『소년 한반도』에 소개함으로써 알려졌다. 이때의 주요한 관심은 사회진화론이었다. 그것은 민족적 위기상황 속에서 세계정세가 '적자생존, 우승열패'라는 법칙에 의해 움직인다는 사고를 애국계몽운동가들에게 제공해 주었다. 장지연과 같은 인사는 '군학(群學)'이라는 용어를 사용했다. 그후 정광조가 1912년 『천도교월보』에 비교적 정리된 사회학설을 소개했다. 1920년에는 와세다대학에서 사회학을 전공한 최정순이 『학지광』에 사회학을 소개했다. 이런 상황에서 김현준이 귀국한 것이었다. 그의 독일에서의 박사학위 취득은 장안에 화제가 되었고, 그가 인천으로 귀국할 때는 총독부의 고위 관리가 영접할 정도였다. 그는 귀국하여 1929~1932년까지 보성전문학교에서 사회학을 강의했다.

그는 강의를 하면서 활발한 저술활동을 시작한다. 그 첫 결실이 1930년 8월 간행된 우리 나라 최초의 사회학 책인 『근대사회학』(256쪽)이었다. 이듬해인 1931년에는 『현대 각국 사회주의 급(及) 사회운동사 비판』(광한서림)을 저술했으며 이외에 『사회학체계론』(300쪽), 『현대사회문제 신사전』(200쪽), 『사회학적 이론연구』(150쪽), 『통계학적 사회실황연구』, 『근대신문학』 등 5종의 책을 준비하거나 발간한 것으로 되어 있다. 이외에 논문으로는 「빈자(貧者)는 하처(何處)로」(대호, 1~5, 1930.), 「사회본위 사상비판」(대조, 1~6, 1930.), 「근대 신문학에 대한 제고찰」(대중공론 2~6, 2~7, 1930.), 「사회 과정상에 표현된 차별적 생사문제의 연구」(조선강단, 2~1, 1930.), 「시위운동과 군중심리」(신동아, 1~1, 1931.), 「학술전문지가 필요」(동광, 34, 1932.), 「현대사회사상의 동향」(신동아, 5~4, 1935.), 「조선가족제도의 연구」(신생활, 9~1, 11~8, 1938~1939.) 등이 있다.

1935년 『신동아』에 실린 「현대사회사상의 동향」은 당시 일본이 파시즘화하는 현상과 조선 지식인의 동향을 잘 보여 주고 있다. 그는 당시 이탈리아와 독일, 그리고 일본의 파시즘화 원인에 대해 언급하면서, 일본의 경우 "1930년대 초의 만주사변, 5·15사건, 소화유신운동 등은 비록 군벌적 내용이라 하더라도 사태에 있어서는 우익적 독재를 수립하려 한 것이며, 이런 현상은 국제사회 일반의 동향이다"고 보았다. 그는 조선사회의 사상적 동향을 1920년대의 좌경화의 경향 이후 "1930년대에 들어서 좌익 내부의 문제 및 일제의 강력한 탄압으로 애매한 개량주의와 불철저한 주의자는 전향하고 일부는 지하화했다. 만주사변 이래 일본의 국수주의, 군국주의적 파시즘풍조는 조선 사회사상에 직접 영향을 주고 있다. 맑시즘에 실망은 했지만 용이하게 파시즘에 귀추하지 않고 방관적 태도를 취하고 있다. 청년학생층과 애매인텔리층은 자기 절망적 경향이 보이고 동시에 향락적 방면으로 나아가는 것도 보인다"고 서술했다.

그가 귀국한 이후 한국인의 해외에서의 사회학 연구가 계속되었다. 하경덕이 1930년 미국의 하바드대학에서 사회학박사학위를 취득하고 귀국하여 연희전문에서 강의했으며, 한치진도 남가주대학에서 사회학을 전공하고 귀국하여 『사회학개론』(1993)을 간행했다. 공진환은 같은 해 프랑스 소르본대학에서 사회학을 전공하고 귀국해 『사회과 강의』를 간행했다. 김현준은 이런 흐름의 선두에 서서 독일 사회학을 받아들였던 셈이다.

1930년대 후반 그는 만주 봉천으로 건너가 농장을 경영하면서 지냈다. 그의 만주행에는 그의 매제였던 최기택의 영향이 컸던 것으로 보이는데 왜 만주로 이주했는지는 불분명하다. 최기택은 봉천에서 해동공사라는 인쇄 및 제본공장을 경영했고 봉천의 동광중학교 교사로 있었다.

해방 직후 중국인들은 봉천 거주 한인들을 잡아 가두었는데, 김현준은 다른 두 명의 대표와 함께 한인들을 무사히 귀국시켜 줄 것을 교섭했다고 한다. 그는 그해 겨울에 귀국하여 관재처에 몸담았다. 그러다가 곧 세계일보사 주필로 활동했고 성균관대학 학장에 취임했다. 그러다가 1947년 전주사범 교장으로 부임했다. 당시 각 학교들은 좌우익 학생들 사이 갈등이 매우 심했다. 전주사범학교도 그 중의 하나로 그 학교에서는 10·8사건으로 불리는 학생들간의 충돌이 있었다. 학교는 말이 아니었다. 그러자 당시 전북 학무국장이 그의 보성전문 제자였는데 그에게 교장으로 부임하여 사태를 수습해 줄 것을 간청했다고 한다. 그렇지만 그 역시도 학생들에게 많은 고초를 겪었다고 한다.

그러다가 1948년 조선대 문리학부장에 취임했다. 그는 1948년 조선대의 대학 승격에 큰 기여를 했다. 당시 문교장관으로 안호상 박사가 취임해 있었는데, 그와는 보성전문 시절에 동료로 있었을 뿐 아니라 독일에서 같이 유학한 인연이 있었기 때문에 아주 절친한 사이였다. 그러나 불과 10개월 후 1949년 7월 학자로서, 그리고 교육자로서 충분히 꽃을 피워 보지 못한 채 급환으로 별세했다.

그가 조선대에 부임하던 무렵에 발간된 책이 『사회학 개론』이다. 이것은 그의 서문에서 밝혀져 있듯이 1930년에 발간된 『근대사회학』의 개정판이었다. 이 책은 281쪽으로 대성출판사에서 1948년 10월에 출판되었다. 이 책은 크게 세 부분으로 이루어졌다. 1편은 사회학의 기초 개념, 2편은 사회학발달의 사적 고찰, 3편은 응용사회학이었다. 이 개정판 서문에는 다음과 같은 귀절이 있다.

이 소저는 거금 20여 년 전에 여러 전문학교에서 강의하던 초안을 학도들의 참고를 위주 삼아 공간하였던 것이다. 그런데 오랫동안 절판이 되었고, 또 당시 공간시에는 일제의 준엄한 원고검열 관계로 불완전한 점이 많아서 유감으로 생각하던 차이므로 이제 약간 수정하여 공간케 된 것이다. 즉 사회학 기초 관념론에 있어서 사회학의 방법론을 수보하고 사회력과 사회과정론과 사회연대성론 등을 증보하였으며 사회학과 사회과학의 관계 논문 중에서 사회학과 정치경제학, 사회문화학 등의 부문을 증보하였고, 그 외에 가족론과 국가론 같은 것도 증정하였으며 사회학발달사론과 응용

사회학부문에 있어서도 각 부문에 증정을 가했다.

그는 한국 사회과학사, 그 중에서도 사회학사와 신문학사에 그의 저서와 논문들을 통해 굵은 족적을 남기고 있다고 할 수 있다. 그렇지만 전반적으로 그는 자신의 학문을 충분히 발전시킬 수 있는 제도적 분위기가 성숙되지 않은 상황에서 그의 학문적 계승자를 만들지 못하고 타계한 셈이다.

최선진

실업교육의 터를 닦다

1891년 전남 광주 출생
1919년 여객운송사업 시작
1922년 대흥정미소 창립
1928년 사립광주보통학교 설립
1935년 (주)광주극장 창립
1945년 광주상업중학교 인수
1945년 사망

광주상고로 더 잘 알려진 유은학원의 새 보금자리인 진월동 교정에는 동상 하나가 우뚝 서 있다. 이것이 일제하의 박토에서 교육의 씨앗을 뿌려 오늘날 4개의 산하 중·고등학교를 거느린 유은학원의 설립자 유은(惟隱) 최선진(崔善鎭)의 동상이다. 이처럼 교육사업가로 널리 알려진 그는, 또한 당대 500여 정보에 이르는 땅을 가진 대지주이며 수많은 기업을 운영했던 사업가로서 광주 지역의 대표적인 자산가이기도 했다.

그는 1891년 5월 최권삼(崔權三)과 양수(梁洙) 사이에서 2남 1녀 중 장남으로 태어났다. 최권삼의 본향은 원래 보성이지만, 그의 집안은 누대에 걸쳐 광주에서 터를 닦아 온 향반이라고 알려져 있다. 그는 젊었을 적에는 이 장 저 장을 돌아다니며 장사를 했고, 점차 가세가 불어나기 시작하면서는 옹기그릇이나 생활필수품을 취급했다고 한다. 특히 당시 행정적으로 전남의 일원이었던 제주에까지 상권을 뻗쳐 활발한 활동을 보였고, 점차 토지를 늘려 가 1910년 그가 사망할 무렵에는 500석 정도의 재산(약 30정보)을 축적하게 된다. 그는 이른바 개화기 토착중소상인이었던 것이다.

이와 같은 배경에서 신문물을 접하며 성장했기 때문인지 최선진은 신학문에 대한 관심 또한 남달랐다 한다. 그러나 "어찌 왜놈 학교에 다닐 수 있느냐"는 부친의 완강한 반대로 결국 학교에 다니고자 했던 욕심은 좌절되고 말았다. 따라서 어릴 적 받았던 한학 교육이 그가 받은 교육의 전부였다. 아버지의 훈육은 그의 의식형성에 커다란 영향을 미쳤던 것으로 보인다. 그것은 한편으론 그의 민족적인 성향으로 나타났고, 또 다른 한편으론 그의 교육사업에 대한 열의로 나타났다. 이와 함께 후일 그와 동갑내기인 인촌 김성수와의 만남은 교육사업에 대한 그의 열정을 더욱 강하게 만든 계기가 되었다.

1910년 아버지의 사망 후 최선진은 새롭게 상업계에 투신했다. 물론 물려받은 재산이 500여 석이어서 당시만 하더라도 무시 못할 규모였지만, 상당 부분을 동생에게 주었기 때문에 기실 그의 자본금이 넉넉하지는 못했다. 그의 상업활동에서 주목되는 것은 당시까지 아버지의 주력 품목이었던 생필품 등에서 목화와, 쌀, 그리고 당시 '수탈 주머니'라 불리던 가마니장사로 업종을 전환했다는 사실이다. 그리고 이는 당시 일제가 조선을 식량기지로 생각하고 있었던 것을 고려한 것이어서 사업의 장래와 전망이 매우 좋은 분야였다. 시대상황을 간파한 사업가로서의 그의 예리한 면모를 보여 주는 단적인 예이다.

더욱이 이 같은 상황은 1920년대에 이르러 일본 자본주의가 독점단계에 들어가면서 쌀 부족사태가 발발 '미폭동(米暴動)'으로 발전했고, 일본 산업혁명의 결과 목화 수요는 폭발적으로 증가하게 되었다. 따라서 그로서는 창고를 지어 놓고 추수기에 쌀을 사 두었다가 일본으로 방출하는 것만으로도 상당한 부를 축적할 수 있었고, 목화 역시 마찬가지였다. 특히 그는 그때 벌써 주먹구구식 장사가 아니라 최근 10여 년간의 가격동향 자료를 입수해 분석하는 등 변화하는 시장상황을 예측하고 그에 적절히 대응하는 주도면밀함을 보여 주고 있었다.

광주 진월동으로 옮긴 유은학원 새 교정에 들어선 최선진의 동상.

그후 그의 사업이 날로 번창하자 당시 이 지역의 대표적인 대지주인 순천의 김종익이나 강진의 김충식 등도 소작료로 받아들인 쌀을 그에게 맡기는 실정이었다. 그가 1922년에 창립한 대흥정미소도 이러한 사업의 연장선 위에 놓여 있는 것이다. 당시 정미업 분야는 조선인과 일본인이 경쟁적으로 뛰어들었던 사업 분야였는데, 현재의 대인시장 앞에 위치하고 있던 그의 정미소는 당시 광주에서도 이름 난 큰 것이었다.

한편 그에 앞서 1919년 그는 광주·전남 지역 최초로 여객운송사업을 시작했는데,[11] 당시의 상황은 같은 해 동아일보 4월 14일자에 자세하게 기사화되어 있다. 그는 1920년 1월 사업인가를 받아 광주—송정 간, 광주—영광 간 2개 노선을 운행했다. 당시 그의 나이 29세였는데 현재 광주 제일극장 입구 부근에 회사를 차리고 정원 8명의 버스 3대를 구입, 운영하고 있었다. 그런데 그가 이처럼 운송사업에 관여한 것도 사실은 이 시기 그가 최대의 관심을 갖고 추진한 '사립광주보통학교'의 설립에 따른 재원마련이 그 주요한 이유였다.

사실 광주에 사립학교를 세우겠다는 움직임은 1918년부터 시작되었다. 즉 1918년 4월, 광주 지역의 8명의 유지급 지주들이 모여 설립추진위를 구성하게 된다. 당시 추진위의 구성원은 최선진을 비롯 최상현, 조만선, 지응현, 현준호, 김형옥, 정덕범, 정낙교 등이었다. 그리고 1919년 3·1운동이 일어난 바로 그해, 그는 추진위원들과 함께 광주 지역에 최초로 사립광주보통학교를 설립, 실질적인 운영의 주체가 된다. 당시 광주에는 관립인 광주보통학교와 기독교 선교사들이 세운 숭일(1904), 수피아(1904), 그리고 실습학교인 2년제 농업학교 등이 고작이었다.

이 시기에 이처럼 학교 설립의 기운이 강했던 데에는 또 다른 배경이 있었다. 즉 1910년대 일제의 토지조사사업이 막바지에 달할 무렵 수많은 '주인이 확인되지 않은 조선인 땅'은 고스란히 총독부의 수중에 들어갈 상황이었다. 바로 이와 같은 상황에서 학교를 설립하면 역둔토(驛屯土)와 동유 재산을 학교 기금으로 할 수 있기에, 동별로 널려 있던 '조각 땅'을 지주들이 매입해 이를 기금으로 했던 것이다.

이와 같은 노력의 결과 1921년 4월에는 호남동 현 서광주세무서 자리에 학교 부지를 마련, 매년 상당수의 학생을 모집했다. 그러나 당시 문화정책이라는 미명에도 불구, 일제의 교묘한 탄압정책으로 최초 설립 발기인들은 점차 소극적으로 되어 갔고, 급기야 1928년에는 설립위 참가자들 사이에 내분까지 겹쳐 운영자금 전액을 최선진이 부담키로 하면서 분란이 종결되었다. 당시의 상황에 대해서는 「문제 많던 광주사보(光州私普) 최씨가 단독경영」이라는 제하의 동아일보 1928년 12월 5일자 가사가 있어 잘 알 수 있다.[2)]

어쨌든 광주에 사립학교를 세우겠다던 움직임은 시작한 지 10여 년 만에 명실공히 그의 단독경영으로 결말이 지어졌다. 물론 이러한 뜻이 전해져 당시 최흥종 목사를 비롯 뜻 있는 유지들은 후원회를 조직해 그의 활동을 돕기도 했다.

한편 그의 사업은 날로 확장되었고 30세가 되는 1920년이 되면 광주에서도 유력한 자산가가 되어 있었다. 특히 1921년 대수해(大水害)로 쌀값이 두 배 이상이나 폭등한 것을 계기로 그는 대부호가 되었다. 농지개혁시 피분배 지주 및 일제하 대지주 명부에는 1930년 말 그의 소유토지가 논 443정보, 밭 34정보 합계 477정보에 이르는 것으로 되어 있다.[3] 그의 소유지는 광주는 말할 것도 없이 담양, 화순, 장성, 함평에까지 이르고 있었다. 그가 1920년 창립된 호남은행의 창립 발기인이자 동시에 이사로 되어 있는 배경도 바로 거기에 있었던 것이다.

또한 그는 창립 당시 자본금 20만 원이었던 선광상사(주)의 주식 780주(4만여 원)를 갖고 있어 이사가 되었고, 1937년부터는 사장이 되었다. 이 선광상회는 지응현이 1920년 6월 설립한 것으로 원래의 이름은 호남산업(주)이었는데, 자료에 의하면 당시 업종은 부동산으로 분류되고 있다.

이후 그는 1928년 16만 원의 자본금으로 최상현이 창립한 전남맥곡(麥曲)(주)의 이사(150주)를 역임했고, 1935년에는 자본금 30만 원으로 (주)광주극장을 창립, 사장이 되었다(4730주). 이는 당시 전남 지역의 흥행업으로서는 유일한 것이었는데, 뒤이어 송정극장과 전북 강경극장을 인수하게 된다. 당시만 하더라도 극장업이라 하면 '딴따라'라는 인식이 일반적이었는데, 그는 앞으로 이러한 문화사업이 각광받을 것으로 생각, 묵묵히 이를 실천했던 것이다. 이어 그는 1930년대 말 일반 인쇄 및 도서간행을 목적으로 세워져 조선인만으로 구성된 경영진에 의해 계속 운영되었던 (주)전남인쇄소의 사장이 되었다. 이 인쇄소는 1934년 정해룡이 보성에 세웠던 보성인쇄소와 함께 조선인이 경영하는 인쇄소 가운데 쌍벽을 이루고 있었다.[4]

또한 그보다 앞선 1937년 그의 사업이 완숙기에 들어설 무렵 그가 상설 매일시장을 세웠다고 알려지고 있다. 지금의 양동시장의 전신이 바로 그

것이다. 하지만 이러한 주장은 1930년대 말 당시 극심한 통제경제로 상업이 매우 위축되어 있었고, 일제가 정책적으로 이전시킨 천정시장의 설립이 1941년이었으며, 이것이 후에 양동시장으로 발전되어 갔음에 비추어 볼 때 납득이 되지 않는다.

하여간 지주이자 사업가이면서 학교 설립운동을 전개한 그를 과연 어떻게 성격지을 수 있을까. 일제하 대지주제를 연구한 장시원은 최선진을 '복합적 성격의 준부르주아지주'로 성격짓고 있다.[5] 이는 그가 농업 부문에 기반을 둔 지주지만 이에 그치지 않고 은행, 회사 등에 상당한 투자를 하고 있었다는 점, 그러나 산업 부문으로의 본격적인 자본전환에는 어느 정도의 한계를 지니고 있었다는 사실에서 그렇게 분류된 것이다.

이를 구체적으로 보기 위해 당시 그의 주식보유량은 화폐가치로 환산하면 총 28만 3000원이었다. 한편 농업 투자액의 추정시가는 53만 1570원이었다. 여기에서 추정시가란 1930년 현재 전남 지방의 중등지 매매가격인 논 1반(反)당 117원, 밭 1반당 39원을 각각 곱하여 합산한 것이다. 결국 최선진은 농업에 53만여 원을 투자하고, 홍행업에 23만 6000여 원, 상업(선광상사)에 3만 9000원, 양조업(전남맥곡)에 7000여 원, 계 28만 3000여 원을 투자한 것으로 나타난다. 그리고 경영활동에는 그가 이들 기업체의 사장이나 이사로 되어 있어 실질적인 책임을 지고 있었다.

한편 숱한 우여곡절을 겪으면서 어렵게 '사립광주보통학교'를 운영하던 최선진은 학교를 지키려 했으나 해방을 앞둔 1944년 개교 25년, 그가 단독으로 운영한 지 16년 만에 끝내 강제로 문을 닫게 된다. 그 사이 배출된 학생은 800여 명에 이르고 있었다. 그 뒤 그 학교 부지에는 상업실수학교가 이전해 와서 해방 직후까지 명맥을 유지하다가 1945년 11월 13일 6년제 광주상업중학교로 새롭게 출발하게 된다. 최선진은 이 광주상업중학교를 인수하고 그 다음달인 12월 17일 55세의 일기로 생을 마쳤다.[6]

개화기 토착중소상인의 아들로 태어나 선대로부터 물려받은 500여 석의 재산이 있었지만, 그보다도 탁월한 사업수완을 통해 사업가와 대지주로 성공한 최선진, 그러나 그는 교육사업가로 우리에게 먼저 다가선다. 물론 대개 지주층에 의해 주도되었던 당시의 학교 설립운동은 지주들이 재산보호와 신분유지의 유력한 수단으로 활용했다는 비판적 시각이 없는 것은 아니지만, 민족적 이해를 개량적인 수준에서나마 반영하는 진보적 측면 또한 무시할 수 없다고 생각된다.

1) 동아일보, 1919. 4. 14.
2) 동아일보, 1928. 12. 5.
3) 한국농촌경제연구원, 『농지개혁시 피분배지주 및 일제하 대지주 명부』, 1986.
4) 장시원, 「일제하 조선인 대지주의 자본전환에 관한 연구」, 한국방송통신대학논문집, 1986.
5) 장시원, 앞의 논문.
6) 광주일보사, 『월간예향』, 1992년 1월호.

周防正季

나환자에 살해당한 소록도 원장

1880년대 무렵 일본 아이치(愛知)현 출생
1919년 조선총독부 경기도 위생과장 겸 조선총독부 기사
1933년 소록도 자혜의원장
1942년 소록도에서 압박을 견디다 못한 환자에게 살해됨

'작은 사슴섬' 소록도(小鹿島)가 우리들의 기억 속에 자리 잡게 된 것은 그곳에 나환자요양소가 들어서면서다. 이곳에 나환자들의 격리수용과 치료를 위한 '소록도 자혜의원'의 설립이 결정된 것은 1916년 2월이었다. 이때부터 이곳은 그 아름다운 이름과는 달리 세상에서 버림받은 나환자들의 삶과 애환을 대변해 주는 곳이 되었던 것이다.

처음 이곳에 건설된 요양소는 수용인원 100명 규모의 조그마한 병원이었다. 그러던 것이 1930년대 세 차례에 걸친 대대적인 확장공사를 거치면서 수용가능인원 6000명이라는, 규모로는 세계 최대의 요양소로 성장했다. 이러한 확장공사를 진두지휘한 사람이 바로 소록도 갱생원 제4대 원장 周防正季였다. 그는 수용인원 1200여 명이던 1933년에 원장으로 부임해 와서 1941년까지 세 차례에 걸친 확장공사를 주도해 오늘의 소록도가 있게 한 최고의 공로자라 할 수 있다.[1] 그러나 아이러니컬하게도 그는 소록도에 수용되어 있던 한 나환자의 칼에 찔려 죽었으니, 여기에 바로 소록도의 처참한 역사가 숨어 있는 것이다.

현재 그의 출생연도를 알 수 있는 자료는 없다. 다만 그의 사망시 연령이 50대였다는 것으로 보아 대략 1880년대 무렵에 태어났던 것으로 보인다. 그의 고향은 일본 아이치현이다. 거무스레한 얼굴에 6척 장신의 건장한 체구를 가진 그는 야심적이며 추진력이 강한 사람으로 명예욕이 대단했다고 한다.

그의 학력에 대해서는 여러 가지 이견이 있지만 전후사정으로 보아 아이치의학전문학교를 졸업한 후, 의사자격을 획득한 것으로 생각된다. 졸업 후 얼마 동안 그는 아이치에서 의료행정 관료로 일했는데, 이때 그는 야학으로 건축, 설계, 제도 등의 기술까지 습득했다고 한다. 이러한 경험은 이후 조선에서 유감 없이 발휘되었다. 아무튼 그는 의사라기보다는 의료행정가로서 주로 조선에서 근무했다. 그가 1919년 아이치현에서 조선총독부 경기도 위생과장으로 부임하면서 처음 조선에 왔다. 당시 그가 주로 담당했던 일은 마약관계업무였다. 한편 그는 건축 방면의 기술까지 인정받아 조선총독부 기사도 겸직하고 있었다.

평범한 관료에 지나지 않던 周方正季가 소록도 자혜의원에 관여하게 된 것은 조선나예방협회의 설립이 계기가 되었다. 협회는 관민의 일치협력으로 나병을 근절시킨다는 취지 아래 1932년에 설립되었는데, 형식적으로는 민간 단체였지만 실질적으로 관이 주도하는 단체였다. 협회 회장은 조선총독부 정무총감이 맡고, 부회장 겸 이사장은 경무국장이었다. 당시 주방정이는 승진하여 조선총독부 위생관으로 재직하고 있었고, 그런 까닭에 자연스럽게 협회의 설립에 참여하게 되어 상임이사를 겸임하고 있었다. 이 협회의 주된 업무는 나병 구제사업을 위한 국민의 성금모집과 소록도 자혜의원의 확장공사였다.[2)]

그러던 중 소록도 자혜의원의 3대 원장이 사퇴하자, 그가 후임 원장으로 부임하게 되었다. 그가 임명된 것은 그의 자청도 있었지만, 무엇보다도 나병요양소의 확장을 계획하고 있던 조선총독부가 의사이자 건축기사인

1930년대 소록도 전경.

그의 경력을 높이 평가했기 때문인 것으로 보인다.

이렇게 해서 周方正季가 소록도 자혜의원의 4대 원장으로 취임한 때가 1933년 9월 1일이었다. 그리고 바로 그때부터 2000명을 더 수용할 수 있는 규모로 병원의 확장공사가 시작되었다. 그 근거로는 당시 조선의 나환자 중 부랑하는 환자가 1500명이고, 부랑 우려가 있는 환자가 500명이므로, 2000명을 수용하면 부랑환자가 없어진다는 것이었다. 그러나 실제 환자 수는 조사 결과의 두 배에 가까운 수치였고, 이로 인해 후일 2차, 3차에 걸쳐 확장공사가 계속되게 되었다.

아무튼 원장은 공사에 앞서 소요되는 벽돌을 자급자족하기 위하여 연 140만 개 생산능력의 벽돌공장을 건립했다. 이어서 1934년 말에는 도로와 선착장 등 기초공사가 완공되었고, 1935년 중반경에는 미감아수용소와 형무소를 준공했다. 이렇게 해서 1935년 10월 21일에는 3770명 수용규모의 제1차 확장공사 준공식을 갖게 되었다. 한편 요양소의 규모가 커짐에 따라 1934년 9월 14일에는 전라남도 산하 소록도 자혜의원에서 조선총독부 직속 소록도 갱생원으로 그 격도 높아지게 되었다. 이제 소록도 갱생원은 어느 곳에도 뒤지지 않는 나병요양소가 된 것이다.

그러나 원장은 점점 욕심을 내기 시작했다. 곧바로 2차 확장공사가 시작되었고, 1937년에는 그 공사도 마무리되어 수용인원은 또다시 1000명이 증가했다. 그 와중에서도 남생리에는 등대를 세웠으며, 종각과 만령당(일명 납골당)까지 설치되었다. 이미 이때는 계속되는 노역으로 환자들은 기진맥진해 있었다. 갱생원의 확대가 환자들의 점증하는 고통으로 이어진 것이다. 이제 억압과 폭력을 통해서만 환자들을 지배할 수 있었으며, 공사도 진행시킬 수 있었다. 더욱이 원장의 추종자들은 환자들의 하루 식량에서 국방헌금까지 강요하는 형편이었다. 이러한 상황에서 1939년 4월에는 27만 원의 예산으로 제3차 확장공사가 시작되어, 1940년 중반에 완공되었다. 이제 소록도의 수용인원은 5970명에 이르고 있었다. 그 사이 1939년 12월 1일에는 중앙공원을 만들기 위한 공사에 착수해, 1940년 4월에는 나환자들의 피와 땀이 어린 아름다운 공원이 조성되었다.[3)]

이 무렵이 원장의 절정기였다. 1938년 7월에는 당시 조선총독인이 소록도 갱생원을 방문해 周防正季 원장의 노고를 치하했다. 1939년 황실에서 전국나병기관장을 초대한 자리에서는 천황의 어머니인 정명황후가 원장의 공적을 크게 치하하고, 그를 종4위 훈4등에 봉하기도 했다. 이때 정명황후는 그에게 새 여섯 마리, 등나무 묘목과 함께 어가(御歌)까지 내려 주었다. 또한 그는 일본에 체류하면서 박사학위도 받았다.

소록도에서도 그에 대한 추종이 높아져 급기야는 동상까지 건립하게 되었다. 환자들의 고통은 날로 심해져 가는데, 그의 추종자들은 또다시 환자들로부터 강제로 3개월분의 작업 임금을 갹출해 1940년 8월 20일 '周防원장지상'이라고 새긴 8척 동상을 세운 것이다. 그 10여 일 후인 9월 4일부터 3일간 소록도 갱생원은 일본나병학회를 주관했다. 학회장을 겸하고 있던 원장은 이때의 소록도를 국내외에 자랑하고 싶어 학회를 유치했던 것이다.

그러나 규모의 확장 이면에는 점증하는 환자들의 고통이 있었다. 당시 전국 각지에서는 '미화사업'이라는 이름 아래 나환자들을 잡아다가 소록도에 강제수용했다. 이렇게 수용된 환자들은 확장공사의 중노동으로 거의 매일 죽어 나갔으며, 탈주자도 급증했다. 1933년까지는 1년에 10~20명에 불과하던 사망자와 도피자가 1935년에는 170명, 1939년에는 295명이나 발생했다. 또 관리직원의 말을 듣지 않는 환자는 감금실에 가두고 감식과 체벌이 가해졌으며, 이들이 출감할 때에는 단종수술까지 행해졌다. 이는 원장의 징계검속권에 의한 합법적인 조치였다.

당시 소록도 갱생원의 직원들은 나환자들을 인간 이하로 취급했다. 그중에서도 가장 무서운 사람은 당시 원장의 양자로 신임을 한몸에 받고 있던 수간호장 사토였다. 환자들은 그만 보면 벌벌 떨었다. 이런 사례가 있었다. 공사가 한창이던 어느 날 이동이라는 환자가 사토로 부터 소나무를 옮겨 심으라는 명령을 받았으나 위독한 동료를 돌보느라 그것을 이행하지 못한 적이 있었다. 그러자 사토는 "너 같은 놈의 목숨은 저 소나무보다 못하다"면서 그를 두들겨 팬 뒤, 구금실에 가두어 버렸다. 그리고 그가 출감한 날에는 그에게 단종수술까지 시행해 버렸다. 이동은 자신의 심경을 다음과 같은 시로 읊고 있다.

여기 나의 25세 젊음은
파열해 가는 수술대 위에서
내 청춘을 통곡하며 누워 있노라
장래 손자를 보겠다던 어머니의 모습
내 수술대 위에서 아물거린다.
정관을 차단하는 차가운 메스가
내 국부에 닿을 때
모래알처럼 번성하라던
신의 섭리를 역행하는 메스를 보고
지하의 히포크라테스는
오늘도 통곡한다.

결국 이러한 억압과 폭력에 의한 격리수용은 환자들의 불만과 저항으로 표출되었다. 먼저 1941년 6월 1일 환자들의 고문으로 있으면서 원장에 대한 과잉충성으로 강제노동과 강제수탈을 부추겨 온 박순주가 전북 순창 출신 이길용에 의해 살해되었다.

그리고 그 1년 뒤인 1942년 6월 20일 보은감사일에는 원장이 살해되는 사건이 발생했다. 보은감사일이란 매달 20일에 모든 환자가 원장의 동상 앞에서 원장의 은혜에 감사를 표시하는 소록도만의 기념일이었다. 그날도 행사를 위해 周防원장이 환자들의 앞을 지나갈 무렵, 대열 속에서 튀어나온 한 환자가 "내 칼 받아라"는 고함과 함께 그의 심장에 칼을 꽂아 버렸다. 그는 그 자리에서 즉사하고 말았다. 칼로 찌른 환자는 경북 성주 출신인 이춘성이었는데, 그는 원래 수간호장인 사토를 노렸으나, 그날 따라 사토가 보이지 않자 소록도의 비참한 실상을 여론화하기 위해 원장을 살해했다고 진술했다.[4)]

일찍이 총독은 "조선의 3대 명물은 금강산과 경주 유적, 그리고 소록도다"라고 했다 한다. 그러한 소록도를 만드는데 심혈을 기울였던 원장. 그는 자신의 부하들이 자행했던 무자비한 폭력을 알고 있었을까? 그에게 영광을 가져다 준 나환자들이 금수만도 못하게 취급당하는 사실을 그는 몰랐을까? 결국 원장이 온 정열을 불태웠던 소록도 갱생원은 나환자에게는 '당신들의 천국'이었던 것이다. 이렇게 해서 원장은 사라져 가고, 1943년에는 그의 동상마저도 후임 원장에 의해 녹여져서 군수용으로 헌납당하고 말았다.

1) 한국나관리협회, 『한국나병사』(1988)에서 관련 내용을 발췌 · 정리했음.
2) 조선나예방협회, 『조선나예방협회사업개요』(1935)에서 관련 내용을 발췌 · 정리했음.
3) 소록도갱생원, 『소록도연보』 (1934~1941)
4) 이상의 내용과 시는 자신이 나환자로 소록도에 감금되어 있었던 심전황의 『아으, 70년 찬란한 슬픔의 소록도』(1993)를 참조했음.

윤치호, 윤학자

거지대장과 고아의 어머니

윤치호
1909년 전남 목포 출생
1925년 서울 피어선 성경학원 입학
1928년 목포에 공생원 설립
1939년 윤학자와 결혼
1951년 행방불명

조선 최초의 근대적인 고아보호시설은 1888년 3월에 프랑스 신부가 명동 천주교회에 세운 고아원으로, 이곳에서는 기아(棄兒), 고아 및 빈곤아를 수용하고 보호했다. 한편 한국인이 개설한 최초의 고아원은 1905년 9월에 이필화가 중부 서진방 수진동 23통에 개설한 경성고아원이다.[1] 이러한 근대적인 육아복지시설은 1934년 말에 이르면, 전국적으로 경기도에 8곳, 충남에 3곳, 전북에 1곳, 전남에 3곳, 경북에 3곳, 평남에 1곳, 평북에 1곳, 함남에 1곳 등 총 22개소에 이른다.

반면 전남의 초기 육아복지시설은 1928년 6월에 광주의 유지들이 학동에 설립한 광주공제조합(현 무등육아원), 목포의 공생원(共生園), 그리고 정제현이 주축이 되어 1931년 2월 26일 목포에 설립한 구도재생원(현 신안군 압해면 소재 신안보육원) 등이다. 이 중 목포의 공생원은 개인적인 차원에서 거지, 부랑아, 고아 등을 모아 설립한 전남 최초의 육아복지시설이며,

이를 설립한 사람이 일명 '목포의 거지대장' 윤치호(尹致浩)다. 그가 세운 목포 공생원은 광주·전남 복지시설의 선두이며 시발점이라고 할 수 있다.

윤치호(또는 윤만성)는 1909년 전남 함평군 학교면 상옥리 옥동부락에서 윤영대(尹英大)와 남양 홍씨의 2남 3녀 중 장남으로 태어났다.[2] 그의 집안은 소작으로 생계를 겨우 유지하는 빈농이었으며, 이 때문에 그는 어린 시절 학교에 다니지 못하고, 마을 서당에서 짧은 기간 한학을 공부했다. 더욱이 그의 나이 14세 되던 해에 아버지가 과로로 사망하자, 그는 소년 가장이 되어 행상이나 구멍가게, 붕어빵장사 등을 하면서 가계를 꾸려 나가기도 했다.

어렵게 살아가던 윤치호가 사회적으로 발돋움하게 된 것은 미국인 여선교사 마틴(Jullia Martin, 마율리)을 만나면서다. 이때가 1924년 무렵으로, 그녀는 함평과 무안 지방에서 선교활동을 하고 있었다. 당시 그녀는 학교면 상옥리에 옥동예배당을 설립했는데, 윤치호가 그녀의 조수 역할을 했던 것이다. 옥동예배당은 함평읍에 있는 교회의 조사(助事)가 한 달에 1~2번 방문하여 예배를 보는 수준이었다. 작은 키의 윤치호는 그때까지 학교 교육은 받지 못했으나, 언변이 매우 뛰어났다고 한다. 이를 높이 평가한 마틴의 도움으로 그는 서울의 피어선성경학원에 입학할 수 있었다. 3년 후 학교를 졸업한 윤치호는 전남 최초의 교회인 목포 양동교회(1898년 벨 목사와 오웬 목사가 설립)를 다니면서, 전남노회의 전도사로도 활동했다.

당시 목포부는 일본으로 쌀을 실어 가던 항구 중의 하나로 급작스런 도시화가 진행되는 과정에서 수많은 유랑아들이 목포를 배회하고 있었다. 특히 겨울에는 그 숫자가 상당한 수준에 이르렀다. 윤치호는 거리를 배회하는 기아, 고아, 부랑아 등을 보면서 사명감을 느끼고, 7명의 거지와 함께 생활하기 시작했다. 그러다가 그는 1928년 10월 5일에 양동교회와 몇몇 인사들의 도움으로 목포부 호남동 18번지에 '같이 살아가는 집'이라는 의미로 공생원을 설립하게 되었다.

이후 공생원은 주민들의 반발로 상락동, 무안군 삼향면 임성리, 영양리, 그리고 삼호면 용당리 등으로 옮겨 다니다가, 1930년 4월 목포 유지들과

고아의 어머니였던 일본인 윤학자 여사의 모습.

양동교회의 도움으로 대반동에 80평 규모의 목조원사를 신축해 이사하고, 1932년 12월 15일에 정식으로 목포 공생원 설립인가를 받았다. 현 공생원의 위치에 정착하게 된 것은 1937년 4월 총독부의 도시계획에 의해 유달산 아래 신안 앞바다가 내려다 보이는 목포시 죽교동(행정상으로는 대반동) 473번지에 2000평의 부지를 확보하여 원사를 신설하면서부터였다.

한편 그는 공생원의 식량과 지원금 등을 확보하기 위해 갖은 노력을 다했다. 그는 1936년에 광주 양림교회에서 모금활동을 전개했으며, 때로는 곡마단에 끼어 만담을 하여 돈을 벌었다. 그리고 지주이며 교육위원을 역임한 김용진, 덕인학원을 설립한 이복주, 의사인 차남수, 언론인 조효석, 경찰이었던 정제현, 김정중 등의 도움을 받기도 했다.

윤치호는 1939년 10월 15일 윤학자와 목포 공회당에서 결혼했다. 윤학자(尹鶴子)는 일본인으로 본명은 田內千鶴子이나, 남편의 성을 따라 한국인 이름으로 개명했던 것이다. 그녀는 1911년 10월 31일 일본 고치현 와카마쓰에서 하급 관리의 딸로 태어났다. 그녀는 1919년 그녀의 아버지가 조선총독부 관리로 발령받아 목포로 이주해 조선과 첫 인연을 맺게 되었다. 윤학자는 일본인만이 다닐 수 있었던 산수소학교(현 유달국민학교)와 목포고등여학교(현 목포여자고등학교)를 졸업한 후, 1932년 양동교회 부설기관인 목포정명학교 교사로 근무했다. 윤학자는 26세 되던 해인 1937년 여학교 스승의 부인이었던 다카오(高尾)로부터 크리스천모임에 자주 나오는 윤치호를 소개받는다. 윤학자는 그때의 윤치호를 까까머리에 밀짚모자를 쓰고 짚신을 신고 다니는 남루한 모습이었다고 회고했다. 윤치호를 만날 당시 그녀의 아버지는 급환으로 사망하고, 어머니는 조산부로 일하고 있었다. 윤치호도 남동생이 병으로 사망한 뒤였고, 누나들과 여동생은 이미 출가한 후라서 홀로 공생원을 운영하고 있었다. 2년 후 윤치호는 그녀에게 청혼했고, 그들은 주위의 온갖 반대를 무릅쓰고 결혼했던 것이다.

조선이 해방되자 대부분의 일본인들은 귀향을 서둘렀으나, 윤학자는 조선에 잔류할 것을 결심하고, 1946년 9월 당시 86세였던 그녀의 어머니를 일본에 있는 양로원에 데려다 주고 한 달 뒤 귀국했다. 해방 직후 윤치호는 부인이 일본인이라는 이유로 친일파로 몰려 많은 곤란을 겪기도 했다. 그렇지만 공생원이 20주년 되던 1948년에는 2m 높이의 '공생원 20주년 기념탑'을 주민들의 도움으로 건립했다.

미군정기 보건후생정책은 기아의 방지, 최소한의 서민 생계유지, 보건위생 및 치료, 그리고 응급 주택공급 등에 중점을 두고 있었다. 따라서 고아·육아시설들은 군정 사회과로부터 최소한의 생계유지 물자를 지급받을 수 있었다. 당시 전국적으로 육아복지시설 등 복지기관은 1948년 3월 말까지 총 47개에서 127개로 급증한다. 이러한 경향은 사회·정치적 혼란, 월남민과 귀환동포의 급증이라는 당시의 상황을 반영한 것이다. 이는 결과적으로 민간구호 단체와 시설의 무계획적인 증가를 가져왔다. 전남의 육아시설도 1945년 8월부터 한국전쟁 직전까지 목포아동원(1947. 10), 여수보육원(1946. 10), 순천성신원(1948. 8), 영산보아원(1950. 2) 등이 설립되고, 한국전쟁 기간에는 30여 곳의 기아 및 전쟁고아 보호시설이 신설되었다.[3)]

한국전쟁이 발발한 지 한 달 후인 1950년 7월 24일 인민군 6사단이 목포에 진입했다. 공생원에도 7월 27일 최중위라는 장교의 지휘하에 인민군이 들어왔다. 이들은 윤치호가 이승만정권하에서 구장(區長)을 한 죄, 사회사업이라는 미명하에 인민을 갈취한 죄, 그리고 부인이 일본인이라는 것 등을 들어 인민재판에 회부했으나, 마을 사람들의 변호로 무죄로 풀려난다. 대신 더욱 인민들에게 봉사한다는 조건으로 대반동 인민위원장직을 맡게 되고, 대반동 인민위원회 사무실이 공생원에 설치된다. 9월 말 목포에서 인민군이 후퇴한 후 그는 이번에는 국군특무대에 의해 스파이 용의자로 체포되어 방첩대에 갇힌다. 이때 일제시대 그의 도움을 받았던 당시 한동운 대위의 도움과 임기봉 의원 등 여러 인사들의 구명운동으로 그는 1951년 1월 24일 석방되었다. 그는 석방된 지 며칠 후인 1월 27일에 식량을 의뢰하기 위해 전남도청 사회과를 방문하려고 광주로 갔다. 그는 수요일 저녁 중앙교회 목사를 만나 한국전쟁 기간 동안의 이야기를 나누고 숙소인 한양여관으로 돌아왔다. 그날 밤 12시경 윤치호는 세 명의 청년과 동행한 후 행방불명이 되었다.

그후 공생원은 윤학자를 중심으로 운영되었다. 당시는 한국전쟁으로 인해 고아들이 폭증했고, 고아원 운영도 매우 어렵던 시절이었다. 윤학자는 국적이 일본인으로 되어 있어서 관청의 도움마저도 받을 수가 없었다. 이에 그녀는 이중호 목사를 대리원장으로 세워 활동을 계속했고, 서산동 소재의 일본인 유곽을 불하받아 제2, 3숙사를 두는 등 시설을 확장했다. 그러나 시청 보조금과 각종 물량의 배당문제로 1숙사와 2, 3숙사 간에 갈등이 발생하여, 결국 2, 3숙사는 이중호가 중심이 되어 유달원(儒達院)을 만들고, 그녀는 유달원을 뛰쳐나온 20명과 1숙사를 규합해 공생원을 재구성했다. 이로 인해 공생원의 경제사정은 더욱 어려워졌으며, 수용인원은 부양능력을 초과한 300여 명에 육박하고 있었다.

그녀는 어려운 현실을 극복하기 위한 방안으로 공생원을 1954년 6월 15일 C.C.F(기독교 아동복리회, 현 한국어린이재단)에 가입시켰고, 법인화 작업을 추진해 1956년 12월 26일에는 법인설립 허가를 받았다. 그후 1961년 10월 31일 공생원 영아분원이 설립되었고, 1964년 10월에는 일본에서 후원회가 발족하였으며, 1967년 5월 13일 일본국 오사카 소재 박애사(博愛社)와 자매결연도 맺게 되었다. 이제 공생원은 비교적 안정을 찾고, 본격적인 육아복지시설로 발돋움하게 된 것이다. 이러한 공로를 인정받아 윤학자는 1963년 8월 15일 대한민국 문화훈장 국민장 등을 받기도 했다.

그녀는 1967년 10월 과로와 시력장애 및 과거에 앓은 폐렴 등으로 인한 합병증으로 서울 성모병원에 입원한다. 결국 그녀는 건강을 회복하지 못하고 "우메보시가, 우메보시가 다베다이(매실 장아찌가 먹고 싶다)"고 말하며 항수를 달래다가, 1968년 10월 31일 57세의 나이로 그녀의 일생이 담긴 공생원에서 사망했다.

윤학자의 장례는 1968년 11월 2일 목포역 광장에서 '田內千鶴子 원장 시민장'으로 3만여 명이 모인 가운데 엄수되었다. 당시 장례식을 보도한 한 신문[4)]은 그녀의 죽음을 "목포를 울린 장례, 3만 조객 흐느낌을 받으며 '고아의 어머니' 윤학자 여사 떠나다"라고 추모하고 있다. '목포의 거지대장 윤치호, 고아의 어머니 윤학자'는 지금도 그때를 기억하는 목포 시민들 사이에서 회고되고 있으며, 공생원에는 '국민이 주는 희망의 상 어머니 탑'이 목포 앞바다를 향해 서 있다.

1) 하상락 편, 『한국사회복지사론』, 박영사, 1989, 82쪽.
2) 윤치호의 성장기에 관한 내용은 당시 같은 마을에서 살았던 광주애육원 윤병진 원장의 진술에 의거함.
3) 1969년 한국사회복지 전남연합회에서 조사한 「사회복지시설 실태조사」에서 참조.
4) 조선일보, 1968. 11. 7.

윌슨

한국 나환자 선교에 일생을 바치다

1880년 미국 아칸소주 출생
1905년 워싱턴대학 의대 졸업
1908년 광주 의료선교사 부임
1948년 은퇴, 미국 귀국
1963년 사망

20세기 전반기에 걸쳐 민족적 애환과 어우러진 대표적 질병을 들어 보라고 한다면 누구나 호열자(콜레라), 염병(장티푸스)과 같은 급성전염병 외에 마마(천연두), 폐결핵, 그리고 문둥병(나병)을 거론할 것이다. 이런 질병들은 모두 가난과 굶주림 속에서 싹이 터서 아직 발전되지 않았던 과학기술과 열악한 의료시설로 인해 더욱 확산되었다. 그 중에서도 나병은 전라도와 경상도 등 우리 나라의 남부 지역의 풍토병이라 할 정도로 기승을 부린, 그렇지만 우리 민족에 국한된 것이 아니고 전 세계적으로 특히 인도, 중국, 필리핀, 일본 등지에서 큰 사회적 문제로 부각되었던 질병이었다. 나병은 많은 사람의 목숨을 앗아 가기도 했지만 그것보다는 몸을 변형시키고 흔적을 깊게 남김으로써 하늘이 내린 병이라는 인식을 심고 나아가 환자뿐 아니라 그 가족 그리고 주변의 모든 사람들을 공포와 고통, 절망에 시달리게 한 병이었다.

윌슨은 1880년 미국 아칸소주에서 태어나 1905년 미주리주의 세인트루이스에 있는 워싱턴대학 의대를 졸업하고 약간의 임상경험을 쌓은 후 의료 선교사로서 1908년 1월 광주에 도착했다. 당시 전라도 일원은 미국 남장로교의 선교구역이었다. 이들은 군산과 전주, 그리고 목포를 선교거점으로 삼고 있다가 1904년 말부터 광주를 또 하나의 선교거점으로 확대하면서 오웬 선교사와 벨 선교사가 활동하고 있었는데, 인원확충에 의해 윌슨이 부임하게 된 것이었다. 사실 광주에서 서양 선교사 의료활동은 목포를 중심으로 활동하고 있던 놀란에 의해 1905년 11월 처음 시작되었지만, 이것은 일시적이었고, 본격적인 의료진료는 1909년 윌슨에 의해 시작되었다. 그는 4개의 방이 딸린 조그만 집에 진료소를 차리고 환자를 돌보기 시작했다. 이해에 그는 그보다 조금 먼저 선교활동을 위해 와 있던 베시 녹스와 결혼했다. 이 1909년은 또한 선교역사에서 기독교적 휴머니즘의 가장 극적인 발로로 표현되는 나환자 치료가 시작될 수 있는 계기가 마련된 해였다. 그것은 장흥 지역에서 선교활동을 하다 중병에 걸린 오웬 목사를 치료하기 위해 목포에서 광주로 오던 포사이트 선교사가 남평 근처에서 다 죽어 가는 여자 나환자를 자기 말에 싣고 광주로 온 사건이었다. 처음 나환자 치료는 3개의 방을 갖춘 '나환자의 집'에서 시작되었는데, 윌슨은 보다 지속적인 나환자 치료 방법을 모색하기 위하여 미국 북장로교가 설립한 부산 나병원을 방문한 후, 영국 에딘버러에 본부를 두고 있던 '인도 및 극동 나환자구제회'에 요청을 하여 2000달러를 지원받았다. 이 기금으로 1912년 ㅌ자형의 건물을 지을 수 있었다. 이것이 나병원의 시초였다. 여기에는 21명의 환자가 수용되었고 치료제로 대풍자유를 사용하기 시작했다. 또한 남장로교 선교위원회는 일반 진료를 위하여 그래함부부의 기부금으로 광주에 병원을 지을 수 있었으며, 이 병원은 1912년 그들의 이름을 따 그래함병원으로 불렸다. 윌슨은 두 가지 치료를 모두 담당했다. 1913년에는 나선교회의 책임자였던 베일리부부가 광주 나병원을 방문해 나병원의 확대와 지원을 결정했다. 이로써 1914년에는 100명의 나환자를 수용할 수 있는 시설이 마련되었다. 이런 치료 결과로 1914년에 나환자가 처음으로 거의 완치되어 고향으로 돌아간 사례가 생겨났다. 나병원에 들어오는 환자들의 대부분은 문맹이었기 때문에 입원하면 곧 글자 교육을 받았으며 이것은 다시 성경읽기로 연결되었다. 1919년부터는 나병원 안에 교회를 조직하고 체계적인 기독교 전도를 시작했다. 1921년에는 윌슨을 돕기 위하여 엉거 목사가 부임했다. 1925년부터는 신학세미나가 조직되어 7명의 설교자들이 30명의 환자를 상대로 신학을 가르치기 시작했다.

나병원은 계속 확대되어 갔지만 그보다 더 많은 환자들이 계속 병원 주위로 몰려들었다. 나환자들은 자신들을 '죽은 개'로 표현하면서 생명을 구해 달라고 애원했다. 특히 겨울이 되면 오갈 데 없는 환자들의 참상은 더했다. 윌슨은 임시 막사를 지어 겨울을 날 수 있도록 하는 방안을 만들어 내기도 했다. 그러나 인근의 일반 주민들은 이들에게 고운 눈길을 보내지 않았다. 불평이 자자했다. 광주는 계속 인구가 늘어나면서 도시화의 길을 걷고 있었다. 급기야 1925년경부터 일제 당국은 시민위생과 도시계획을 내세워 나병원을 다른 곳으로 옮길 것을 종용하기 시작했다. 옮길 경우 약 1만 달러의 자금지원을 약속했다. 남장로교단은 처음에는 두 곳으로 옮겨 두 개의 집단수용시설(콜로니)을 세울 것을 검토했다. 그러나 일제 당국은 한 곳으로만 옮길 것을 주장했다. 결국 순천과 여수의 중간 지점(현 여천군 율촌면)으로 단계적으로 옮겨 가게 되었다.

1926년 가을에 처음으로 100명의 환자들이 이주하면서 진행된 이 '눈물의 이주'는 수년에 걸쳐 진행되었다. 임시로 윌슨은 나환자 치료와 관리를 맡고 엉거 목사는 설교와 교육을 맡는, 그리고 순천은 윌슨이 광주는 엉거가 맡는 역할분담도 이루어졌다. 환자들은 자체 내에서 벽돌을 만들고 쌓는 기술자를 만들어 냈고 목수, 미장이 등 새로운 터전을 세우는 일을 스스로 해결했다. 필요한 기금의 일부는 1923년 광주를 방문했던 비더울프 의료 선교단의 모금으로 충당해 순천 콜로니는 그의 이름으로 불리기도 했다.

1932년 윌슨은 완전히 거처를 순천 콜로니로 옮기고 이 사업에만 전념했다. 윌슨은 단순한 의료 선교사이기보다는 나환자 콜로니 운영에 관한 일종의 이론가였다. 30년간의 경험에 기초해 1938년 쓴 글에 따르면 그는 나환자 치료문제를 단순히 의료적 문제로 보지 않았다. 그는 대풍자유 주사를 통한 의료적 치료는 나환자 치료의 25% 정도밖에 차지하지 않으며, 나머지는 정신적, 사회적, 경제적, 육체적 조건에 좌우되는 것이었다. 정신적 측면의 치료는 나환자들이 겪고 있는 극심한 열등감과 절망감을 유발하는 조건들을 제거하는 데 있다. 그것은 나환자들만의 세계를 구축함으로써 가능한 것으로 보았다. 인간은 육체 이상의 어떤 것, 즉 내세에 대한 희망을 갖도록 하는 것이 중요하고 이에 따라 교회의 역할을 중심에 놓았다.

그가 주목했던 사회적 요소는 한국문화에 대한 자신의 이해에서 기원하는 것으로 보인다. 그가 보기에는 한국인들은 집 갖기를 소망하고, 가정을 꾸리는 것을 소망하며, 아들을 갖기를 소망하는데 나환자들도 이런 욕구가 매우 크다는 점에 주목했다. 이런 사회적 측면은 그가 나환자 콜로니 운영에서 당한 하나의 큰 시련이 자극제가 된 것으로 생각된다. 1933년과 1934년 사이에는 나환자들 사이에 사회주의자들이 생겨나 콜로니의 운영권을 장악하려는 움직임이 생겨났다. 이들의 시도는 좌절되었으며 이에 불만을 품은 사람들이 콜로니 안의 교회를 방화하는 사건이 발생하기도 했다. 윌슨은 이때부터 콜로니의 운영방침을 바꿔 더욱 적극적인 사회적 치료의 대책을 강구하기 시작했다. 그것의 하나가 나환자들로 하여금 가정을 갖게 하는 실험이었다. 생활능력이 있는 남자 환자들을 거세수술을 한 후 중매를 통해 결합시키고 합동결혼식과 함께 어린 나환자를 입양시키며, 이들에게 조그마한 뜰이 달린 집을 마련해 주고 거기에 닭, 토끼, 돼지 등 가축과 채소를 가꾸게 하는 것이었다. 이 실험은 좋은 성과를 얻었다.

윌슨은 당시 콜로니가 처했던 경제적 조건을 나환자 치료와 연결시켰다. 운영자금이 항상 부족했기 때문에 의식주의 많은 부분을 자립적으로 해결해야 했다. 벼를 재배하고 보리, 배추, 고추, 콩, 마늘, 호박 등을 재배했으며 육류도 개별적, 집단적으로 해결하도록 했다. 그는 이 때문에 한국의 식생활문화에도 많은 관심을 기울였는데 특히 김치를 영양학적으로 높게 평가했고 해안에서 얻을 수 있는 굴과 해조류도 주목했다. 환자들이 생활하는 집과 건물도 환자들이 스스로 해결케 했으며, 학교 교육을 통해 기술과 기능을 연마하도록 했다. 이런 생산활동은 육체적 치료, 영양공급과 햇볕 노출, 적당한 운동을 유지하는 데 도움을 주었다.

치료기술과 의료인력도 마찬가지였다. 나환자들의 치료는 일 주일에 두 번씩 주사를 맞고, 영양섭취, 목욕, 적극적 야외활동, 심리적 안정 등이 강조되었다. 의료인력이 절대적으로 부족했기 때문에 환자 중에서 적당한 사람을 골라 교육시켰으며 그의 표현대로 한다면 주사, 간단한 수술, 제약, 간호 등 의료활동의 80%는 30명의 환자간호원이 담당했다. 1938년의 경우 10명의 나환자 출신 교사들이 80명의 환자들에게 교육을 시키고 있었다. 이 학생들은 절반은 학교 교육, 절반은 기술 교육이었다. 이렇게 배출된 의료진은 부산 콜로니 등에 파견되어 활동했다.

광주 콜로니에 비해 규모가 커진 탓으로 순천 콜로니는 총독부에 경제적으로 의존하는 현상이 상대적으로 커진 것으로 생각된다. 1940년의 예산을 보면 미국 나선교회의 기금이 33%, 총독부 지원금이 32%, 일본 왕실의 보조금이 15%, 나환자 입원료가 12%, 그리고 선교사들의 기부금이 8%를 차지하고 있었다. 여기에서 보듯이 운영의 문제로 일제 당국과 비교적 긴밀한 관계를 유지하려는 노력을 한 것으로 보인다.

윌슨부부는 5남 2녀를 두었는데 이들은 평양외국인학교를 졸업하고 미국에서 공부를 계속해, 그 중 장남인 제임스 윌슨은 1939년에 다시 군산병원에 의료 선교사로 부임했다. 태평양전쟁 발발 후 애양원도 운영상의 많은 애로가 발생했다. 결국, 탈마지 목사에게 운영을 맡기고 1941년 3월 윌슨과 그의 가족은 미국으로 돌아갔다. 몇 번의 안식년을 빼면 거의 30여 년간을 나환자 치료와 의료 선교에 종사했지만 제대로 마무리를 못하고 돌아간 셈이었다. 태평양전쟁이 막바지로 치달으면서 나환자 콜로니는 대부분 식량부족과 약품부족으로 기능을 발휘하지 못했고, 특히 부산 콜로니는 1940년에 군사목적으로 사용, 폐쇄되면서 환자들은 뿔뿔이 흩어져버렸다. 이것은 일제 말, 해방 직후에 다시 나환자들이 급증하는 결과를 낳았다.

2차대전 결과는 윌슨에게 다시 한국으로 돌아올 수 있는 기회를 마련해 주었다. 미국 장로교 해외선교위원회는 1945년 10월 한국에 남겨 둔 자산 조사와 구호사업을 위해 한국에서 활동할 선교대표단에 윌슨을 포함시켰고, 맥아더는 한국의 나환자사업을 총괄하도록 위촉했다. 그는 1946년 초 그의 셋째 아들인 존 윌슨 대위와 함께 돌아와 소록도 갱생원을 재정비하고 여수 애양원을 다시 돌보는 일을 담당했다. 군정 당국은 식량과 약품 지원을 통해 흩어진 나환자들을 다시 집결시키는 조치를 취했는데, 윌슨은 소록도와 여수 애양원에 번갈아 출근하면서 정비에 노력을 기울였다. 해방 전의 콜로니 운영철학은 소록도에도 적용되었다. 의료진 확보를 위하여 환자 중에서 18명을 선발해 존과 한국인 의사 김씨와 함께 이들을 교육시켰다. 해방 전과 비교할 때 가장 큰 차이는 치료약이었다. 1941년 미국 루이지애나의 나병원에서 뛰어난 효과를 거둔 설폰제(DDS)를 투여하기 시작했다. 존 윌슨은 부산으로 가서 군정 당국과 교섭하여 일본군이 사용하던 부지에 1300명을 수용할 수 있는 콜로니를 다시 세우도록 했다. 부산에서는 해방 직후 나환자들과 시민들이 충돌해 수십 명이 사망하는 비극을 낳기도 하는 등 문제가 가장 심각한 지역이었다. 나환자 수용시설은 기존의 4개 지역뿐 아니라 더 많은 지역으로 확대되었다.

윌슨은 1948년 은퇴해 버지니아로 돌아갔다. 1955년에는 한국 정부로부터 훈장을 받기도 했고 1958년에는 그의 업적을 기려 애양원의 명칭이 윌슨 콜로니가 되기도 했다. 1963년 1년 전에 세상을 떠난 그의 부인을 따라 타계했다. 우리 근대사에서 선교사들의 활동과 역할에 관한 정확한 자리매김이 되어 있지 않지만, 근대 의학적 실천과 지식의 보급, 그리고 제도적 측면에서 근대적 의료시설의 확립을 말할 때 의료 선교사들의 활동을 빼놓고는 더 이상 논의를 진행할 수 없을 정도로 큰 비중을 차지하고 있는 것이 사실이다.

최흥종

영원한 나환자의 아버지

1880년 전남 광주 출생
1909년 나병 구제사업에 투신
1919년 광주 지역 3·1운동 지도자
1920년대 광주YMCA 창설, 노동공제회 초대 회장, 신간회 광주지회장
1928년 조선 최초의 민간 나병 구제단체 조선나병근절책연구회장
1945년 전남 건국준비위원회 위원장
1950년대 각종 사회사업에 전념
1966년 사망

인류역사 이래 가장 악독한 천형(天刑)으로 알려진 나병. 우리 나라에서도 시대에 따라서는 나환자들에 대한 격리수용과 치료가 행해지기도 했지만, 이들은 대부분의 왕조에서 버림을 받았고, 인간대접조차도 받지 못하고 있었다.

우리 나라에서 이들 나환자와 서양의학이 만나게 된 것은 1900년대 이후 기독교 선교사가 들어오면서부터다. 그리고 그 대열에 참여한 유일한 조선인이 최흥종(崔興琮)이다. 나환자들은 그를 '아버지'라고 부른다. 세계 나병구제의 역사를 돌이켜 볼 때 19세기 말 모로카이에서 나환자를 돌보다가 결국은 나병에 감염돼 죽은 다미안 신부가 있고, 일본에는 19~20세기에 걸쳐 의사로서 일생을 나병 퇴치를 위해 살았던 고다(光田健輔)가 있다면, 한국에는 그에 비견할 만한 인물로 최흥종이 있는 것이다.

스스로 성욕, 식욕, 물욕, 명예욕, 생명욕 다섯 가지를 버렸다 하여 오방

(五放)이라는 호를 지은 최흥종. 그는 1880년 5월 4일 광주 불로동에서 최학신의 아들로 태어났다. 그의 일생은 여러 가지 측면에서 두드러진 삶이었다. 그는 광주 지역 최초의 개신교 신자로 광주YMCA를 창설한 기독교 사회운동가였다. 또한 3·1운동의 지도자, 노동공제회 초대 회장, 신간회 광주지회장, 전남 건국준비위원회 위원장 등 역사의 물줄기가 거세게 흐를 때마다 전면에 나서서 커다란 족적을 남긴 민족운동의 지도자이기도 했다. 그러나 그 무엇보다도 그의 진면목은 사회사업에서 찾을 수 있다[1].

어렸을 적에는 삶의 방향을 정하지 못하고 방황하던 최흥종이 새롭게 태어나게 된 데에는 기독교와의 만남이 계기가 되었다. 1904년 무렵 광주 지역의 포교를 위해 양림동에 자리를 잡은 벨 목사와 김윤수를 우연히 만나게 된 그는 이후 광주 지역 최초의 신자가 되어, 신앙에 몰두했다. 이러한 신앙에의 몰입은 최흥종의 삶을 엄청나게 변모시켰다. 최초 그는 순검, 농공은행 직원 등을 전전했지만 적응하지 못하고 곧바로 그만두었다.

그후 1908년경 최흥종은 영광 염산면에서 전도사생활을 하다가 광주면 양림리에 있던 제중병원에서 조수로 일하기 시작했다. 여기서 최흥종은 그의 일생을 결정한 감동적인 장면을 목격한다. 1909년 선교사이면서 의사였던 포사이트가 광주로 오는 도중 길에서 만난 나환자를 자신의 나귀에 태우고 최흥종에게 피고름이 묻은 지팡이를 집어 달라고 한 것이다. 주춤거리면서 지팡이를 집어 준 최흥종은 그후 일생을 나환자와 함께 했다. 당시 실려 왔던 나환자는 제중병원 최초의 나환자가 되었고, 그 소문이 퍼지면서 제중병원에는 인근의 나환자들이 몰려들기 시작했다. 당시 선교사로 병원장까지 맡고 있던 윌슨도 기꺼이 그들을 도와 주었다.[2]

당시 양림리는 전국에서 모여든 나환자들과 '문둥이'들을 몰아내려는 인근 주민들로 항상 아우성이었다고 한다. 그후 주민들의 반대와 일반 환자의 감소로 제중병원의 나병 구제사업은 한계에 부딪치게 되었다. 이에 최흥종이 광주군 효천면 봉선리에 있는 1000평의 땅을 무상 기증했고, 마침내 나환자 수용시설인 광주 나병원이 문을 열게 되었다.

1910년 무렵 조선의 나병 구제은 보잘것없었다. 이 시기에 조선을 강점

한 일제도 나환자를 거의 무시하고 있었다. 단지 외국인 선교사들만이 종교적인 차원에서 나환자를 돌보고 있을 뿐이었다. 당시 조선에 있던 나병원은 1911년 4월에 문을 연 광주 나병원과 같은 시기에 선교사인 맥킨지가세운 부산 나병원, 그리고 1915년 4월에 플레처가 세운 대구 나병원 세 곳에 불과한 실정이었다.[3)]

한편 1916년 2월에 일제 당국의 주도로 나환자를 수용, 치료하는 소록도 자혜의원이 설립되었으나, 겨우 100여 명을 수용할 수 있는 시설이었다. 최초 수용환자는 40여 명이었는데, 그 뒤로 계속 증가해 1926년에는 249명이 수용되어 있었고, 1928년에는 약간의 시설을 보완해 443명의 나환자를 수용하고 있었다. 당시 1932년 총독부 조사에 의하면 조선의 전체 환자 수는 1만 2000여 명, 당시 사회사업가에 의하면 1만 6000여 명이라고 한다. 수용시설이 태부족한 형편이었다.

제중병원에서 나환자를 돌보며 살아가던 최흥종이 잠시 그들의 곁을 떠난 것은 3·1운동으로 3년 동안 옥고를 치르면서다. 출옥 후 그는 1922년께 평양신학교를 졸업하고 북문밖교회 목사로 취임했으며, 자신의 교회 유치원 건물에서 광주YMCA를 창설했다. 1923년부터는 두 차례에 걸친 시베리아 소왕령(니코리스크)에서의 선교활동과 1년 가까운 제주도에서의 선교활동이 있었다. 소련에서는 백러시아군에게 추방령을 받기도 하고 심지어 처형당할 뻔하기도 했으나, 다행히 살아 돌아올 수 있었다. 이렇게 10년간을 다른 활동에 종사했던 그는 그 와중에서도 1926년 여수에 애양원을 세우고 광주 나환자들을 그곳으로 옮겨 새로운 수용소로 자리 잡게 했다. 그리고 제주도에서 돌아온 1920년대 후반부터 그는 또다시 나환자들과 생활을 같이 했다. 당시 그는 광주 제중병원에서 나환자들을 돌보는 한편, 길거리에서 부랑하는 나환자를 보면 자신이 업어서 병원으로 옮겼고, 그들과 식사까지 같이했다고 한다.

이 시기 최흥종은 당시 그의 동료였던 윌슨, 미국 여성인 서서평 등과 함께 1928년 4월 6일 조선 최초의 민간 나병 구제단체인 '조선나병근절책연구회'를 설립하게 된다. 그리고 그가 서울을 오르내리며 여러 인사들을 설득한 결과, 연구회는 윤치호, 안재홍, 조병옥, 김성수, 송진우, 김병로 등 38명의 유명 인사들이 위원으로 참여한 거족적인 단체로 발돋움했다. 이 단체의 사무실은 서울 종로의 중앙기독교청년회관에 있었는데, 위원장은 처음 윤치호가 맡았다가 곧바로 최흥종이 뒤를 이었으며, 서무부는 처음부터 최흥종이 담당했다. 그러나 이 단체는 일제 당국의 탄압과 자금확보의 어려움으로 별다른 사업을 전개하지 못하고 지지부진하다가 발기자인 최흥종이 서울 시내를 방황하던 나환자 30여 명을 데리고 1932년 6월 23일 여수로 내려오면서 흐지부지되고 말았다.

그러나 이 과정에서 그는 조선의 나병 구제사업에 획기적인 전환점이 될 사업을 추진했다. 연구회의 유지마저 어려워지던 1932년 봄, 그는 총독과 직접 협상하고자 광주에서 150여 명의 나환자를 모아 조선총독부로 쳐들어간 것이다. 서울로 가는 도중 나환자들이 합류하여 총 400여 명의 인원을 데리고 총독부 청사로 들어간 최흥종은 결국 당시 조선총독을 만나 소록도의 확장을 약속받았다. 물론 소록도 확장이 전적으로 최흥종의 공이라고는 볼 수 없다. 거기에는 일제의 정책적인 고려가 가장 큰 비중을 차지하고 있을 것이다. 그러나 선교사나 민간인에 의한 나병 구제사업, 최흥종과의 면담 등은 그러한 정책을 강요하는 밑으로부터의 요구였다. 아무튼 일제는 그 직후인 1932년 12월 '조선나예방협회'를 설립하고 3개년 계획을 세워 소록도의 시설을 3000명의 환자를 수용할 수 있는 규모로 확장하게 된다.[4)]

한편 소외된 삶에 대한 그의 사랑과 관심은 당시 광주 지역의 빈민들, 좀더 정확하게 말하면 거지들에게도 미치고 있었다. 그가 서울에서 돌아왔을 때 전남도 당국이 도시계획을 이유로 부동교를 중심으로 광주천변에 흩어져 있는 빈민촌을 모두 철거해 버린 사건이 일어났다. 그리고 최흥종은 이제 빈민들의 안정된 삶을 위해 노력하게 된다. 때마침 광주에 온 총독을 만나기도 하고 도청에서 그들과 함께 시위를 하는 등 그는 온갖 노력을 다했다. 그럼에도 사태가 호전될 기미를 보이지 않자 그는 1933년 광주 유지들을 모아 계유구락부를 조직하고 빈민들의 생활을 적극 돕기 시작했다. 그는 경양방죽(현 계림1동 일대) 근처에 움막을 지어 빈민들을 살게 하는 한편, 부유한 사람들에게 식량과 헌 옷들을 얻어 이들의 생활을 적극적으로 도왔던 것이다.

이와 함께 그는 소록도에 수용되지 못하고 부랑하는 나환자들을 모아 남자들은 광주 봉선리에, 여자들은 양림리에 각각 나환자 수용소를 건설하기도 했다. 이곳에 수용된 인원은 남녀 500명씩 총 1000여 명에 달했는데, 최흥종은 윌슨과 서서평의 도움을 받으며, 이들의 치료와 구제에 온힘을 기울였다.

그러나 1930년대 말은 일제의 파쇼통치로 기독교 내의 갈등이 심하던 시절이었다. 일제의 신사참배 강요로 교단의 권위는 무너졌고, YMCA는 분열했다. 이러한 현실이 보기 싫었을까? 그의 나이 55세가 되던 1935년 그는 스스로 사망통지서를 돌리고 세상을 등지고 만다. 이후 무등산에 들어간 그는 의재(毅齋) 허백련(許百鍊)과 어울리기도 하고, 성경과 도덕경을 읽기도 하면서 은거했다.

그러나 해방은 그의 은거를 허락하지 않았다. 이미 그는 수많은 사람들의 존경을 받고 있었으며, 자신의 의사와는 관계없이 광주·전남 지역의 정신적인 지도자였던 것이다. 그 결과 그는 지역민들의 강권에 못 이겨 여러 가지 정치적 경력을 쌓아 간다. 그러나 얼마 지나지 않아 그러한 직함을 사퇴하고 또다시 나환자 등 사회에서 버림받은 사람들을 위하여 살아가기 시작했다.

해방 정국의 혼란한 와중에서도 그는 '조선나병환자근절위원회'를 설립하여 회장에 추대되었고, 여수 애양원 임시 원장을 맡았으며, 소록도나 애양원에 필요한 물자를 공급하기 위해 노력하는 등 전과 다름없는 삶을 보냈던 것이다. 또한 1949년에는 무등산 증심사에 '하느님과 이웃, 나라와 땅을 사랑하자'는 취지로 농민지도자를 양성하려는 삼애학원을 설립하고 교장에 취임하기도 한다. 1956년에는 광산 지역에서 부랑하던 나환자들을 모아 나주에 호혜원(互惠園)이라는 자활촌을 건설했으며, 한국전쟁 이후 갑자기 불어난 폐결핵 환자들의 구제와 치료를 위해 1958년에는 무등산에 송등원(松燈園)이라는 그들의 수용소를 건설하기도 했다.

이러한 활동이 인정되어 1951년에는 한국사회사업협회 위원장에 추대되었고, 1962년에는 국민훈장을 받기도 했다. 그후 1964년 12월 30일 유언장을 남기고 은퇴한 뒤 1966년 5월 14일 86세를 일기로 세상을 떠났다.

그리고 5월 18일 오전 광주공원 광장에서 해방 후 처음 사회장으로 거행된 그의 장례식에는 수많은 학생, 시민들과 함께 나환자와 걸인들, 폐결핵 환자들, 가난한 이웃들이 모여들어 울부짖고 있었다. 그는 세상에서 가장 그늘지고 외로운 자들의 친구이자 보호자였던 것이다.

1) 이 글에서 인용되는 그의 족적에 대해서는 김혜정의 『무등에 심은 오방(五放)의 뜻은』과 오방 선생기념사업회의 『영원한 자유인』을 참조했음.

2) 광주기독병원보편집위원회, 『월간 광주기독병원』 36~49집, 1991년 8월~1992년 11월에서 관련 내용을 정리했음. 이후 인용될 광주나병원 부분도 출처가 동일함.

3) 대한나관리협회, 『한국나병사』, 1988.

4) 최정기, 「일제하 조선의 나환자 통제에 대한 일연구」, 전남대 사회학과 석사학위논문, 1994, 33~51쪽.

손 수 겸

올백머리의 영원한 기자상

1910년 충남 논산 출생
1935년 경성일보 기자
1943년 경성일보 주재 특파원
1945년 목포신보 발행
1946년 조선중보 편집국장, 광주신보 편집국장
1975년 사망

전남 지역의 최초 신문은 1899년 일본인에 의해 발행된 목포신보이며, 광주 지역에서는 1910년 광주신보가 발행되었다. 하지만 이들은 조선침탈을 목적으로 정보수집을 위한 첨병의 성격이 강했으며, 조선인을 위한 신문이 본격적으로 등장한 것은 해방 후부터다. 해방이 되면서 광주에는 호남신문, 동광신문, 광주신보, 여수에는 여수일보, 목포에 목포신보가 발행되었다. 이 시기의 대표적인 언론인으로는 경성일보 지방부장과 목포신보 사장 그리고 광주신보의 창간을 주도한 인물로 손수겸을 들 수 있다. 특히 그는 줄곧 기자의 꽃이라 불리는 사회부에서 근무했으며, 편집국을 책임질 때도 기자이기를 원했던 인물이다.

손수겸은 1910년 5월 7일 충남 논산군 강경읍 홍교동에서 손백천(孫伯千)과 은순성(殷順成)의 2남 중 장남으로 태어났다. 당시 집안은 상업이 활발했던 강경에서 포목점을 하고 있었으며, 조그마한 땅을 부치고 있어 경제적으로 별 어려움 없이 자란 손수겸은 향리에서 고등교육을 마치고 1930년 유학길에 오른다. 당시 강경은 무역의 전초기지로 상업이 번성한 도시였다. 그후 1935년 3월 일본대학 문학부를 졸업하고 귀국한 그는 그해 7월 경성일보 사회부 기자로 언론에 몸담기 시작했다. 경성일보는 1906년 발간된 신문으로 친일 단체인 일진회의 기관지 국민신보와 한성신보, 대동신보를 통합한 통감부의 기관지 성격을 띠고 있었다. 1930년대 말에 접어들면서 일제는 동아일보 일장기말살사건을 계기로 3·1운동 이후 회유책의 일환으로 발행을 허가해 왔던 동아일보와 조선일보의 폐간을 종용했고, 급기야 1940년 8월 문을 닫게 되었다. 이 무렵은 매일신보와 경성일보 등 총독부 기관지 성격의 신문만이 건재한 상황이었다.

충남이 고향인 손수겸이 전남 지역과 인연을 맺기 시작한 것은 1940년 경성일보 광주 주재 특파원으로, 그리고 1943년 경성일보 목포 지사장 겸 특파원으로 근무하면서부터다. 당시 그는 지방 주재 기자로는 처음으로 참사대우(현 부장)를 받았으며 한때는 본사로 다시 불려가 지방을 총괄하는 지방부 참사를 맡을 정도로 본사의 신임을 받고 있었다. 그는 총독부의 기관지인 경성일보에 근무하면서도 이에 개의치 않고 날카로운 필봉을 휘둘렀다. 이러한 이유로 경찰로부터 지목을 받아 오던 그는 광주에서 근무하던 시절, 광주지방법원의 교만한 일본인 판사의 비행을 파헤친 기사를 썼다는 이유로 이른바 불령선인(不逞鮮人)으로 지목되어 옥고를 치르기도 했다.[1]

손수겸이 해방을 맞이한 것은 경성일보 목포지사장 겸 주재 특파원으로 근무하던 때였다. 이제껏 일본어판 신문만 제작하던 그로서는 해방된 조국에서 조선말로 신문을 제작할 수 있다는 기대감으로 부풀어 올랐다. 당시 사정으로 새로운 신문을 창간하기 어렵다고 판단한 그는 정간중인 일어판 목포신보를 국한문혼용체로 발행하면서 자신의 꿈을 펼치기 시작했다. 목포신보는 1899년 일본인에 의해 발행된 순간(旬間)으로, 1907년 격일간을 거쳐, 1909년 일간지로 발행되다 1941년 총독부의 일도일지(一道一

손수겸의 회갑연에서 가족들과 함께.

紙)정책에 따라 광주신보와 통합되어 전남신보가 발행되면서 정간된 상태였다. 하지만 맨주먹으로 경영주가 된 그에게 신문 창간은 무리였으며, 결국 1946년 3월 김철진, 문재철, 강대기 등 지역 유지들에게 판권을 넘기고 광주로 거처를 옮기게 된다.[2)]

당시 광주 지역에서는 일제시대 전남·광주 지역 주재 기자로 근무하던 언론인과 중소자본가들이 중심이 되어 신문 발간을 서두르고 있었다. 특히 자본가들은 당시 급변하는 정세 속에서 자신들의 정치적 꿈을 실현시키는 수단으로 신문 창간에 적극 관여했다. 해방 전 유일한 지역 신문이었던 일문판 전남신보는 해방 이후 건준위원장이던 박준규에 의해 잠깐 운영되다 1946년 3월에 이은상이 사장으로 취임하면서 호남신문으로 제호를 바꾸어 발행했다. 호남신문은 전남신보로부터 사옥과 윤전기를 이어받아 다른 신문사에 비해 훌륭한 시설을 갖추었으나, 귀속재산으로 처리되어 이은상 외에 미군정 때 도지사를 지낸 최영욱, 전남지부장을 지낸 최종섭 등 운영진의 변화가 잦아 운영에 어려움이 많았다. 당시 호남신문의 편집은 김남중과 최인식이 담당하고 있었다. 또한 동광신문은 1945년 10월 선미봉에 의해 광주민보로 창간되었으나, 미군정이 제호의 '민(民)'자와 제호의 논조를 문제 삼자 1946년 10월 동광신문으로 바꾸었다. 그리고 곧바로 동광신문은 한민당 전남도당 총무였던 고광표가 사장으로 취임했고 고영환과 왕재일등이 편집을 담당해 한국전쟁 전까지 발행되었다.

손수겸이 광주로 올라온 이유는 목포신보의 재정적 어려움도 있었지만, 광주 지역에서 새로운 신문을 창간하기 위한 것이었다. 그는 곧바로 명창순과 고광표 등의 도움을 받아 조선중보를 창간했으며, 이로 인해 광주에는 이미 발행된 호남신문과 동광신문, 그리고 조선중보의 3개 신문이 발행되었다. 당시 조선중보의 사장에는 명창순, 부사장에 고광표, 주필 윤형남, 편집국장 손수겸으로 짜여졌으며, 미군정 법령 19호에 의한 정기간행물에는 손수겸의 명의로 등록되어 있었다. 손수겸이 이들의 도움을 받았던 것은 자본금 때문이었으며, 한민당 중진이었던 이들은 자신의 정치적 입지를 강화시키려는 목적이 있었다. 따라서 초기의 신문 논조는 한민당에 매우 우호적이었으며, 1946년 5월 이승만이 대성국민학교에서 행한 강연에서는 청중들에게 조선중보를 애독할 것을 권장하기도 했다. 하지만 손수겸은 언론이 특정 정파를 지지하는 것은 잘못이라는 소신을 굽히지 않았고, 따라서 경영진과 균열이 생기기 시작했다. 이러한 연유로 일이 여의치 않자 명창순과 고광표는 조선중보를 떠났고, 손수겸은 어려운 재정난을 극복하고자 호남신문과 합병을 시도했다. 하지만 이 일도 뜻대로 되지 않자 신순언을 명예사장으로 영입하고 광주신보로 제호를 바꾸어 새로운 출발을 다짐했다. 하지만 언론보다는 정치가로서의 꿈을 가지고 있던 신순언도 동일한 이유로 신문사를 떠나고 말았다. 이렇게 되자 광주신보는 재정난에 휩싸이게 되었으며, 1949년 박철웅이 사장으로 취임하면서 그나마 자리를 잡게 된다. 1949년 당시 광주신보 편집국에는 국장 손수겸, 차장 겸 취재부장 서두성, 차장 김만철, 부장 이원기 그리고 정관영, 이교은, 한상운 등이 근무하고 있었다.

당시 광주 지역 언론의 정치적 입장을 보면, 호남신문의 경우 이은상이

사장으로 있으면서 족청계 자유당을 등에 업고 있었고, 동광신문은 광주신보에서 떠난 고광표가 사장으로 자리하면서 한민당의 노선을 추종하고 있었다. 따라서 광주신보만이 정치적 제약에서 벗어나 언론 본연의 입장을 펼칠 수 있었다.

한국전쟁 전까지 광주신보는 충장로 1가 27번지(현 조대 동창회관) 목조 2층 일본식 건물에 자리하고 있었으며, 안채에는 손수겸의 가족들이 거처하고 있었다. 그는 돈에는 무척 초연한 사람으로 집안에 쌀이 떨어졌는지 장작이 떨어졌는지조차 개의치 않았으며, 술을 무척 즐기는 편이어서 거의 매일 해질 무렵 편집을 마감하고 안채에서 편집국원들과 마른 안주에 청주를 내오게 하여 마시는 것을 취미로 삼을 정도였다. 하지만 그는 밤새껏 술을 마시고도 주정을 한다거나 실수를 저지르는 일이 거의 없었다.

이처럼 따뜻한 인간미를 지닌 그도 언론에 관해서는 철두철미했으며, 외부의 어떤 압력에도 굴하지 않았다. 한번은 이런 일이 있었다. 당시 서슬퍼런 505특무대에 대한 관련 기사가 문제가 되어 취재 기자를 대라는 연락이 왔다. 하지만 그는 모든 책임은 편집국장에 있다면서 거절했다. 급기야 출두하라는 명령이 내려졌다. 하지만 그는 이것마저 거절하고 필요하면 신문사로 와서 조사하라고 대응했다. 당시 광주지구 특무대장은 '나쓰미깡(夏蜜柑)'이라는 별명이 붙은 인물이었다. 특무대장이 대원들을 데리고 그를 체포하려 온다는 소식이 있자 손수겸은 바리케이드를 치고 여순사건 후 소지하고 있던 카빈총을 설치했다. 일전을 불사할 움직이었다. 편집국원들이 안절부절한 가운데 무사히 그날을 넘긴 후, 고위 공직자의 주선으로 특무대장과 자리한 술자리에서 날이 새도록 술을 마시고 막역한 친구가 되기도 했다.[3)]

그후 한국전쟁이 발발하자 신문의 발행은 중단되지 않을 수 없었다. 1950년 10월 광주가 수복되자, 광주 근교에 피난해 있던 손수겸은 인민일보를 발행하던 충장로 4가 구 원호청 건물을 사용해 10월 1일 속간호를 발행했다. 광주신보는 1950년 말 월 구독료가 1만 원이었으며, 동판사진과 컷 등을 사용한 배대판(倍大版) 2면 활판인쇄로, 중앙에서 발간되는 어느 신문에 뒤지지 않았다. 이 무렵 동광신문은 자연소멸되었고, 호남신문도 속간호를 발행하지 못하고 있는 상황이었다. 그리고 호남신문의 사옥과 윤전기 등을 인수하여 전라남도를 발행인으로 한 전남일보가 발행되었다. 언론인으로서 갖추어야 순발력을 지닌 손수겸의 노력으로 광주신보는 날로 사세가 확장되었으며, 반면 전남일보는 호남신문 사원들이 사옥양도를 둘러싼 재판에서 패소해 유명무실한 상태였다. 그후 1952년 10월 동일한 명칭의 전남일보가 김남중에 의해 창간되었다.

사세가 날로 확장되던 광주신보는 1953년 말 신사옥으로 자리를 옮기면서 사세가 기울기 시작했다. 이미 1950년 2대 국회의원 선거에서 광주 시민의 신망을 얻어 압도적인 지지로 당선되었던 광주신보 사장 박철웅은 무리한 조선대학교 확장 과정에서 주민과 마찰이 심해지자, 이를 회복하기 위해 조대 교수인 최정기와 장용건을 부사장과 주필에 임명했다. 하지만 이 과정에서 새로운 경영진과 편집국 간부들 간의 갈등이 생기기 시작한 것이다. 특히 최정기 부사장이 1958년 최인식을 편집국장으로 영입하고 손수겸을 부사장으로 승진시키면서 이 문제는 본격화되기 시작했다. 사실 이러한 인사는 그 동안 광주신보를 책임지고 있던 손수겸을 배제하려는 의도였던 것이다. 최인식은 일제 말기 매일신보 광주지사를 운영하다가, 조선일보 광주지국으로 옮겼으며 해방 후에는 조선일보 본사에 근무하기도 했던 광주 출신의 언론인이었다.[4] 결국 손수겸은 1958년 2월 신문사를 떠나야 했고, 최인식이 부사장과 편집국장을 겸임했다. 그후 1959년 1월에 제호 밑의 '편집인 겸 인쇄인 손수겸'이라는 난도 삭제되었다.

이후 광주신보의 사세가 날로 기울고, 반면에 전남일보의 주가는 날로 치솟았다. 이렇게 되자 사원들은 손수겸의 복귀운동을 거세게 요구하게 되었고, 1960년 1월 다시 그는 편집국장으로 복귀했다. 처음에는 부사장으로 복귀시키려 했으나 편집국장이 아니면 갈 수 없다는 손수겸의 완강한 반대로 편집국장을 받아들이게 된다. 손수겸의 복귀로 한때 생기를 찾았던 광주신보는 4·19 이후 9월 광주에 새로운 신문이 발행되고, 중견간부들이 자리를 옮기면서 15년여 동안 이어 온 발행을 중단하게 되었다. 그후 1961년 5·16 이후 국가재건최고회의 포고령에 의해 등록이 말소되었다.

이로써 손수겸은 언론에 몸을 담은 이래 제2의 고향이 된 광주생활을 마치고 1964년 상경하게 된다. 서울에서 코리아헤럴드 일본어판 '한국소식' 주간으로 5년간을 근무한 후 1975년 지병으로 세상을 떠났다. 그리고 경기도 파주군 도리면 장곡리 가족묘지에 호탕하고 투철했던 기자정신과 함께 잠들어 있다.

올백머리에 검은 색안경이 마스코트인 손수겸. 항상 기자이기를 원했던 그는 언론인으로 평생을 바친 타고난 사회부 기자였으며, 호남 지방에 올바른 기자상을 심고자 노력했던 인물이다.

1) 광주언론인 동우회, 『광주·전남언론사』, 1991, 186쪽.
2) 앞의 책, 540~544쪽.
3) 한상운의 증언. 한상운은 당시 광주신보의 평기자였으며, 손수겸은 편집국장이었으며 지금은 무등일보 책임논설위원으로 활동중이다.
4) 무등일보 1993. 6. 26.

김순하

근대 건축사의 큰 별

1901년 강원도 삼척 출생
1925년 경성고등공업학교 건축과 졸업
1925년 전남도청 토목과 근무. 전남도의회 및 전남도청 회의실 설계
1946년 토목건축회사 우일사 전무
1950년 삼육건설(주), 삼육건축설계사무소 설립
1965년 대한건축사협회 초대 회장
1966년 사망

전남도청! 이곳은 일제하에는 전남 민중에 대한 수탈이, 해방 후에는 새로운 억압체계의 재편이 이루어졌던 곳이며, 현대로 거슬러와서는 광주항쟁을 상징하는 곳이기도 하다. 광주가 전라남도의 행정중심지가 되었던 것은 1896년 8월 4일 나주에 있던 전라남도 관찰부가 옮겨 오면서부터다. 한일합방 직후인 1910년 9월 30일 도 관찰사는 도 장관으로 바뀌었고, 관찰부를 도청이라 고치면서 광산동 현 도청 자리에 서양식 목조 단층 건물이 세워졌다. 지금의 청사는 1920~1930년대 전남 유일의 한국인 건축사였던 김순하(金舜河)에 의해 1930년경에 설계되었던 것이다.

김순하는 1901년 2월 19일 강원도 삼척군 북평읍 효가리 415번지에서 김진우와 박건지의 4남 중 장남으로 태어났다. 그의 집안은 농사를 지었는데, 비교적 부유한 편이었다. 그는 어렸을 적부터 그림과 글씨에 재주를 보였으며, 집안의 경제적인 여유가 이러한 재주를 뒷받침해 주었다. 그는

1918년 3월 25일 고향에서 삼척공립보통학교를 졸업한 후 서울로 유학하여, 1922년 3월 20일 경기제일고등보통학교를 졸업했다. 곧이어 그는 당시 유일한 건축 전문 고등교육기관이었던 경성고등공업학교 건축학과(현 서울대학교 공과대학 건축학과)에 입학해, 1925년 2월 10일에 전문학교 입학자 검정시험에 합격했고, 같은 해 3월 25일에 졸업했다.

학교를 졸업한 그는 같은 해 5월 1일 토목기사로서 전남도청 토목과에서 근무하면서 건축계에 첫발을 내딛었다. 그는 1930년대 말까지 전남 지역에서 유일한 한국인 건축사였으며, 1940년대에 들어서야 비로소 박영만, 정옥진, 박해룡 등의 한국인 건축사가 등장했다.[1] 당시 일본은 조선을 식민지화하는 과정에서 청사나 공립학교 교사, 은행 및 교통망 등의 시설 신축에 주력하고 있었다. 이때 대부분의 건축활동은 일본인들이 담당했고, 이들은 "조선에서 건축계의 견실한 진전을 기약함"을 목적으로 하는 '조선건축회'를 1922년 3월 8일에 결성한 바 있었다. 회원은 총 122명이었는데, 한국인은 단지 김응순 한 명뿐이었다. 대부분의 회원은 관에 있거나 청부업 또는 재료업과 관련된 건축관계종사자들이었다. 김순하도 토목과에서 근무하던 1925년경 이 모임에 가입했다.

그는 이때부터 1934년 9월 20일 조선총독부로 자리를 옮길 때까지 일본인 건축사들과 경쟁하면서 광주의 근대적인 건축물 몇 가지를 설계했다. 그가 설계한 건물로 비교적 규모가 큰 것은 공공건물로는 전남도청사(1930년경 설계) 및 전남도청 회의실(현 민원실, 1932년 준공)이 있으며, 사적인 건물로는 호남의원(금남로 확장 때 철거), 중앙의원, 춘목암(1935년 준공), 정석호 택(1930년대 초로 추정) 등이 있다.[2]

본래 도청 본관은 2층 적색 벽돌조로 건축되었으나, 5·16쿠데타 직후에 미국의 백악관처럼 흰색으로 도색되어 지금까지 내려오고 있다. 도청 회의실은 1981년에 지방문화재 제6호로 지정된 지하 1층 지상 2층의 적색 벽돌조 건물이다. 도청 회의실을 설계할 때 그는 붓으로 기록했는데, 지금도 설계도면이 남아 있어 당시 건축설계문화의 단면을 보여 주고 있다. 한편 도청 회의실의 건축은 일본인 도급업자에 의해서 이루어졌는데, 도

김순하가 설계한 서울 종로구 도렴동 자택에서 회갑기념으로 찍은 가족사진.

급업자의 실수로 건물이 붕괴되어 인부와 목수 등 9명의 사상자가 발생했다. 일본인들은 관의 건물을 건축하는 데 자신들이 배제된 것에 불만을 품고 설계가 잘못되어 생긴 사고라는 여론을 조작해, 김순하는 15일 동안 구류처분을 받았다. 후일 이 사건은 총독부 기술진이 현장조사차 들러 조사한 결과 일본인 도급업자의 잘못으로 판명되었다. 아무튼 전남에서는 가장 중요한 도청의 설계를 김순하가 맡음으로써 그의 능력에 대한 평가는 이루어진 셈이었다.

춘목암(전 광주미문화원)은 당시 광주에서 가장 인기 있고 규모가 큰 한국식 요리집이었다. 그는 그곳의 경영자였던 조성순의 요청에 의해서 건물설계를 맡았다. 이후 춘목암은 해방 직전 일제의 전시체제 전환에 따른 유흥업소 정비로 폐업되었고, 건물은 순천철도국에 매수되어 광주보선구 사무소의 직원합숙소로 사용되었다. 해방 후 이 건물은 적산으로 처리되어 미군 숙소와 미군 장교구락부로 이용되었다. 그러다가 1949년 9월에 광주 미국공보원으로 사용되었고, 1970년대 후반에는 광주 미국문화원으로 개칭되었다.

김순하의 건축양식은 목재를 사용하는 한국의 전통 건축양식과는 달리 벽돌과 콘크리트를 주로 사용하는 서양에서 발전한 건축양식이었다. 이러한 건축양식은 서양인의 공관이나 종교시설 등을 통해 처음 조선에 소개되었으며, 일본인들이 관청이나 학교, 병원 및 각종 행정시설을 건축하면서 점차 지배적인 양식이 되어 갔다. 특히 가장 많은 영향을 미친 것은 일본의 근대 건축양식이었는데, 중요한 건물들의 대부분은 총독부 기사들에 의해 건축되었다.

건축양식으로 보자면, 건축물 중 많은 부분이 르네상스풍의 건물이었고, 나머지는 절충주의 혹은 네오바로크 양식이었다. 이러한 건축양식은 적합성, 단정함을 무시하고 장식 그 자체에 치중함으로써 건물을 상징화하는데 중점을 둔 것이었다. 따라서 식민지에서 본국의 위엄과 권위를 효과적으로 높일 수 있어서 매우 선호되었다. 당시에 건축된 광주 지역의 건물들은 서울처럼 양식주의적인 경향이 뚜렷이 나타난 것은 아니나 그러한 규범을 따른 흔적이 보인다. 그후 1920년대 조선회사령이 철폐되면서 일본자본이 본격적으로 진출하고, 조선의 공업화가 진전됨과 동시에 서구의 합리주의, 기능주의 건축양식이 점차 도입되었다. 그렇지만 절충주의 건축기법은 해방 이후까지 여전히 잔존했다. 김순하의 건축설계 작품은 섬세하고 우아한 것이 특징이었으며, 시대적인 경향을 크게 벗어날 수는 없었으나 기능주의적이고 국제주의 건축양식의 경향을 점차 표현했다.[3)]

1934년 9월 20일 가수로 조선총독부 관방회계과로 자리를 옮긴 그는 1942년 4월 1일에는 기사로 승진했다. 사실 여부를 확인할 수는 없으나, 이 시절 그가 현재의 태릉 육군사관학교 내에 있는 과거 일본 군인의 훈련소 건물을 설계했다고 한다. 그후 1943년 4월 6일 조선주택영단(현 대한주택공사) 기사 자격으로 건설부 건축과장으로 근무하다가 해방을 맞았다.

그는 해방 이후에도 조선주택영단에서 1946년 6월 말까지 근무하다가,

1946년 7월 1일 토목건축회사인 우일사에 전무로 입사했다. 이때부터 그는 독자적인 개인사업을 구상했다. 그래서 1949년 12월에 우일사를 그만두고, 한국전쟁 직전인 1950년 3월에 서울 중구 태평로에 삼육건설주식회사와 삼육건축설계사무소를 설립하여 대표로 취임했다. 이들 회사는 건축설계뿐만 아니라 직접 건설까지 담당했다. 그러나 회사를 설립한 지 얼마 안 되어 한국전쟁이 발발했고, 그는 같은 해 12월 부산으로 내려가 건축업을 계속했다. 그후 1951년 9월경 그는 서울에 같은 이름으로 회사를 다시 열었다. 그후 삼육이라는 건설회사 이름을 삼광으로 고쳐 전쟁의 폐허 속에서 시설복구 및 건축사업에 주력했다.

한편 해방 후 김순하는 건축과 관련된 여러 단체나 모임에서 주도적인 활동을 했다.[4] 그는 초반에는 '조선건축기술단(경성고등공업학교 출신들이 중심이 되어 1945년 9월 1일 결성)', '조선건축사회(1945년 12월 결성)' 등에서 활동하다가 후반에는 '대한건축사협회'에서 주로 활약했다. 이 시기 그의 주요활동으로는 조선건축기술단에서 식민 기간 동안 변질된 건축술어를 우리말로 고치기 위하여 1946년 2월에 결성한 '건축술어연구회'에 참여한 것과 주택문제에 관한 강연활동 등을 들 수 있다.

그의 이러한 활동은 한국전쟁 이후 더욱 활발해졌다. 그는 1954년 3월에 창립 총회를 개최한 '대한건축학회'에서 부회장에 당선되어 1958년까지 역임했다. 또한 경기도 지역의 건축대서사(1948년 서울에서 건축대서사 시험이 처음으로 실시됨)들을 중심으로 결성된 '(구)대한건축사협회'에서 3대 이후 회장을 역임했다. 그는 이 기간에 '건축사법'을 기초하기도 했고, '건축공사표준시방서 편찬위원회'에도 위원으로 참가했다. 그리고 '건축사법'에 의거해 1965년 4월 25~26일에 1급 건축사 자격시험이 치러질 때, 김순하는 시험관 자격으로 주도적인 역할을 했다. 그후 시험합격자들을 중심으로 하여 새로운 협회 창설발기인을 구성, 1965년 10월 23일 '(신)대한건축사협회'가 결성되었다. 당시 그는 병원에 입원중이었으나, 초대 회장으로 선임되었다. 이 외에도 그는 수많은 각종 건축·건설 모임 및 정부기관의 위원을 역임했다.

그는 다양한 활동 와중에서도 서울 영등포 오류동에 일신산업주식회사 공장(1963)을, 충남 모산에 한국마방적주식회사(1964)를, 그리고 서울 후암동에 일신산업주식회사 주창균 회장의 집(1965) 등을 설계했다. 그리고 그가 사망하기 직전인 1966년에는 한국상업은행 본점을 감리하기도 했다.[5] 김순하는 1966년 12월 27일 그가 1963년도에 설계한 서울 홍은동 자택에서 위암으로 사망했다. 그의 장지는 모란공원에 있으며, 사망 10주기 되던 해에 대한건축사협회에서 그를 추모하는 비석을 세웠다. 그가 설립한 삼육건축사사무소는 현재에도 서울 종로구 안국동에서 그의 친척이자 전 서울시 건축사 회장인 유경철과 강진성에 의해서 운영되고 있다. 한편 그의 장남인 김완호는 연세대 건축과를 졸업하고 미국에서 김순하의 직업을 잇고 있다.

일제하 전남 지역에서 최초의 한국인 근대 건축사로 활약한 김순하. 그가 설계한 전남도청 및 회의실을 비롯한 다수의 근대적인 건축물들은 광주 건축문화의 선구로 기억될 것이다. 광주 지역의 건축사를 말해 주던 홍학관, 무송원, 호남은행 본점 건물, 제일교회 등 많은 일제하의 건물들은 이미 소실되었다. 일제하부터 미문화원방화사건에 이르기까지 역사의 흐름을 보여 주던 춘목암은 수 년 전에 주차장으로 변해 버렸다. 지금 이 순간에도 도청을 비롯하여 역사의 숨결이 살아 숨쉬는 수많은 건축물들이 우리 곁에서 영원히 사라져 갈 날만을 기다리고 있다.

1) 전라남도지편찬위원회, 『전라남도지』 제2권, 1983, 1362쪽.
2) 광주직할시사편찬위원회, 『광주시사』 제2권, 1993, 937~947쪽.
3) 윤일주, 『한국현대미술사(건축)』, 국립현대미술관, 1989, 58쪽.
4) 김순하의 활동에 관한 내용은 대한건축사협회, 『대한건축사협회 20년사』, 1986, 세광정판사와 대한건축학회, 『대한건축학회 40년사』, 1988, 새한정판 참조.
5) 해방 후 김순하의 건축설계활동은 유경철의 증언에 의함.

최옥삼

가야금산조의 꽃 옥산류의 창시자

1905년 전남 장흥 출생
1928년 영암 김창조에게 사사
1929년 전국명창대회 입상
1938년 원산기생학원 사범
1950년대 최승희의 무용반주가로 활동
1956년 사망

지금은 어느 정도 산조에 대한 인식들이 높아졌고, 살아 있는 명인들은 대부분 무형문화재로 지정되어 제자들을 배출하면서 사회적으로 인정받고 있다. 생활도 예전보다는 나아진 편이다. 그러나 산조의 명인들뿐만 아니라 대부분의 국악인들이 한때는 어둠과 질시 속에서 가슴에 한을 쌓으며 살아야 했다. 그 와중에 근대에서 현대로 넘어오는 우리 역사의 격동기에서는 사뭇 우리의 기억 속에서 완전히 묻혀져 버린 위대한 예술가도 많다.

가야금산조의 시조라고 알려져 있는 영암 김창조(金昌祖)에게 사사했고, 현재 남쪽에서는 '최옥산류' 또는 '함동정월류'라고 알려진 산조의 한 유파를 창시한 가야금 명인 최옥삼(崔玉三) 역시 새롭게 조명되어야 할 예술인 중의 하나이다. 최옥삼에 대해서는 워낙에 자료가 없어서인지 관심의 정도에 훨씬 못 미치는 연구가 이루어지고 있다. 따라서 일반인들 역시 그의 이름과 산조에 익숙지 못할 줄 안다. 그러나 이렇게 얘기하면 '아아' 하고 탄성을 지를 분들이 좀 많지 않을까? 몇 해 전 모방송국에서 내보낸 「춤추는 가야고」라는 드라마의 주인공이 바로 최옥삼의 유일한 제자라고 알려져 있는 함동정월(咸洞庭月, 현재 75세)이다. 함동정월의 가야금 스승이 바로 최옥삼이며 드라마에서도 아주 짧게 언급이 되었다.

흔히 판소리와 그 맥을 같이 하는 것으로 알려져 있는 가야금산조는 특히나 그 시조 김창조가 전남 출신임으로 인하여 많은 명인들이 이쪽 지방에서 배출되었다. 그런데 우리의 불행했던 역사를 보면 해방을 전후해 예술가들이 북쪽으로 넘어간 예가 많다. 그런 시류를 타고 최옥삼 역시 앞에 '월북'이라는 꼬리표를 붙인 채 역사의 저쪽에 묻혀 있었다. 동시에 그의 이름 역시 원명인 최옥삼으로서가 아니라 최옥산(崔玉山)으로 잘못 기억되어 거의 50여 년을 보냈다.

남쪽 사람들 대부분이 최옥산으로 알고 있는 최옥삼은 1905년 7월 25일 전남 장흥군 건산리 518번지에서 아버지 최창조(崔昌祚)와 어머니 임동례(林同禮) 사이에 셋째 아들로 태어났다. 3형제 중 막내로 태어난 아명이었는지 최막동으로도 불렸다. 최옥삼은 13세경 영암으로 가서 김창조에게 사사했다. 그가 어떻게 해서 가야금이며 기타 다른 국악을 하게 되었는지는 알 수 없다. 그러나 그의 큰형인 최옥윤(崔玉允)도 피리를 했고, 또 장흥의 촌로들이 그 집안을 "원래부터 풍각쟁이 집안이었어"라고 전하는 걸로 봐서 그의 집안 내력이 그러한 환경을 조성했을 것으로 보인다. 최옥삼은 처음에는 소리를 배웠으나 목이 나빠 산조로 돌렸다 한다.[1)]

최옥삼은 김창조 밑에 있으면서 김창조의 또 다른 제자인 한성기에게도 사사했다. 한성기의 가야금산조는 김죽파에게로 전해져 현재 '김죽파류 가야금산조'로 전해지고 있다. 같은 김창조 가락에서 나왔으나 한성기 성음은 둥글고 최옥삼 성음은 빡빡하고 되다고 전문가들은 지적하고 있다.

산조는 19세기 말에 형성된 음악인데 현존하는 전통 음악 가운데 형식미를 갖춘 빼어난 기악독주음악이며, 기교적인 숙련을 요구하는 쟁이(전문가)들의 음악이다. 맨 처음에 가야금에 얹혀서 틀을 갖추고 독주곡 형식의 형성을 보게 되었다. 그후 점차로 다른 악기들에 확산되어 지금은 거문고, 해금, 피리 등 독주가 가능한 악기의 대부분에 산조가 만들어져 연주되고 있다.

산조는 각 악기마다 2~3종류 이상의 악곡이 전해지고 있는데, 그 악곡은 산조의 명인들로 지칭되는 사람들의 이름을 붙여 ○○○류로 칭해진다. 현재 가야금산조에는 약 12종류의 유파가 전해지고 있다. 이 중에서 가장 먼저 일반에게 알려지고 국악을 하는 이들에게 전수된 것은 성금연산조였다. 그리고 다시 '김죽파류'산조가 이재숙 교수(현 서울대학교 국악과 교수)에 의해 발굴되어 알려지기 시작했다. 이 무렵만 해도 최옥삼의 가야금산조는 완전히 묻힌 상태였고 아무도 그 산조를 연주하지 않았다.

현재 가장 뛰어난 산조로 인정받고 있는 '옥삼류(아직까지는 옥산류)'산조의 창시자는 그를 기억하는 소수의 사람들이 증언을 거부하거나 기억을 상실한 탓에 알려져 있는 것이 거의 없는 형편이다. 그나마 조금씩 알려져 있는 것을 보면 우선 최옥삼은 1929년 전국명창대회에서 입상한 경력을 가지고 있다.[2] 그러나 명창대회는 한 곳에서만 열리는 것이 아니라서 정확히 어느 대회였는지는 알 수가 없다. 장흥에는 신청이라는 곳이 있어 국악인들이 모여 강습을 받곤 했는데 최옥삼은 여기에서 대금을 가르쳤다. 그 밖에 피리는 최옥삼의 형인 최옥윤이, 소리는 신홍재가, 그리고 춤은 춤 선생이 와서 가르쳤다.[3] 신청은 선후배 관계와 규율이 엄격해서 나름대로 질서가 있었던 것으로 보인다. 당시 장흥읍 기양리 남산 밑에 위치하고 있었으며 일제 때 없어졌다.

김창조는 최옥삼이 17세 무렵에 작고했다. 스승과 사별 후에 한참 더 가야금을 연마하다가 이후 1930년대부터는 스스로 제자들을 길러낸 것으로 보인다. 현재 그의 유일한 제자라고 알려져 있는 함동정월(중요무형문화재 제23호 가야금산조 기능 보유자)은 13세 때 3개월간 최옥삼에게 가야금 초벌을 배웠다. 이후 병영에서 두벌, 세벌까지 계속했으며 다시 17세에 목포에서 최옥삼에게 산조를 배웠다. 이때 목포 권번(卷番)의 박농선도 공부를 함께 했다. 최옥삼은 22세의 함동정월이 목포 권번에 있을 때 독 선생으로 가서 가르치기도 했다. 함동정월은 스승인 최옥삼의 산조에 한 가락도 임의로 첨삭하지 않아 최옥삼의 가야금산조 가락을 거의 그대로 남기고 있다. 최옥삼에 대해 누구보다도 잘 알고 많은 이야기들을 해줄 수 있는 인물이나 오랜 세월의 여파 속에서 불행히도 기억을 제대로 해내지 못하고 있다.

그녀의 짧은 증언에 따르면, 최옥삼은 얼굴이 넓적하고 코가 납작했으며 성품은 정직하고 고지식한 편이었다. 당시는 스승을 대하는 것이 몹시 엄격해서 최옥삼은 새벽같이 일어나 스승의 긴 담뱃재와 타구, 요강 등을 깨끗이 부셔 놓고 배울 준비를 하곤 했다고 한다. 한번은 최옥삼의 집에 간 적이 있었는데 두 살 난 아들이 있었다고 기억해 낸 것이 그녀의 증언 전부였다.

최옥삼의 가야금산조를 전해받은 제자로 함동정월 말고도 장흥군 장흥읍 기양리 출신의 김녹주가 있다. 11세에 장흥에서 최옥삼에게 가야금산조를 2년 정도 배웠다. 김녹주는 최옥삼의 집에 가서도 배웠는데 그는 밤마다 가야금을 탔다고 한다. 가락은 지금 함동정월의 가락과 같은 것이었다고 한다.

함동정월이 무형문화재로 지정되어 이수자들을 낸 것과는 달리, 김녹주는 장흥에서 가야금 잘 타는 녹주로만 알려져 있을 뿐, 별다른 활동을 하지 않고 있다. 또한 생활의 여유가 없음으로 인해 그녀 역시 스승에 대해서 미주알고주알 늘어놓고 싶어하지 않는다.

최옥삼은 방랑벽이 심해서 한 곳에만 가만히 있는 성격이 못 되었다. 전국을 돌면서 제자들을 가르쳤는데 군산, 원산, 마산, 광주 등지로 돌아다니면서 활동하고 청진, 함흥에도 가서 가야금을 가르쳤다. 그는 원래가 진실하고 기품이 있는 사람이어서 제자들을 가르칠 때도 매우 정성스럽고 진실되게 자신의 예술을 전했다고 한다. 또한 힘든 농사일, 나무 베는 일을 하면서 형님을 극진히 모셨다. 그는 키가 크고 체구도 큰 편이었으며 실제로 좀 무뚝뚝했던지 뚝보라는 별명이 있었다.

최옥삼 산조는 처음 부분인 진양조에 그 모든 기법이 나타나 있는데 대부분 계면조 선법으로 짜여 있다. 계면조는 우조에 비해 농현이 잦고 격렬하며 꺾는 기법을 써서 슬프게 느끼도록 연주한다. 즉 슬픈 감정을 나타내는 선법인 것이다. 이렇듯 계면조 위주의 음악으로 형성된 이유에 대해 김해숙(서울대 국악과 강사)은 산조가 형성되고 수용되어 온 시대적 상황과 사회적 조류, 그리고 우조나 평조보다는 계면조에서의 음악 표출을 강조해 온 민간 음악의 미적 기준을 들고 있다. 자신의 감정을 억제하며 이성에 바탕을 둔 타율적인 음악을 즐겼던 조선시대 사대부들의 음악관에는 전혀 맞지 않는 것이 이 산조다. 즉 관념적이고 형이상학적인 사고에서 출발한 고상한 음악이 아니며 생활의 고통에 대한 탄식에서 출발한 가슴을 부딪는 음악이다. 들판에서 자라는 잡초처럼 자란 음악, 민중의 삶과 정서를 있는 그대로 대변하며 승화된 음악인 것이다.

최옥삼이 전한 가야금 가락은 현존하는 가야금산조 중 가장 짜임이 좋고 높은 예술성을 지닌 것으로 정평이 나 있다. 만약에 스승인 김창조의 산조를 그대로 전하지 않고 그것을 바탕으로 최옥삼 자신의 음악적 개입이 많이 행해졌다면 그는 작곡가로서의 최고의 위치에 있게 될 것이다. 그의 음악을 통해서 그를 조명해 보면 매우 치밀하고 용의주도하며 논리적인 기질의 소유자였음을 알 수 있다.[4)]

최옥삼의 산조가 세상에 알려지게 된 데에는 그의 제자인 함동정월과, 일산 김명환(중요무형문화재 제59호 판소리 고법 기능보유자), 그리고 이재숙 교수의 공이 컸다. 특히 지금은 작고한 김명환 선생의 힘이 제일 컸다고 봐야 한다. 1960년대 말, 서울에서 고생하며 어렵게 살아가고 있는 함동정월을 만나 각고의 노력으로 산조 전 바탕을 복원시켰다. 당시 함동정월은 산조보다 판소리 「적벽가」를 배우고 싶어했는데, 「적벽가」 한 마디씩에 그 대가로 가야금을 연습한다는 조건으로 「적벽가」를 가르쳐 주면서 어렵사리 복원을 해 나갔다. 일산은 뒷날에는 판소리보다 산조가 더 성행할 것이라고 판단했던 것이다. 무더운 여름철에도 팬티만 입고 하루 몇 바탕씩 연습을 시켰다. 함동정월은 이때 유난히 줄을 되게(팽팽하게) 하여 탔기 때문에 농현이 깊은 곳에서는 괘(안족)가 잘 자빠져서 연습 때 부서진 괘가 한 가마니나 되었다는 일화도 있다.

최옥삼은 해방이 되기 전인 1938년경 함흥 원산으로 가서 이후 소식이 끊긴 것으로 되어 있다. 『장흥 향토지』에 따르면 원산기생학원 사범으로 초청되어 갔다고 한다. 그러니 그가 어떤 사상적인 이유로 인해 '월북'을 단행한 예술인이었다는 것은 심한 억측이라고 하겠다. 그는 단지 전국을 유랑하며 자신의 예술과 기능을 전수하는 자신의 습관에 충실했고, 국토가 분단된 뒤 다시는 내려오지 못했던 것뿐이다.

당시 북쪽에서 최옥삼과 같이 활동을 했던 전황(현 국악협회 이사장)에 따르면 최옥삼은 무용가 최승희의 무용반주자로 활동했으며 가무단의 악장 정도의 위치였다고 한다. 생활은 비교적 윤택했다고 한다. 전황은 최승희의 수제자였는데 1·4후퇴 때 월남했다.

한때 소련대학 교수라는 유언비어가 돌았던 최옥삼은 1956년 3월 13일 사망하여 평양 용악산 밑에 묻혔다. 이것은 1990년 '평양범민족통일음악제'에 서울전통음악단의 일원으로 방북했던 김정수(현 추계예술대학 교수)의 현지조사에 의해 밝혀졌다.[5)]

1992년에는 국립극장소극장에서 '대한민국국악제'에 최옥삼류 대금연주자가 초청되어 와서 공연했다. 그는 김동설이라는 이로 연변가무단 악장인데 최옥삼에게 대금을 사사했다. 최옥삼은 북쪽에서는 가야금보다는 대금 쪽에 더 많은 공헌을 했던 것일까? 통일의 분위기가 무르익었다고는 하나 아직은 분단된 상태, 현재로서는 알 길이 없다.

1) 문화재관리국 편, 「함동정월」, 「김녹주」, 「산조」.

2) 『장흥향토지』, 659쪽.

3) 문화재관리국 편, 「김녹주」 「산조」.

4) 김해숙, 『가야금, 아쟁, 단소, 산조 연구』, 세광음악출판사, 124쪽.

5) 성애순, 『가야금 산조 가락에 관한 연구』, 71쪽.

정준채

한국영화의 대부

1917년 전남 곡성 출생
1930년대 후반 일본대학 예술학원 영화감독부 졸업
1945년 프롤레타리아 영화동맹 서기장
1946년 기록영화 「민족전선」 촬영으로 북한행, 북조선 노동당 선전선동부 영화반 조직, 조선기록영화촬영소 제작부장
1950년 동구권 영화인 축제에서 최초의 국제상 수상
1956년 모스크바영화제에서 「사도성의 이야기」로 촬영상 수상
1980년 사망

해방을 전후한 격동기에 예향 광주가 낳은 예술가들은 어떻게 활동했을까? 만약에 우리가 이런 질문을 던질 수 있다면 그 정답은 또한 무엇일까? 한 원로 예술인은 해방을 전후해 생존했던 전남 출신 예술인들의 공이 한반도의 남과 북을 막론하고 지대했을 것이라고 평한다. 이 모든 것의 진위를 다 밝힐 수는 없다 해도 예향의 도시에서 배출된 많은 인재들이 이 땅의 문화와 예술을 위하여 자신들의 능력을 자양분으로 바쳤음은 부인할 수 없는 일이다.

영화예술의 경우도 마찬가지다. 일제하에서 성장했던 전남 출신의 영화감독, 배우, 촬영기사들은 해방 이후 새로운 조국에 어울리는 영화를 만들기 위해 불철주야 노력했다. 그러한 인물들 중 정준채(鄭準采)라는 영화감독이 있다. 그러나 이 훌륭한 영화감독의 이름은 남쪽의 영화관계문헌 그 어디에서도 쉽사리 찾아지지 않는다. 또한 1946년 이후 그가 활동했던 북쪽의 사정이나 자료는 현재로서는 자세히 알 수가 없다.

정준채, 본적은 곡성군 오산면 부들이며 1917년 광주 양림리에서 태어났다. 아버지 정순극(鄭淳極)과 어머니 정삼이(鄭參二)보다는 그의 조부가 되는 운남(雲藍) 정봉현(鄭鳳鉉)과 외조부인 양파(楊波) 정낙교(鄭洛敎)가 세인들이 기억해 내기에 훨씬 편하리라 믿는다. 하동 정씨인 그의 집안은 대대로 선비 집안이었으며, 온양 정씨인 그의 외가는 당대의 만석꾼 집안이었다.

서석국교를 졸업하고 광주농고에 입학한 정준채의 학창 시절은 조금 남다른 듯하면서도 평범하게 진행된다. 그가 지독한 영화광이었을 거라는 지레 짐작을 한치의 오차도 없이 증명해 주는 재미있는 일화가 있다. 당시는 학생들이 극장에 출입할 수가 없었는데, 정준채는 항상 멋진 변장으로 별 탈 없이 극장에 드나들었다. 그때의 극장이란 일 주일에도 몇 번씩 상영프로가 바뀌곤 하던 때인데 정준채는 제국관(현 무등극장 자리)이라는 극장에서 상영하는 영화를 거의 다 보았다고 한다. 나중에는 극장에서 나누어 주는 영화선전물이 방안에 가슴 높이까지 쌓였다고 하니 이제 막 역사의 무대에 선을 보인 이 영화예술에 그가 얼마나 매료되었는지 쉽게 짐작이 간다.

정준채는 여러 방면에 다재다능한 사람이었는데, 이 또한 종합예술인 영화를 하는 데 필요한 재질들이 아닌가 모르겠다. 그는 이른바 문학소년으로서 시와 소설을 쓰기도 하고, 악기는 바이올린을 비롯해 만돌린까지 거의 못 다루는 것이 없었으며, 노래 또한 수준급이었다고 한다. 그의 이러한 재능은 그의 집안 분위기가 한몫을 했다고 봐야 하는데, 그의 집에서는 음악을 좋아하는 사람들이 모여 작은 오케스트라를 꾸미고 연주를 하곤 했다고 한다.

한번은 정준채가 퇴학을 당할 뻔한 일이 있었는데, 그것 역시 극장과 관련된 일이었다. 당시 한창 유명세를 떨치던 무용가 최승희의 공연을 보러 광주극장에 갔던 정준채는 그날 따라 변장이 서툴었던지 나오는 길에 선생한테 붙들려서 정학 처분을 받게 된다. 가정이지만 설사 퇴학을 당했

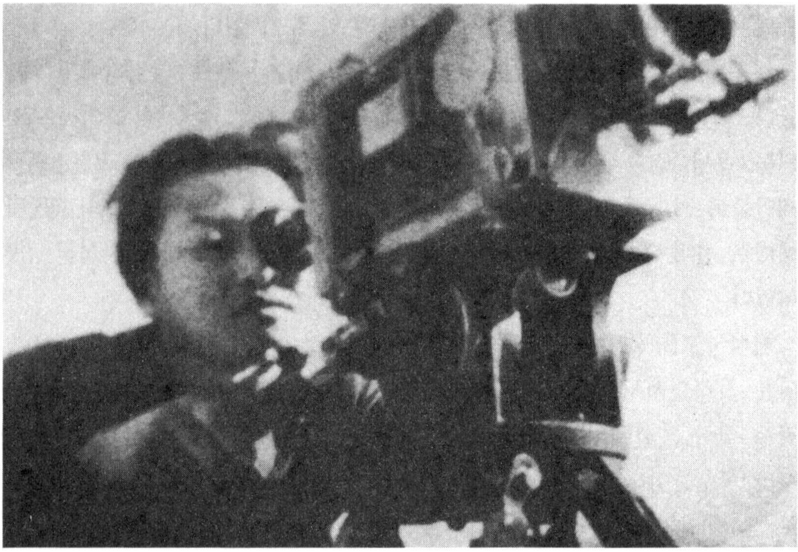

영화감독으로 활약하던 때의 정준채.

다 하더라도 공연을 다 보고 나왔기 때문에 그는 별로 개의치 않았을 것 같다.

광주농고를 졸업한 뒤 영화대학에 가겠다고 결심했으나 집안의 심한 반대에 부딪친다. 특히 만석꾼이었던 그의 외가는 1년에 두어 번 권번에 있는 사람들이 와서 공연을 했던 처지라 영화를 하겠다는 걸 일종의 '딴따라'가 된다는 것으로 받아들여 절대적으로 반대하고 나선 것이다. 이에 정준채는 자신이 돈을 벌어 공부하겠다며 대구 식산은행에 3년 정도 근무하게 된다. 그때의 얘긴데 어느 날 정준채는 광주에 있는 동생 정추(70세, 현재 카자흐스탄 공화국 거주)를 데리고 사돈되는 목포 부자 김익진을 찾아간다. 영화대학에 들어가고 싶은데 돈을 대줄 수 있겠냐는 정준채의 단도직입적인 질문에 한창 교회를 짓고 선교사업중이었던 김익진은 카톨릭 교인이 된다면 학비를 대주겠다고 했다. 조건이 붙은 제의를 받아들일 그가 아니었다. 정준채는 두말 않고 자리를 박차고 나와 버렸다.

정준채의 민족예술에 대한 깨끗하고 굳은 의지를 보여 주는 또 하나의 일화는 민족의 유구한 역사가 어린 도시 경주에서 전개된다. 한번은 서울에서 학교를 다니고 있는 동생 정추를 방학중에 정준채가 대구로 불렀다. 두 형제는 자전거를 빌려 타고 경주로 구경을 떠난다. 에밀레종이며 불국사, 무영탑을 돌아보고 토함산에 올라 석굴암까지 두루두루 보고 난 형제는 신라시대의 옛 절터와 유적들이 널려 있는 경주 시내를 지나면서 만감을 느낀다. 새삼스레 조국에 대한 사랑을 강렬하게 느낀 두 형제는 일제의 식민지가 되어 버린 이 조국을 더 사랑하고 우리의 옛 예술과 문화를 빛내는 데 힘을 다해 종사하자고 굳게 맹세했다.[1]

그러던 어느 날 일본대학 예술학원 영화감독부에서 합격통지서가 날아든다. 이때부터 정준채의 일본 유학이 시작되는데 광주농고를 졸업하고 식산은행에 근무하면서 일본으로 떠나기 전까지 그가 어떠한 영화관계 활동을 했는지는 알 수가 없다. 현재로서는 별다른 활동 없이 바로 일본으로 공부하러 갔다고밖에는 볼 수가 없다. 이후 그가 귀국하는 시기는 해방 직전이고 1946년에 바로 북으로 가게 되니 어찌 보면 남쪽의 문헌에서 그의 이름을 찾을 수 없는 것도 당연한 일인지도 모른다.

정준채의 일본에서의 생활 역시 조금은 불투명하다. 함께 일본생활을 한 동생 정추의 말로는 이 동경 유학 시절에 유물론을 비롯해 맑시즘과 각종 사상적 지식들을 섭렵했다고 하는데 그것이 독학의 차원이었는지 소모임 학습과 같은 형태였는지도 알 수 없다. 또한 당시 일본 유학생들 사이에 존재했을 항일 단체에 대해서도 조직선을 찾으려고 했으나 끝내 찾지 못해 조직과의 연계 같은 것은 없었다고 말한다.

정준채는 대학을 졸업한 뒤 일본 동영영화사에서 조감독으로 일하게 되고 나중에는 감독을 맡았다. 우리보다 일본의 영화산업이 좀더 발전해 있었던 사정을 감안할 때 학생 때는 물론이거니와 나중에 여러 작품들을 만들었을 가능성이 많지만 거기에 대해서도 거의 알 수가 없다. 정준채는 해방 직전에 귀국하여 1945년에 보성 사람 임종규의 딸 임옥순과 결혼한다.

1945년 해방이 되자 서울로 올라간 정준채는 '프롤레타리아영화동맹'

결성에 참여해 서기장으로 선출되었다.[2] 이때 위원장은 추민이었다고 하는데 어떤 문헌에도 정준채의 이름을 찾아볼 수 없으니 지금까지의 문헌의 기술들이 잘못된 것인지 아니면 정준채가 다른 이름으로 활동을 한 것인지 사실을 확인하기가 힘들다. 정준채는 1946년 2월 YMCA 회관에서 있었던 '민주주의민족전선' 결성식에도 참여했다.

당시 좌익영화인들의 모임인 '프롤레타리아영화동맹'은 자체 영화제작소인 '서울키노'를 조직, '민족통일·해방에 이바지하자'라는 내용의 영화 「민족전선」을 만들게 된다.[3] 바로 이 영화가 정준채의 월북 계기가 되는데, 남북의 산하를 다 찍어 보여 주자는 취지 아래 1946년 2월 정준채는 북쪽으로 올라가게 된 것이다. 이때 함께 간 사람으로는 광주 출신 촬영기사였던 오웅택과 서울키노의 구성원이었다는 해남 출신의 윤재영이었다.[4] 이후 그는 굳게 닫힌 38선 때문인지, 아니면 사상적인 이유에서인지 북한에 눌러 앉아 버렸다. 즉 영화촬영을 위해 올라갔던 정준채가 이후 다시 내려오지 않은 것이 '월북'이 된 것이다. 물론 이것도 그 진위 여부를 판가름하기는 쉽지가 않다. 하지만 어찌 되었든 1948년 봄에는 그의 부인도 큰아들 훈을 데리고 남편 곁으로 가서 살게 되며, 정준채는 초창기 북한영화에 공헌을 하게 된다. 이후 북에서의 생활은 자료로는 거의 확인할 수가 없으며, 거의 전부가 얼마 전까지 구소련에 거주하면서 그에 대한 소식을 전해 들을 수 있었던 동생 정추의 증언에 따라 구성될 수밖에 없다.

북한에서 정준채가 주로 활약했던 분야는 기록영화 부문이었다고 한다. 그가 책임을 맡은 북조선 노동당 선전선동부 영화반에서 만들었다는 「토지는 농민에게」 「남녀평등권」 「민주선거」 등은 북한영화를 소개하는 책자들에도 나와 있다.[5] 물론 감독은 나와 있지 않지만……. 또한 정준채는 구소련의 영화감독 루킨스키와 함께 영화촬영소 건축을 계획하여 대동군 남형제산면 양말 공장터에 현상실과 녹음실을 갖춘 촬영소를 세웠다고 한다.[6] 정준채는 이곳의 제작부장을 맡아 보았다. 이러한 활동의 결과 그는 1950년대에 체코슬로바키아의 수도 프라하 근교에 있는 카를로비 바르라는 휴양

도시에서 열린 동구권 영화인 축제에서 「친선의 노래」라는 기록영화로 상을 타기도 했다고 한다. 이때의 수상이 최초의 국제상이었다.

이후 그는 '자아무스 영화촬영소(중국 목단강성에 위치)' '장춘(지금의 심양) 영화촬영소', '북경촬영소' 등 중국의 촬영소들에서 일하며 돌아다닌다. 그가 다시 국제무대로 나선 것은 1956년에 만든 영화 「사도성의 이야기」[7]다. 이 영화는 최승희의 창작 무용극을 영화화한 것으로 정준채 감독에 오응택 촬영, 최옥삼, 정남이 작곡을 담당했다고 한다. 최초의 천연색 영화로서 모스크바 영화제에서 오응택이 촬영상을 수상했다. 주로 기록영화를 만든 것으로 되어 있는 정준채의 예술영화로는 「산메」[8]와 「황해의 노래」 등이 있다고 하는데 자세히는 알 수가 없다.

1946년 12월 형님을 보러 간다고 갔다가 거기서 대학을 졸업하고 구소련으로 이주해 계속 살아온 정추에 따르면 정준채는 1980년에 작고한 것으로 알려져 있다.

1) 정준채의 첫 천연색 예술영화 「사도성의 이야기」를 끝내고 중에서
2) 이효인, 「해방직후의 민족영화운동」, 『해방전후사의 인식 4』, 한길사, 465쪽, 482쪽.
3) 앞의 글, 488쪽.
4) 또 한 사람인 서울 출신 김기호는 조선영화동맹 서울지부 조직원으로 명단에 나와 있다. 앞의 글 483쪽 참조.
5) 백지한 엮음, 『북한영화의 이해』, 친구, 22쪽.
6) 앞의 책, 16쪽.
7) 강이양 엮음, 『생명의 춤 사랑의 춤 — 월북무용가 최승희의 예술과 삶』, 지양사, 218~219쪽.
8) 북한에서 1957년에 제작된 예술영화 중 「산애」라는 제목을 찾을 수 있는데 동일 작품인지는 알 수 없다. 「산애」는 일제식민지 시대의 탄부들의 비참했던 처지와 해방 후의 모습을 대조적으로 보여 주는 내용이라고 한다(『북한영화의 이해』, 24쪽 참조).

오 경 심

음악 교육과 민족혼

1914년 평남 평양 출생
1932년 광주수피아여고 졸업
1933년 이화여전 음악과 중퇴
1934년 동경제국음악대학 입학
1938년 제1회 조선일보 신인음악회 출연
1945년 순천사범대학에서 교편
1950년 행방불명

일제시대 전남 지역에는 서양음악을 전공한 사람 중 주목할 만한 활동을 한 음악가가 많지 않다. 소프라노 오경심(吳敬心)은 그 많지 않은 자리 중 하나를 차지하고 있다. 그러나 그의 음악적 재능에도 불구하고 오경심이란 이름은 역사의 소용돌이에 휘말린 채 세인의 기억에서 사라지고 말았다. 이제 그의 아름다운 목소리를 다시 들을 수는 없지만, 그가 살아온 행적만큼은 복원되어야 할 것이다.

한 여인이 총살 형을 언도받고 사수대 앞에 세워졌다. 그녀는 짧은 기간에 진압되어 버린 여순사건의 부역자로서 제1급으로 처리된 것이 틀림없다. 그녀에게 마지막으로 말할 기회가 주어지고 여자는 청아하고 드높은 목소리로 노래하기 시작한다.

울 밑에 선 봉선화야 네 모양이 처량하다
…….

여자의 이름은 오경심. 순천사범학교 음악교사이며 남편 박만고(朴萬古)와 함께 좌익활동가로서 반란군에 적극 가담하고, 협조한 혐의로 체포되었다. 그녀의 절절한 목소리에 실린 노래는 한 대목 한 대목 온 군중의 가슴속에 박히며 왠지 모를 안타까움과 회한을 자아냈다. 노래의 긴 여운 끝 총소리와 함께 결국 여인은 역사의 그늘 속으로 사라져 버리고 세월은 흘러 오래된 사진처럼 낡고 곰팡이 낀 그 얘기를 기억하는 사람은 이제 그리 많지 않다.

이것은 『순천·승주 향토지』에 실려 있는 짤막한 글과 오경심을 기억하는 몇몇 사람들의 얘기를 토대로 지나간 과거의 한순간을 상상의 망원렌즈로 잠시 포착해 본 것이다. 『순천·승주 향토지』 78쪽에는 이렇게 나와 있다.

……오경심은 순천사범학교 음악교사로서 소프라노 가수였다. 그녀는 여순반란사건 당시 부역하여 구법원 앞에서 사형집행을 하려고 할 때 「봉선화」를 불러 유명하기도 하다.

또 순천의 노인들이나 오경심을 기억하는 대부분의 사람들도 이 촉망받던 한 여류 성악가의 최후를 그렇게 알고 있다. 그러나 실제의 오경심은 이렇게 죽지 않았을 뿐더러, 사실 지금까지도 그녀의 생사에 대해서는 정확히 밝혀져 있지 않다. 그렇다면 도대체 왜 오경심은 그렇게 극적인 최후를 마친 것처럼 세인들의 뇌리에 남겨져 있는 것일까? 음악가로서의 그녀의 삶은 어떠했으며 어떤 연유로 역사의 소용돌이에 휘말려들어 갔을까?

순천 사람이 아닐까 추측되던 오경심은 실제로는 평안남도 평양부 수옥리 출신이었다. 그는 1914년 1월 15일 오석찬과 이수산나의 3남 2녀 중 막

성악을 전공했으며 피아노 실력도 수준급이었던 오경심은 조카의 결혼식 때 피아노반주를 해주었다. 앞줄 오른쪽 끝이 오경심이다.

내로 태어났다. 어머니의 이름에서도 알 수 있듯이 오경심의 집안은 독실한 기독교 신자였다. 할아버지대에는 술에 사용되는 누룩장사를 하여 꽤 잘 사는 집안이었으나 평양에 기독교가 들어오고 독실한 신자가 되면서 신앙에 위배된다 하여 누룩장사를 그만두었다. 게다가 오경심의 부모는 이곳 저곳 전도생활만 하러 다녀 생활이 그리 풍족하지 못했다.

오경심은 어렸을 때부터 음악에 뛰어난 자질을 보여 5세 무렵부터는 어른들이 교회성가대 단에 올려 놓고 노래를 부르게 했으며, 이때부터 예배시간에 곧잘 독창을 하곤 했다. 오경심은 평양에서 기독교계 사립학교인 평양정희학교에 잠깐 다니다가 1927년쯤 순천매산학교로 전학한다. 오경심뿐만 아니라 이때쯤에는 오경심의 집안이 거의 순천으로 이주했는데, 그것은 큰오빠인 오애택이 순천매산학교에서 교편을 잡고 있었기 때문이었다. 거기다가 오경심이 평양에서 둘째 오빠 오봉택이 관계하던 극장에 자주 나가 유행가를 부르곤 하는 것이 주위의 걱정을 샀던 것도 하나의 요인이었다.

1928년 순천매산학교 고등과 1년을 수료한 오경심은 광주수피아여중 2학년으로 편입한다. 수피아여중 재학 때도 친우들과 함께 음악활동을 벌였던 것 같으나 정확한 자료나 증언자는 없다. 1932년 수피아여중을 졸업한 오경심은 이화여자전문학교 음악과에 입학한다. 그러나 시시해서 공부할 것이 없다고 1년 만에 학교를 중퇴하고, 그후에는 순천매산학교와 목포 등지에서 교편생활을 한다. 이때 순천에 있던 선교사들이 오경심의 재능을 높이 사 그녀에게 미국 유학을 제의한다. 당시 매산남학교 외국인 교장과 선교사는 서로 오경심을 미국으로 데려가서 음악 공부를 시키려고 감정싸움까지 했다고 한다.

오경심이 그런 제의에 어떻게 대응했는지는 알 수 없지만, 그녀는 미국 대신 일본에 가서 공부를 하게 되었다. 오경심이 미국에 간 해와 그녀가 결혼을 한 시기가 잘 안 맞아 떨어지는데 어쨌든 살아 있는 친척들의 얘기를 종합해 보면 결혼을 하고 남편과 함께 동경으로 유학을 간 것이다. 오경심은 제국음악대학에, 남편은 와세다대학 경제학과에 입학하여 공부했다.

박만고와의 만남과 결혼은 이후 오경심의 삶을 뒤바꾸는 계기가 된다. 단순히 음악을 좋아하는 기독교 신자였던 오경심이가 사회주의사상을 갖게 된 것이다. 박만고는 당시 순천 지방에서 꽤 알려진 부잣집의 차남이었다. 그는 아무 하는 일 없이 책 속에만 묻혀 사는 공산주의자였는데 일본 제국주의자들에게 굽힐 수 없어서 취직을 하지 않았다고 한다. 기독교 집안인 오경심의 집에서 그와의 결혼을 좋아할 리가 없었다. 그러나 오경심은 오빠를 비롯한 가족들의 강력한 반대에도 불구하고 주위의 이러저러한 혼담까지 물리치면서 박만고와 결혼한다. 이들은 박만고의 친구들 몇 명만이 지켜 보는 가운데 선암사에서 조촐한 결혼식을 가졌다.

오경심은 유학가 있는 중에도 방학 때면 귀국해서 독창회를 갖기도 했는데, 그녀가 광주제일보통학교(현 서석국교) 강당에서 노래한 것을 기억하고 있는 이 지방의 한 원로 음악가 박기석은 그녀의 목소리는 폭이 넓고 드라마틱했다고 말한다. 이것을 증명이라도 하는 듯이 그녀가 1938년 제1회 조선일보 신인음악회에서 부른 곡들은 한결같이 극적인 긴박감을 담은 오페라 「아리아」였다. 조선일보 신인음악회는 음악대학 출신들만 출연할 수 있었는데, 대체로 이화여전이나 제국음악대학 출신들이 출연했다. 오경심은 여기에서 푸치니의 「토스카」 중에서 「노래에 살고 사랑에 살고」와 마스카니의 「카발레리아 루스티카나」 중에서 「어머니도 아시는 바와 같이」를 불렀다.[1)]

뿐만 아니라 오경심은 일본에서도 이러저러한 음악 콩쿠르에 출연해 일본인들을 누르고 당당히 입상하곤 했다고 한다. 그러나 당시는 학생은 음악 콩쿠르에 출연할 수 없다는 규정이 있었기 때문에 마지막에 조선 유학생 신분이 들통나 상금을 받지 못했다고 한다.

오경심은 유난히 「봉선화」를 즐겨 불렀다고 하는데 이런 일화도 있다. 하루는 일본 사람들이 찾아와서 오경심에게 공연을 요청하며 「애국에 대한 꽃」을 불러 주기를 원했다. 오경심은 어쩔 수 없이 순천극장에서 공연을 하게 되었는데 일본어로 「탱자꽃」과 「등꽃」을 부르고 난 후, 한국말로 「봉선화」를 불러 그곳에 모인 청중들을 감동시켰다.

귀국 후 오경심 부부는 서울 아현동에 자리 잡고 살았는데 시아버지는 며느리를 위해 귀한 피아노까지 들여놓아 주었다. 오경심의 피아노 실력은 노래 못지 않게 수준급이었다. 오경심은 보육전문대(현 중앙대학교)에서 교편을 잡고, 남편 박만고는 여전히 집에 틀어박혀 책만 읽었다. 어떤 이유에선지 이때쯤 해서 박만고네 가세가 차츰 기울어, 해방될 즈음 오경심은 다시 순천으로 내려와 순천중학교에서 교편을 잡았다. 그리고 해방이 되자 교장이 평양 사람이라는 연분으로 오경심은 순천사범학교로 가게 되었다. 이때 오경심의 모교인 수피아여중의 모금운동이 일어나 오경심은 광주, 목포 등지로 순회공연을 다녔다.

당시 순천사범학교에서 오경심에게서 음악을 배웠던 제자를 만났을 때, 그는 노래를 몹시 잘했던 이 선생님을 기억하기는 했으나 그녀가 좌익활동을 하지 않았다고 회상했다. 하지만 『광복 30년사』에는 이런 귀절이 나온다.

반란 당시 순천의 여중생들이 많이 부역하게 된 것은 순천사범 음악선생 오경심의 영향이 컸다. …… 오는 전국적으로 이름난 소프라노 가수였다. 그녀의 인기는 대단했다. …… 반란군이 순천에 들어오자 이들 부부는 적극적으로 부역을 하게 된 것이다. 평소에 오 선생을 따랐던 여학생들의 많은 숫자가 이에 가담하고 말았다.

이와 더불어 그녀의 활동을 유추해 볼 수 있는 자료로 1947년 9월 5일자 동광신문에 난 기사가 있다. 그 기사를 그대로 옮겨 보면 다음과 같다.

해방 후 민주여성동맹 순천위원장으로 여러 가지로 맹활동을 계속해 온 오경심(33) 씨는 오늘의 국제정세와 또한 우리의 국내정세로서는 도저히 좌익운동은 적합하지 않다고 지난 8월 26일에 순천 경찰서에 와서 좌익전선에서는 일절사퇴하는 동시에 앞으로는 일개 가정 부인으로서 현모양처의 길을 다하리라고 굳게 맹서하고 과거의 과오를 깨끗이 청산한다는 성명서를 내었다 한다. 동 부인은 일찍이 그 아름다운 목소리로 한때는 그 명성이 높았다 한다.

결국 해방 정국의 혼란스런 상황에서 오경심은 일종의 전향을 한 모양인데 1년 후에 터지는 여순사건에서는 남편과 함께 중요한 역할을 한 것으로 보이니[2] 몇십 년이라는 세월의 간격에서는 도저히 알아볼 길 없는 일이다. 어쨌든 당시 박만고의 별명이 '3일 군수'였다고 하니 부부의 활약과 위상이 짐작되는 듯하다.

사형선고를 받은 오경심이 살아날 수 있었던 데에는 두 가지 이야기가 있다. 그의 재주를 아깝게 여긴 지역의 종교인들이 탄원서를 제출하는 등 많은 노력을 했다는 것과, 또 하나는 당시 장관들 중에 평양 출신들이 많아 오경심의 아버지인 오석찬의 친분덕으로 살아났다는 것이다. 아마도

이 두 가지가 모두 작용했을 것으로 보인다.

이후 오경심의 행적은 서울 서대문형무소를 끝으로 묘연해진다. 38선이 터지고 이승만을 비롯한 정부와 국군들이 국민들을 거짓 방송으로 속이고 도망가기에 급급했을 때 인민군에 의해 그녀가 풀려난 것은 대체로 확실한 것 같다. 소위 '제복차림'으로 순천에 나타난 그녀가 남편의 생사라도 알아보겠다며 광주로 갔다는 말과 아주 나중에 일본에서 누군가 그녀를 봤다는 것이 오경심에 관한 최후 소식의 전부다.

오경심. 그녀와 그녀의 노래를 기억하는 사람들은 이제 거의 없다. 똑똑하고 음악에 아주 뛰어난 재능을 가졌던 우리 선대의 한 여성은 이렇게 역사의 한 부분으로 굴절되어 갔다. 역사에 만약이라는 가정은 없다지만 만약 오경심이 아직 살아 있다면 우리 나라의 음악사에 한 획을 그었으리라. 그녀의 밝혀지지 않은 최후에 대해 사람들이 「봉선화」를 삽입시켜 그녀를 기억하는 것은 평소에 그녀가 자주 불렀던 이 노래와 함께 나름대로 국가와 민족을 위해 살아 갔던 한 여류 성악가를 영원히 가슴 깊은 곳에 새겨 놓고 싶어서가 아니었을까?

1) 조선일보, 1938. 6. 14.

2) 이기하, 『한국공산주의 운동사』, 국토통일원, 208쪽.

임방울
판소리와 쑥대머리

1904년 전남 광산 출생, 14세 때부터 본격적인 소리 공부
1928년 전국명창대회 장원
1933년 조선성악연구회 활동
1935년 대동가극단 활동
1946년 '임방울과 그 일행'이라는 단체 조직
1960년 대한민국 국악상 수상
1961년 사망

영화 「서편제」가 성황리에 상영된 것을 계기로, 판소리에 대한 세인들의 관심이 높아지고 있다. 판소리는 조선 후기에 꽃을 피운 민중문화의 집약적인 표현양식으로 계층을 초월해 두루 사랑을 받았던 장르였다. 조선 후기 이른바 8명창의 활약으로 전성기를 누렸던 판소리는 구한말의 5명창시대를 끝으로 점차 쇠락하다가, 결국 일제시대에는 민중들의 애환을 감싸 안던 날개를 접고 말았다. 그 와중에서 처음 열두마당을 갖추고 있었던 판소리는 일곱 마당이 도태되어, 「춘향가」 「심청가」 「흥부가」 「적벽가」 「수궁가」 등의 다섯 마당 소리만이 현재까지 전해 오고 있다. 한말 판소리의 쇠퇴기와 일제하의 몰락기에 '판소리의 최후 보루로, 정통적 계승자로, 또한 마지막 등불로' 살다 간 이가 바로 임방울(林芳蔚)이다.

그의 본명은 임승근(林承根)으로, 1904년 4월 25일 전라남도 광산군 동곡면 황룡리 수성마을(현 광주비행장 자리)에서 소리꾼이었던 임경학(林慶學)

과 김해 김씨 사이에서 8남매 중 여섯째로 태어났다.[1] 그는 작은 키에 마마자국을 얼굴에 사뿐 드리운 외모를 지니고 있었다. 천대받던 소리꾼의 집안에서 태어난 임방울은 8세 때 잠깐 서당을 다녔다는 말도 전해지지만, 그보다는 굿과 소리에 익숙해질 수밖에 없었다. 사실 그는 어릴 때부터 소리에 천재적인 재능을 보였는데, 이는 그의 집안 내력과 밀접한 관계가 있다. 그의 집안은 물론이고, 외가 쪽 역시 수대에 걸친 소리꾼 집안이었다. 즉 서편제의 대가이며 한말 5명창 가운데 한 사람인 국창 김창환이 그의 외숙이었으며, 이종간인 김봉이, 김봉학도 당시 명창으로 이름을 날리고 있었던 것이다.[2]

판소리는 본래 '소리' 또는 '창'이라고 하며, 창제와 격조를 기준으로 크게 동편제와 서편제 그리고 중고제로 구분되는데, 이러한 구별은 지리산과 섬진강의 경계와도 일치하고 있다. 즉 동편제는 전라도 전주, 운봉, 순천, 남원, 구례 지역에서 전승되었으며, 송흥록, 김세종, 정춘풍 등이 대표적인 인물이다. 이들의 소리는 걸음세가 굵고 대범하며 호령제를 많이 쓸 뿐만 아니라, 소리의 처음을 진중하게 내고 끝을 힘있게 자르기 때문에 「적벽가」 등에 적합하다. 또한 전라도 함평, 나주, 해남, 광주 지역에서 전승되어 온 서편제는 박유전, 정창업 등이 대표적인 인물이었는데, 걸음세가 잘고 정교하며 서름세를 많이 쓰고 소리의 처음을 부드럽게 내며 끝을 부드럽게 끌어서 「심청가」에 적합했다. 그리고 중고제는 주로 경기도, 충청도 등지에서 김성옥, 염계달 등이 법제를 계승하여, 소실된 「변강쇠타령」 「무숙이타령」 「춘향가」에 적합했다. 한편 보성, 담양, 화순 지역은 분명하지 않으나 본래 동편소리가 전승되어 오다 뒤에 서편소리 명창이 많이 났으며, 고창, 정읍, 김제 지역은 그 반대 현상을 보였다.

이와 같은 구별 방법으로 볼 때, 임방울은 매우 특이한 유형에 속한다. 그는 14세 되던 해에 부친의 바람과 자신의 희망으로, 당시 광산 인근에 살았던 명창 박재실이 이끄는 창극단에 들어가 2년여 동안 갖은 고생을 하면서 「춘향가」 「흥부가」를 토막소리로 익혔다. 그러던 어느 날 화순에서 공연하던 중 서편제의 대가였던 공창식을 만나게 되었고, 이를 계기

어릴 때부터 소리에 천부적인 재능을 갖고 있었던 소리꾼 임방울.

로 3년간 본격적인 소리 공부를 시작해 서편제에 어느 정도 통달했다. 그러나 20세 초반에 그는 동편제의 정통 계승자인 하동의 유성준에게서 「수궁가」 「적벽가」를 사사했다. 서편제의 소리를 익혔던 그가 당시 서로 적대적이기조차 하던 동편제소리도 익혔던 것이다.

이 과정에서 그는 전래 명창들 사이에 금기시되어 온 계면조의 창법인 노랑목을 한 차원 승화시켜 '음을 꺾고, 발발 떨고, 톡톡 튕기고' 하는 계면적인 독특한 창법을 개발했다. 그러나 한편으로 그의 소리는 어느 유파에도 속하지 않았기에, 시대적 요구에 순응하여 소리를 통속화시켰다는 비판을 받기도 했다.

판소리는 대체로 구전심수(口傳心授)의 형태로 전수되었는데, 이러한 현장 교육은 철저한 실기 위주로 전통적인 소리를 잘 이어받을 수 있는 반면에, 이론적인 면에 어둡다는 단점을 지녔다. 일제하 판소리의 전수 방법도 이와 별반 다르지 않으나 크게 세 가지로 구분할 수 있다. 유명한 명창의 집에서 배우는 전통적 도제식 수업, 권번(기생조합)을 통한 판소리 전수, 그리고 국악연구를 위한 클럽활동 등이다.[3] 전수는 주로 첫번째와 두번째 방법이 많이 이용되었고, 임방울의 득음은 첫번째 방법에 속했다.

그의 목소리는 소리를 하기에 가장 좋은 청구성(힘차고 윤기가 흐르는 목소리)과 수리성(약간 목이 쉰 듯하면서도 구성지고 끈끈한 목소리)이 탁월한 조화를 이루고 있었다. 따라서 그의 소리는 음악성을 중시하는 경향을 지니고 있었다. 그리고 이러한 점 때문에 판소리의 내용을 중시하던 김연수와 알력을 빚기도 했다.[4] 원래 소리꾼은 양반 출신인 '비가비'와 천민 출신인 일반 광대로 나누어지는데, 김연수는 비가비 출신의 명창으로 임방울과 함께 유성준에게 사사한 동문이었다. 그러나 이들은 이면(문학성)과 소리(음악성)의 문제로 한치의 양보도 없었다. 김연수는 성음이 탁하고 성량이 부족하여 그것을 뛰어난 두뇌의 조직적인 노력으로 극복했으나, 천부적인 자질을 지녔던 임방울을 따라갈 수는 없었다. 반면 임방울은 한문성어가 많은 사설에 약했다. 또한 김연수는 중앙고보를 다니다가 20세 이후에 소리를 배웠고, 창극에도 뛰어난 기량을 보였다는 점에서 임방울과 잘 대비되었다.

임방울이 명창의 칭호를 획득하기 시작한 것은 25세 되던 1928년부터였다. 그는 원각사(1902년에 건립된 한국 최초의 국립극장)의 책임자였던 김창환을 우연히 찾아갔다가, 동양극장에서 열린 '전국명창대회'에 참가해 「춘향가」의 한 대목인 「쑥대머리」를 불러 장원을 차지했다. 그 결과 그는 그해 여름 처음으로 음반을 취입하게 되었다. 이후에도 일본 레코드회사인 컬럼비아에 1년, 빅터에 2년, 그리고 해방까지 OK에서 「수궁가」「적벽가」

「춘향가」의 입체창, 그리고 단가로 「쑥대머리」 「호남가」 「추억」 등을 녹음했다.[5] 그의 음반은 일제의 정책, 즉 공업 제품의 판로를 확장시키고 문화적인 침략을 위해 축음기를 대대적으로 상당히 싼 값으로 보급했던 것과 맞물려 이루어졌다. 그리하여 한국, 일본, 중국 등지에서 무려 120여 만 장이 팔릴 정도로 폭발적인 인기를 누렸다.[6]

임방울은 몇 가지 소리에 대한 습관이 있었다. 그는 소리를 시작할 때 허두가로 반드시 판소리 여섯 마당을 정리한 신재효의 작품인 「호남가」를 불렀다. 그리고 자세한 이유는 알 수 없으나, 「흥부가」 「심청가」를 부르는 것을 회피했으며, 광대가 잡가를 부르는 것이 내부적 금기사항이었던 것에 충실해 「육자배기」 「흥타령」 등은 부르지 않았다. 또한 느린 진양조의 「추억」이라는 곡 외에는 노래를 만들지 않았다. 이 곡은 그가 이름을 날리던 시절 가까이 지내던 광주 일류 요리점 송학원의 주인인 김산호주가 만난 지 2년 만에 병으로 죽자, 그녀의 육신을 부여 안고 사모의 정을 달래면서 부른 노래이다.

임방울은 1933년 정정열, 송만갑, 이동백, 김창룡 등이 서울 관훈동에 순천의 대지주 김종익의 도움으로 발족한 조선성악연구회에 참여했고, 1936년 2월에는 그 직속 창극단으로 조직된 창극좌의 성원으로 활약했다.[7] 그러나 창극 출연을 기피해, 부득이한 경우에만 잠시 단역을 맡았으며, 언제나 별도로 단독 출연하여 소리를 한 대목 부르곤 했다. 중국경극과 신파극 및 서양연극의 영향으로 개화기 때 나타난 창극은 관객을 확보하는 데는 지대한 공헌을 했으나, 판소리의 가치를 적지 않게 훼손했다. 창극으로 적극적인 전환을 꾀한 송만갑과 달리, 임방울은 고유의 판소리를 끝까지 고수함에 따라 그의 존재를 더욱 인정받기도 한다. 그는 또한 1936년에 임종원의 주도로 1935년 결성된 대동가극단에도 가입해, 여류 명창 이화중선 등과 함께 소리 위주로 활동했다.

한편 1935년을 전후로 국악계에도 일제의 지배력이 강화되기 시작했다. 그 계기가 되었던 것은 당시 국악계에 공공연하게 나돌았던 아편에 대한 단속이었다. 일제는 상당 기간 아편에 대한 단속을 방치하다가, 1941년부터 통제를 강화해 1942년에는 갑자기 아편중독자를 잡아들였다. 이때 상당수의 국악인이 구금되었다. 또한 1930년대에 당시 기라성 같은 많은 명창들이 사망해, 판소리는 명맥조차 유지하기 힘든 실정이었다.

이러한 탄압과 함께 일제는 이들 국악인을 지배정책에 적극 동원하기 위해 1940년에는 창극 단체를 연극협회 산하로 강제로 가입시키기도 했다. 이 과정에서 '화랑창극단'과 '창극좌'는 '조선창극단'으로 바뀌었고, '동일창극단'은 겨우 명맥만을 유지하게 되었으며, 임방울이 속한 '대동가극단'은 농어촌과 광산의 위문단으로 그 성격이 바뀌었다. 또한 권번을 폐쇄시키고, 자격시험을 실시해 합격한 사람들에 한하여 기예증을 발급한 후, 이들로 하여금 시연회를 통과한 무대에만 출연할 수 있도록 통제했다.

대동가극단은 1943년 일본에서 임방울과 이화중선의 음반취입을 계기로, '위문대'라는 명칭으로 일본 각지의 군수품공장과 탄광에 징용된 한국인 노무자들을 찾아 규슈의 대촌(大村), 팔번(八幡) 등지에서 공연했다. 그러나 이화중선이 일본 공연중 자살함에 따라 대동가극단은 해체되었다.

그후 한국으로 돌아온 그는 더 이상 소리의 길을 찾지 못했다. 그는 그동안 음반을 취입해 번 돈으로 구례에서 금광개발에 참여했으나, 금맥을 찾지 못하고 결국 막대한 재산을 잃어버렸다.[8)]

그가 활동을 재개한 것은 해방 이후였다. 그는 1946년에는 '임방울과 그 일행'이라는 단체를 조직해, 소리와 줄타기 등을 주요 내용으로 하는 포장걸립(布帳乞粒)의 형태로 지방 순회공연을 했다. 그러나 이것도 잠깐 1948년부터 박녹주, 김소희 등이 주도했던 여성국악동우회가 결성된 것을 계기로 수많은 여성 국극단들이 생겨났고, 이들의 세에 밀려 각종 창극 단체들은 해체의 길을 걸었다. 임방울의 단체도 예외일 수는 없었다.

한국전쟁 기간 동안 임방울은 고향인 광산구 송정리에서 은거하다가, 전쟁이 끝난 후 전국 각지를 순회하면서 소리판을 벌였다. 1957년 7월 17일에는 조선일보사 후원으로 원각사에서 독창회를 개최하기도 했다. 당시 그의 건강은 극도로 악화되어 있었으나, 활동을 지속했다. 결국 그는 대한민국 국악상을 받던 해인 1960년 10월에 전북 김제의 포장걸립 마당에서

「수궁가」를 부르던 중 뇌졸중으로 쓰러졌다. 그는 수술을 거부하고 소리를 못할 바에야 죽는 것이 낫다고 반 년 남짓 신음하다 1961년 3월 8일 서울 중구 초동 자택에서 57세의 일기로 사망했다. 그의 장례는 3월 12일 국내 최초의 국악인장으로 치러졌는데, 하얀 베옷을 입은 장례행렬이 2km에 달했으며, 장례를 주관했던 사람들이 모두 당대에 내노라 하는 명창들이어서 더욱 장관을 이루었다.

일제하 식민지 시대에는 전형적인 광대로, 민중들과 함께 숨쉬며 소리의 세계를 펼쳤던 광대다운 광대 임방울. 그는 경제적인 여유가 생기면 호남 출신의 제자를 모아 정통의 소리를 전수하겠다고 여러 번 다짐했으나, 뜻을 이루지 못하고 소리꾼의 길을 마감했다. 1986년 9월 12일 광주시 광산구 송정공원에는 조그맣게 임방울의 기념비가 세워져 그의 소리를 들려주고 있다.

1) 1973년 6월 2일자 전남일보에 따르면, 그의 본명은 임화채(林花采)이나, 명창 박재실(朴在實)이 그의 목소리가 맑다 하여 임방울이라고 지어 주었다고 하나 이는 분명치 않다. 또한 그가 태어난 곳을 광산군 평동면으로 적고 있으나, 이는 송광룡의 「명인들의 고향 ⑩-임방울과 광산수성」(1991)과는 다른 견해이다. 한편 그의 이름에 관한 유래도 있다. 즉 그의 소리를 담은 CD에 포함된 이종훈의 「임방울 생애와 음악」에 의하면, 임방울이라는 이름은 그가 태어난 지 100일이 지나도록 울지 않고 방울방울 잘 논다고 하여 지었다고 하며, 그의 눈이 동글동글하면서 방울소리처럼 초롱초롱하게 소리를 잘해서 지었다고도 적고 있다.
2) 천이두, 『판소리 명창 임방울』, 현대문학, 1986, 42쪽.
3) 유영대, 「판소리 동편제와 남원국악원」, 문화예술 115호, 1988, 115쪽.
4) 이국자, 「속 판소리 맥따라 ②-김연수 편」, 예향 46호, 1988, 219쪽.
5) SP음반에 실린 소리를 일명 토막소리라고 하는데, 판소리가 처음 SP음반으로 제작되었던 것은 1908년 9월 김창환과 이동백에 의해서였다. 임방울이 취입한 판소리 중 현재까지 확인된 목록은 유영대, 「SP판을 통해본 명창의 세계(2)」, 문화예술 122호, 97쪽을 참조하기 바람.
6) 유영대, 「SP판을 통해본 명창의 세계(1)」, 문화예술 121호, 1989, p.111쪽.
7) 판소리와 관련된 여러 조직이나 단체에 관한 내용은 박황의「조선성악연구회 시절과 그 이후」와 『판소리 이백년사』(사상연)를 참조하기 바람.
8) 이국자, 「판소리 맥따라⑦」, 『예향』 42호, 1988, 127쪽.